JN271054

真の
読解力を
育てる授業

鎌田首治朗 著

図書文化

真の「読解力」育成のために
―― 序にかえて

中央教育審議会副会長・教育課程部会長
兵庫教育大学学長
梶田　叡一

　「読解力」の育成は，国語科教育の当面する大きな課題である。母語である国語を子どもたちが自家薬籠中のものとして使いこなせるようになるためには，国語を読みこなす力を獲得することが最も基礎的な課題の1つとなる。しかも，こうした「読解力」がいまの日本の子どもたちには弱いのではないか，という指摘がなされているのである。

　これと同時に，どの教科においても「確かな学力」をつけるためには，「言葉の力」の育成が不可欠であるということが，2008年告示の小学校・中学校の新しい学習指導要領で強調されている。この「言葉の力」の最も土台となるものの1つが「読解力」であることは，あらためて言うまでもない。どの教科でも，教科書をはじめ基本教材の内容を十分に理解できなくては，学習を進めていくことができないのである。

　こうした重要性をもつ「読解力」育成の課題について，現在何が問題とされているかを詳細に明らかにしながら，「流行」に走るのではなく，教育の「不易」の地点にしっかりと足を降ろして，多面的に検討したのが本書である。どの学校の授業にもそのまま役立ちうる実践的な視点を数多く含みながらも，理論的に重要なポイントを掘り下げ，きちんとした整理がなされているのが特徴である。

　フィンランドがPISAの2003年調査で「読解力」世界一の座に輝いたということで，フィンランドの授業の仕方をコピーしさえすれば日本の子どもにも「読解力」が身につくのでは，といった短絡的な発想に走る姿も現実に見られない

ではない。こうした軽佻浮薄な動きに対して，本書は警鐘を鳴らしている。フィンランドの授業であろうと，韓国の授業であろうと（最新のPISA2006年調査の結果では「読解力」世界１位は韓国，２位がフィンランド），ヒントになる点は取り入れたらいいのであるが，基本は，我が国でこれまでに積み重ねられてきた貴重な指導法や教材研究の仕方の学び直しをすることである。脚下照顧をおろそかにしたまま，どこかに特効薬的なメソッドがあるはずだと夢想しつつ右往左往するなど恥ずかしいことであろう。本書は，足が地に着いた着実な基本姿勢に貫かれているという点でも貴重である。

内容的に言うと，本書の特徴の１つは「読者論」を大事な視点として「読解力」を考えている点にある。関口安義やイーザー等の理論に触発され，「読み手」の側からの意味付与の働き，「創造としての＜読み＞」を重視する。もちろん「読解」という場合，テキスト（教材としての文章）そのものの公共的客観的な意味構造の読み取りが土台となる。

しかしながら，その地点に止まっているかぎり，読む側がそのテキストに主体的に参入していくことは困難である。本を読む途中で，何らかの言葉なりエピソードなりに触発されて，自分自身にかかわる何かにハッと目が開けたり，あるいは新たに何かについての思いが発展していったり，といったことがあってこその「読書の楽しみ」ではないだろうか。

ここで思い起こすのは，フランスの作家・評論家，モーリス・ブランショの『文学空間』（1955）である。ブランショは「テキストの空間」と「読み手の空間」と「書き手の空間」を区別するが，「読解」なり「読解力」と言う場合，これら３つの言語空間の違いを十分に意識して考えるべきではないか，と思われるのである。簡単に言うならば，国語の授業で子どもたちを教科書の文章と対面させる場合，そこから何を読み取らせるのかということである。

そのテキストのもつ公共的客観的な意味合いを読み取らせるのか，そのテキストから一人一人に自分自身の関心に引きつけた自分なりの何かを読み取らせるのか，このテキストを通じて著者はいったい何を言いたかったのかを読み取らせるのか，ということである。こうした違いが意識されたうえで，そして

「テキストの空間」を土台にして「読み手の空間」あるいは「書き手の空間」への探究へと進む形で、「読解」の授業の活動構成が考えられなくてはならないのである。

　本書のもう1つの特徴は、単元の全体構想を目標分析に基づく中核目標の設定を中心に考えていく点にある。活動の流れからのみ単元を考えていく傾向が未だ日本の教育界に根強くあるが、それでは結局、表面的な「見かけとしての授業」「見せる授業」に堕してしまうおそれがある。この単元を通じていったいどのような力を子どもたちに身につけさせていくのか、という「結果」を十分に意識しておかなくては、ワークシート等の準備にしても、授業途上の発問や言葉がけにしても、ほんとうの意味で的確なものにはならない。

　これはまたアメリカ等で「コンピテンシィ・ベイスド・エデュケーション」と言われてきた考え方でもある。いずれにせよ、日本の現在の国語教育のあり方に新しい振り返りの視点を提供するものであろう。日本の小学校国語で非常にポピュラーな「ごんぎつね」教材を取り上げて、実際に目標分析と中核目標の設定、それに基づく授業の流れの構成を提示している点も、この重要な考え方を読者の方々に理解していただくうえで有効ではないだろうか。

　そのほかにも、本書では漢字指導の問題など、「読解力」育成のうえでの実際的な課題について論じられている。折しも、「言葉の力」を土台とした「確かな学力」の育成が、そしてそれを踏まえた真の「生きる力」の育成が、日本の教育界全体の大きな課題となっている時期である。本書は、こうした重要かつ本質的な課題に対して真摯に取り組んでいくうえで、重要な意義をもつ共有財産として活用されるべきものであろう。良い時期に良い本が刊行された、との思いが強くある。

[目 次]

第1章 PISA型「読解力」・生きる力を育てる読みの授業

第1節　学校現場が混乱してはならない ——————————— 10

第2節　PISA型「読解力」とは何か ————————————— 13
1　PISA型「読解力」は学力をリーディング・リテラシーから観た学力観である…… 13
2　PISA2003調査結果は，何故低下したのか………………………………… 19
3　PISA2003調査結果の原因としてあげられたもの………………………… 21
4　「日本型読解力」とは何か………………………………………………… 23

第3節　PISA型「読解力」と日本人 ————————————— 26
1　学力低下の問題…………………………………………………………… 26
2　日本に合わない問題……………………………………………………… 29
3　批評力と日本人…………………………………………………………… 30

第4節　日本の読みの授業を読者論から探る
　　　　　読みの授業についての議論から学ぶ ——————————— 33
1　読者論が読みの授業に与えたもの……………………………………… 33
2　読者論導入の問題点……………………………………………………… 35
3　関口の評価しにもの……………………………………………………… 36
4　読みの授業の変遷………………………………………………………… 38
5　読者論導入の議論が示す教訓…………………………………………… 41

第5節　PISA型「読解力」による求められる授業の構成 ——— 46
1　PISA型「読解力」が求める主題の再生………………………………… 46
2　PISA型「読解力」向上に向けた3領域の重要性……………………… 52
3　『読解力向上プログラム』から…………………………………………… 54
4　PISA型「読解力」から日本の読解力が取り入れるべき読みの能力……… 56

第6節　「生きる力」による求められる授業の構成 ——————— 60
1　PISA型「読解力」の意義………………………………………………… 60

 2 求められる授業とは……………………………………………………62

第2章 読むこととは何か
―― 「ごんぎつね」を通して考える

第1節 なぜ「読むこととは何か」から始めるのか ―― 76

第2節 読むこととは何か（1）正確に読む能力 ―― 79
 1 音読能力……………………………………………………………79
 2 漢字能力，語彙能力………………………………………………80
 3 自動化できること…………………………………………………81
 4 あらすじを読む能力………………………………………………83

第3節 読むこととは何か（2）読者は，内面世界から意味を補う ―― 86
 1 内面世界……………………………………………………………86
 2 文　脈………………………………………………………………88

第4節 読むこととは何か（3）読者は一貫した解釈を構成しようとする ―― 91
 1 2場面から3場面……………………………………………………91
 2 5場面での発問……………………………………………………92

第3章 読む能力とは何か
―― 「小学校国語科・読む能力目標分析試案」

第1節 目標分析試案の構成について ―― 98
 1 目標分析……………………………………………………………98
 2 試案の構成（1）……………………………………………………99
 3 試案の構成（2）……………………………………………………100
 4 目標分析試案各観点間のとらえ方について……………………101

第2節 読書力 ―― 103
 1 読書は「内面世界」を育てる………………………………………103
 2 読書力の2つの側面………………………………………………105

第3節　「一貫した解釈を構成する能力」

「自分の読みの理由〔根拠〕を示す能力」、「自分の読みが〔一貫しているか〕どうかを評価する能力」、「自分の読みを他者と交流する能力」——————————————— 107
- 1　「一貫した」とは………………………………………………………………107
- 2　「一貫した解釈を構成する能力」を高める教師の読み…………………108
- 3　「自分の読みの理由〔根拠〕を示す能力」とは……………………………109
- 4　「自分の読みが〔一貫しているか〕どうかを評価する能力」とは………109
- 5　「自分の読みを他者と交流する能力」とは…………………………………110
- 6　「自分の読みを他者と交流する能力」の下位観点…………………………112

第4章　教師が読むということ
——「語り手」のリード，メタプロットを読む

第1節　「教師の読み方」3つの提案 ——————————————118

第2節　「空所」や「否定」を探すつもりで読む ——————————119

第3節　「語り手」のリードを見きわめるつもりで読む ———————120
- 1　「作家」と「作者」……………………………………………………………120
- 2　「語り手」と「作者」…………………………………………………………122
- 3　情景描写………………………………………………………………………123
- 4　大きな構図……………………………………………………………………124
- 5　詳細な読みの中で……………………………………………………………125
- 6　「語り手」が読みの遠近法をつくる…………………………………………127

第4節　メタプロットを読もうとする ——————————————128

第5章　目標分析による単元指導計画づくり
——「小学校国語科・読む能力目標分析試案」を基に

第1節　目標分析 ————————————————————————134
- 1　目標分析とは何か……………………………………………………………134
- 2　梶田叡一の目標分析の手順…………………………………………………135
- 3　小学校国語科における目標分析の手順……………………………………137

第2節　目標分析表の作り方 ────── 139
1　目標分析表に入る前に……………………………………… 139
2　目標分析の手順……………………………………………… 141
3　手順1──教材文（教科書，指導書）を読み込む……… 142
4　手順2──マトリックスをつくり，分析的に思考する… 158
5　単元の出口…………………………………………………… 158
6　2次の言語活動……………………………………………… 171
7　手順3──目標分析表から全体的に思考する（中核目標の設定）………… 178
8　単元計画上のその他の問題………………………………… 183

第6章　「読むこと」指導の基礎・基本
── 習得・活用・探究は，確かな習得から

第1節　基礎的基本的な知識および技能の指導法 ────── 195
1　漢字指導……………………………………………………… 195
2　語彙，話型・文型指導……………………………………… 207
3　音読指導……………………………………………………… 209
4　物語文指導の基礎・基本…………………………………… 213
5　説明文指導の基礎・基本…………………………………… 216
6　話し合いの指導……………………………………………… 222
7　読書力向上…………………………………………………… 224
8　確かな習得のために………………………………………… 229

第2節　生きる力 ────── 233

第3節　確かな学力観 ────── 236
1　体験・経験の重要性………………………………………… 236
2　学力と心の関係……………………………………………… 241
3　学力とテスト………………………………………………… 242
4　単元「名作に出会おう」…………………………………… 243

第4節　言語力と国語力 ────── 246

第1章 PISA型「読解力」・生きる力を育てる読みの授業

第1章　PISA型「読解力」・生きる力を育てる読みの授業

第❶節
学校現場が混乱してはならない

　PISA2003調査結果がPISA2000より低下したことをマスコミは大きく取り上げた。その結果，PISA2003調査結果は，黒船来航に例えられるほどの激震を日本の国語教育に与えた。

　当時，現職派遣として大学院で国語科教育を研究していた筆者は，PISA型「読解力」をめぐる騒動に不安を感じた。80年代の読者論導入の議論以降，子どもたちの読みを何でもありと認めてしまう国語科指導の混乱は，90年代の「ゆとり教育」によって増幅されていた。それがPISA型「読解力」騒動によって，またもや歪められはしまいかという不安である。

　その中で，次の２つの声をよく耳にするようになった。

---
① 日本の読解力には問題があるのでPISA型「読解力」が低下したという声
② 日本の読解力には問題があるので，PISA型「読解力」を向上させるためには，例えばPISA2003調査結果１位のフィンランドから学習方法を「輸入しよう」という声

　これらの声を聞いて，筆者は，不安が現実化してきたように感じた。
　①については，問題文を右から左に書き写せば正解になるような質の低い読解問題と，今日まで我が国に存在するすぐれた読みの授業や読解力観を，「日本型読解力」と一括りにして，否定している。
　②に登場するフィンランド・メソッドには，論理的思考力を育てるうえで学ぶべき点がある。しかし，簡単に新しいものに飛びつき，コピーに走れば，大事な不易の部分が見えにくくなる。

「日本型読解力」は劣っていて,「PISA型『読解力』」はすぐれている,さらには,PISA調査で優秀なフィンランドの教育方法はすぐれているといった話に弱い人々がいる。その話を聞いた途端に飛びつき,救世主のように扱い,これまでの授業について詳しい知識がないために,簡単に今日までの授業を否定してしまう。残念ながら,学校現場にも,そういう人が少なからずいる。危険なことは,今日までの授業を否定してしまうことによって,「不易と流行」の不易の部分が見えにくくなることである。流行が不易を冒すのである。

これまで学校現場が,ときどきの流行の議論に巻き込まれてきたのには,それなりの原因がある。

1つには,学校や現場が問題を解決するために主体的に学び,考えるクリティカル・シンキング（注1）を十分にしてこなかったことがあげられる。学校や現場は実践を担当していればよい,理論やむずかしいことは大学の先生や「上」の人に任せておけばよいという下請的発想が,それに拍車をかける。

2つには,明日の授業というものは,今日までの授業研究の成果の上に立ち,そこに必要な修正を加えていくことで創られていくという認識が十分でないことである。この認識が弱いために,何か大きな出来事があると,それまでの授業を簡単にご破算にしてしまう。十分な分析と思考抜きで,これまでの実践を簡単に否定してしまうのである。

青い鳥を探している人は,フィンランド・メソッドの流行が終われば,今度は次の流行,○○法,○○メソッドに飛びつく。しかし,救世主や特効薬のような「新しい授業」は見つからないし,存在しない。青い鳥は,自分たちの足下にいるからである。青い鳥は,今日までの授業を修正することから生まれる。明日求められる国語科授業は,求められていることが何かを明らかにし,今日までの国語科授業のどこを修正すればよいのかをクリティカルに思考しないかぎり,実現されない。

何事にも流行があるように,教育界においても流行はある。ブームの最中には,それが唯一絶対的な問題の解決法であるかのような熱の入った意見や,これなしには今後の教育は考えられないといった勢いの意見や議論が起きる。し

かし，流行の終焉とともに，それらの熱は一気に冷める。困ったことに，冷めた結果，以前よりも問題がねじれたり，むずかしくなってしまったりする場合も中にはある。

　読みの授業の混乱や教育の混乱は，流行に翻弄され，不易の部分を知らない間に変質させたり，見失ったりしてしまったときに起きるものである。そして，そのような混乱は，現場に大きな影響を与え，子どもたちの成長や発達にも大きな影響を与える。教育界に携わる大人たちがくしゃみをすれば，子どもたちは風邪をひく。せっかく起きたPISA型「読解力」論議を明日につながらない流行に終わらせてはならない。

　そこで，本章では2つのことを述べる。

　1つ目は，PISA型「読解力」に関する議論に必要な整理を行う。そこから求められる読みの授業を考えるためである。2つ目に，80年代に起きた読者論導入の議論に学び，読みの授業の変遷と読みの授業の混乱を概見し，80年代中ごろから未整理な問題を整理する。PISA型「読解力」の議論を，混乱にではなく，生産的な方向に進めるためのポイントを明らかにするためである。

第❷節 PISA 型「読解力」とは何か

1 PISA 型「読解力」は学力をリーディング・リテラシーから観た学力観である

■■ PISA 調査と DeSeCo 計画 ■■

PISA とは，Programme for International Student Assessment のことであり，文部科学省は，「生徒の学習到達度調査」と訳している。OECD 加盟国各国の教育課程が，どの程度生徒の学力向上に効果を上げているのかを国際比較で調べる調査のことを指す。

この PISA 調査の学力観に影響を与えているのが，OECD の事業である DeSeCo 計画である。DeSeCo 計画は，Definition and Selection of Competencies: Theoretical and Conceptual Foundations Project の略であり，「コンピテンシーの定義と選択：その理論的・概念的基礎」と訳されている。1997年12月にスタートし，2003年に最終報告書をまとめた DeSeCo 計画は，1993年11月1日に起きた世界史的大事件によって生まれたといえる。その世界史的大事件とは，EU 統合である。

民族も言語も歴史や文化も異なるヨーロッパの国々が，EC（ヨーロッパ共同体）を経て，1つのヨーロッパをめざした連合体となった。その過程において，歴史や文化などのさまざまな違いを克服して，1つのヨーロッパがめざすべき教育目標，育てるべき能力（competence, competency）を明確にする必要が生まれた。それが明確にならないかぎり，ヨーロッパの教育は統合できないし，EU の真の統合と発展は実現しないからである。

EU に住む人々が，EU の中で自由に職を選び，働くことになったとき，教育が統合されていなければ，たちまち労働者の質に問題が生まれる。そこで EU 版学力観が明らかにされなければならない。EU 統合は，同時にヨーロッパの

教育を統合させる必然性を生み出した (注2)。

そして DeSeCo 計画がコンピテンシーの定義と選択を明確にする過程で，めざすべき枠組み，いわば学力を指すのに「キー・コンピテンシー」という言葉が用いられるようになったが，これはコンピテンシー（能力）の中でも，鍵になる重要な能力を意味する。

鍵は，開けるべき扉によって異なる。教師にとって必要な能力の鍵と，経営者にとって必要な能力の鍵とは，重なりと異なりがある。DeSeCo 計画が明確にしようとした「キー・コンピテンシー」は，EU という社会の成功のために求められる。それは，EU に育つ子どもたちと，そこに生きる大人たちに育てるべき能力ということになる。ただし DeSeCo 計画は，国家や社会の都合や成功からのみ「キー・コンピテンシー」をとらえようとしているのではない。それは，個人の成功と社会の成功の両方をめざすものである (注3)。この点でキー・コンピテンシーは，日本流にいえば，「確かな学力」というより，OECD 版「生きる力」といえる。

以下，DeSeCo 計画最終報告書であるドミニク・S・ライチェン，ローラ・H・サルガニク編著，立田慶裕監訳『キー・コンピテンシー／国際標準の学力をめざして』（明石書店，2006.5）から，DeSeCo 計画が示す「キー・コンピテンシー」の概念枠組み（フレームワーク）を紹介しよう。それは，以下の3つである（p.202）。

このうち，「相互作用的に道具を用いる」は，「カテゴリー1」とされ，その内容は，

「A　言語，シンボル，テクストを相互作用的に用いる」

「B　知識や情報を相互作用的に用いる」

「C　技術を相互作用的に用いる」

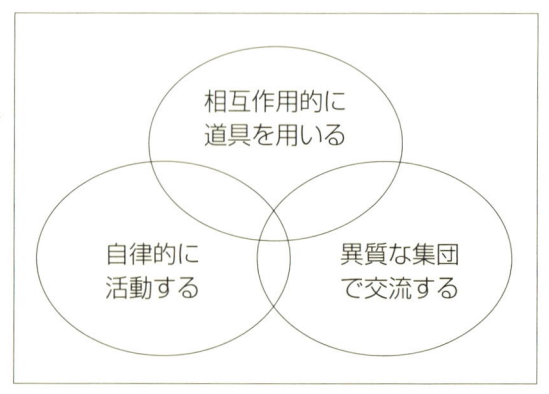

の3つで構成される（p.211）。
　このうち「A」について，

　　このキー・コンピテンシーは，さまざまな状況において，話して書くといった言語的スキルや，コンピュータまたは図表を用いるといった他の数学的なスキルを有効に利用するものである。これは，社会や職場でよりよく働き，他の人々との効果的な対話に参加するための必須の道具である。(p.211)

と述べ，「PISAの読解力（reading literacy）と数学リテラシー（mathematical literacy），およびALL（「成人のリテラシーとライフスキル調査」のこと：鎌田）で定義された計算リテラシー（numeracy）は，このキー・コンピテンシーを具体化したものである」（p.211）と述べている。
　DeSeCo計画では，言葉の力は，個人と環境の間に効果的な相互作用をもたらすための「道具」の1つとしてとらえられている。人と人をつなぐ「言葉」の役割の重要性，情報や知識としての「言葉」を理解し，活用する重要性，さらには，それを「相互作用」的にとらえる視点の重要性には賛同できるものの，言葉の力を「道具」とするとらえ方には，少々の危惧を感じる。
　その危惧は，「個人の成功」と「社会の成功」（p.204）としながらも，「知識基盤社会」に対応できる明日の社会の成功を意識しなければならないために，個人の内面世界の確立にとって言葉の力が果たす役割の大きさに対するとらえが，浅くなってはいないかというものである。
　おおよその場合，言葉を「道具」といっても差し支えがないであろう。しかし，ときに言葉は，個人の認知と情意の形成，表出において，「その人そのものである」といえるほど大きく，深くなるものである。
　「人生を変えた言葉」，「私を救った言葉」，「勇気を与えてくれた言葉」，「恩師の言葉」などの表現に違和感を覚えないのは，我々が言葉のもつ力の大きさを感じているからである。我々は，それらの表現から，人生を変えるほどの言葉の力の大きさや，人を失意のどん底から立ち直らせたり，人に勇気を与えてく

れる言葉の力の大きさを理解できるのである。我々が,「恩師の言葉」という表現を使うときには,ただ単に恩師が言った大切な言葉という意味を指すだけでなく,その言葉に自分を指導してくださった恩師との思い出を含んだり,ときに自分にとっての恩師の存在そのものを指して使ったりしているのである。

　言葉で感情を表現する。そして,ときに,言葉が感情を生み出す。我々は言葉によって思考する。よく練られた思考であればあるほど,個人の実感,納得を経て,最終的にはその個人の思考そのものとなり,その人の内面世界を形成していく。個人の内面世界形成,人の精神世界に与える言葉のもつ力の大きさをとらえているならば,DeSeCo計画に「思慮深さ(反省性):キー・コンピテンシーの核心」(p.207)という表現があっても,十分であるとはいえない。

　「思慮深さ」が示すものは,個人の成功と社会の成功のために,自分の行為や発言,思考をよく考えるということである。「メタ認知的な技能(考えることを考える),批判的なスタンスを取ることや創造的な能力の活用」(p.208)という重要なことを含みながらも,それだけでは,「人は,何をどのようにして納得し,実感し,本音として自己を確立していくのか」という問題と,「そこに果たす言葉の力がもつ大きな役割」が抜けてしまう。筆者が「道具」という表現に不足を感じるのは,個人の自己確立に果たす言葉の力の大きさをとらえているからである。

■ PISA型「読解力」■

　PISA調査は,義務教育終了年齢の子どもたちの学力を,

○ reading literacy
○ mathematical literacy
○ science literacy

の3つのリテラシーから調査する。

　ただし,各調査は,その回ごとに中心をおくリテラシーを定めている。PISA2000ではreading literacyを,PISA2003ではmathematical literacyを,PISA2006ではscience literacyをそれぞれ中心において調査が実施された。

　このうちのreading literacyが,PISA型「読解力」と訳されているものである。

literacyとは、読み書きの能力や知識能力を指すため、reading literacyは、「読解力」と訳された。しかし、PISA調査のreading literacyは、日本でそれまで考えられていた「読解力」と比べ、その定義に大きな違いがある。そのために、「PISA型『読解力』」という言葉が生まれた。つまり、PISA型「読解力」という言葉は、日本で生まれた造語である。

文部科学省は初め、「『読解力』向上に関する指導資料」においては「PISA調査（読解力）」と表現していた（注4）。PISA型「読解力」を具体的に表すものは、PISAのテスト問題そのものであるから、これは忠実な表現といえる。それが、「平成16年度臨時全国都道府県・指定都市教育委員会指導主事会議配布資料（平成17年1月19日実施）（抄）」では、「PISAの読解力」（注5）という表現になり、「読解力向上プログラム」で「PISA型『読解力』」になった（注6）。

では、このPISA型「読解力」の定義を、文部科学省の「『読解力』向上に関する指導資料」で見てみよう。

> 自らの目標を達成し、自らの知識と可能性を発達させ、効果的に社会に参加するために、書かれたテキストを理解し、利用し、熟考する能力。（注7）

reading literacyは、領域や教科ではなく、能力を表す。そのために、先に見た定義では、どこにも国語科という言葉は出てこない。定義に「自らの目標を達成し、自らの知識と可能性を発達させ、効果的に社会に参加するために」とあるように、PISA型「読解力」は、日本の「生きる力」と同じく、現実の社会の中で自らの人生をよりよく生きるための能力、学力を意識している。PISA型「読解力」は、義務教育の出口で獲得した学力を「書かれたテキストを」読むという能力観点からみた学力観なのである。日本流に言いかえれば、「書かれたテキストを」読むという観点から「確かな学力」や「生きる力」をとらえたものといってよい。

これに対して、日本の読解力は、主として国語科の「読むこと」領域の中で考えられてきた能力であり、「文章を読む」という点に焦点が当てられている。昭和52年告示の第5次、平成元年告示の第6次の学習指導要領では、「表現・理

解」の理解としてとらえられていた能力でもある。これまでの日本では，読解力といえば国語科の専売特許というのが常識であった。

　しかし，PISA型「読解力」は，学力全体を「読むこと」という観点からみた学力観であるために，「読解力」と訳されてはいるものの，初めから国語科という教科の枠を越えている。したがって，PISA型「読解力」には，読解力（リーディング・リテラシー）が国語科の専売特許であるといった発想はない。見ている先は，「自らの目標を達成し，自らの知識と可能性を発達させ，効果的に社会に参加する」ことであり，それを可能にする確かな学力，生きる力である。

　PISA型「読解力」の問題に，日本の国語科で扱うようなテキストだけでなく，現実生活で出会う可能性のあるさまざまなテキストが取り上げられていることは，PISA型「読解力」の定義からすれば当然のことである。

　チャド湖の問題（第3節1参照，P.26）のように日本でいえば理科や社会の資料活用問題のようなものから，現実社会で使ったり，出会ったりしそうなテキストまで，多くのタイプの「書かれたテキスト」を対象とするのが，PISA型「読解力」調査である。そういうPISA型「読解力」を日本の子どもたちに育てていくには，国語科を中心にしながら，各教科，総合的な学習の時間をはじめ，すべての教育活動の中で，言語力育成をめざし，取り組んでいかなければならない。

　PISA型「読解力」の向上には，「生きる力」や「確かな学力」を教育活動全体で育てていかなければならない。いや，それは逆立ちした表現になる。正しくは，「生きる力」，「確かな学力」を育てていくならば，その取組みは，必ずPISA型「読解力」の向上にも寄与することになると言うべきである。

　生きる力を育てるためには，確かな学力の向上が不可欠である。確かな学力向上のためには，確かな知識・技能，思考力，判断力，表現力の向上が必要になる。そのためには，国語科では，言語活動を通して確実に確かな言葉の力を習得・活用・探究させ，その力を各教科，領域，総合的な学習の時間をはじめとするすべての教育活動を通して螺旋的反復的に習得・活用・探究させ，さらに現実生活において学んだ言葉の力を習得・活用・探究させていくことが求め

られる。国語科の領域については，思考力，判断力，表現力が必ず求められる「書くこと」は，すべての学習の中で重視されていくことになろう。さらに，読むべきときに読み，書くべきときに書き，話すべき，聞くべきときに話し，聞くというように，3領域を目的や場面に応じて適切にバランスよく行うことを求めていく中で，子どもたちの思考力，判断力，表現力は鍛えられていく。

　小学校段階では，こうした繰り返しを教師と学校が計画的に行っていくことが，日本の子どもたちにPISA型のような調査問題にも十分対応できる確かな学力を育てることになる。

2　PISA2003調査結果は，何故低下したのか

　PISA2003調査結果は，何故PISA2000調査結果に比べて低下したのであろうか。PISA2003ショックのときには，このことが随分と問題になった。

　結論を先に述べれば，それは子どもたちの学力が低下したからにほかならない。

　「書かれたテキストを」読むという観点から「確かな学力」や「生きる力」をとらえたPISA型「読解力」の低下は，「確かな学力」や「生きる力」の低下を意味することになる。無答率が高く，書こうとしない子どもが多いこと，チャド湖の問題のような理科や社会でいえば資料問題のような非連続テキストでの無答率が高いことから，国語科の読解力が低下しただけでなく，子どもたちの意欲の低下や，書く力の低下，他教科の学力低下が見えてくる。

　しかし，PISA2003調査結果が世間をおおいに騒がせていた当時は，現行学習指導要領完全実施時に起こった学力低下騒動が，やっと沈静化しだした直後であった。そこでまた，学力低下とは言いにくかったのか，実際にそう感じる人が少なかったのか，PISA2003調査結果発表当時には，読解力低下を学力低下の一環としてとらえる意見はそう多くはなかった。しかし，最近では，香西秀信のように端的にこの点を述べる人も出てきている。

　もし，日本型読解力で高得点の生徒がPISA型には難儀した，あるいは日本

型では低得点だった生徒がPISA型では高得点を獲得した,という現象が顕著に見られるのであれば,確かに日本型読解力とPISA型のそれとは乖離していると言えるだろう。だが,日本型読解力が高い者はPISA型も高く,日本型読解力の低い者はPISA型も低いというのであれば,それは何ら日本の国語教育の問題ではない。単なる学力(読解力)のある/なしの問題である。
(注8)

　香西が見抜いているように,日本の15歳の読解力低下と学力低下は,残念ながら事実である。その後発表されたPISA2006調査結果は,この学力低下をいっそう明らかにした。
　2007年12月5日付けの新聞各紙が,PISA2006調査結果をどのように報道したかを毎日新聞,朝日新聞,東京新聞の順に,各紙の見出し・社説見出しで見てみると,順に,
　○日本理数離れ深刻,「関心・意欲・態度」最下位(毎日新聞・見出し)
　○順位より「低意欲」こそ問題だ(毎日新聞・社説見出し)
　○数学・科学応用力日本続落(朝日新聞・見出し)
　○考える力を育てるには(朝日新聞・社説見出し)
　○日本学力トップ集団脱落(東京新聞・見出し)
　○考える力に課題がある(東京新聞・社説見出し)
となっている(注9)。
　PISA2000, PISA2003, PISA2006で,日本の順位がどう変動してきたのかを見ると,各リテラシーは,以下のように確実に下落を続けている。
　○科学的リテラシー……2位→2位→6位
　○読解力……8位→14位→15位
　○数学的リテラシー……1位→6位→10位
　読解力が落ちたうえに,科学的リテラシー,数学的リテラシーといった理数系につながる学力まで落ちたということは,主要教科が軒並み低下したということを意味する。つまり,読解力だけが低下したのではなく,学力が全体とし

て低下したのである。香西が「日本型読解力が高い者はPISA型も高く，日本型読解力の低い者はPISA型も低いというのであれば，それは何ら日本の国語教育の問題ではない。単なる学力（読解力）のある／なしの問題である」と述べていることは，この点で正しい。

元々，学力形成の基礎・基本になる読む能力や書く能力が低下すれば，学力が全体として低下するのは必定である。そして，学力が低下すれば，思考力，判断力，意欲も低下し，読む能力も書く能力も低下する。これも必定である。

3 PISA2003調査結果の原因としてあげられたもの

PISA2003調査結果発表当時，読解力低下の原因やその関連意見としてよく聞かれた意見は，以下の3つであった。

---
① 読解力は低下していない。
② PISA調査問題に不慣れだから低下した。
③ PISA型「読解力」と日本の読解力の定義が違うから低下した。

さすがにいまは，「読解力は低下していない」と述べる人はいない。ところが，当時は，PISA調査問題が日本のそれまでの読解力問題，とくに市販テスト問題とあまりにも異なっていることへの戸惑いがあってか，①のように述べる人がいた。

しかし，文部科学省は，「『読解力』の得点については，OECD平均程度まで低下している状況にある」(注10)と，読解力低下を潔く認めていた。PISA2003調査結果が，PISA2000調査結果に比べて，読解力の順位が8位から14位に，点数が522点から498点に落ち，先進国24か国中最も成績を落としたことが判明していたわけであるから，それも当然である。2000年と2003年とでは，「調査を受けた学校（生徒）に差があったから低下した」という声もあったが，PISA2006調査結果が公表されたいまとなっては，その説得力も弱い。むしろ，日本の子どもたちの学力低下は，深刻なものがあるといえる。

②の「PISA調査問題に不慣れだから低下した」という意見には，基本的な誤

りがある。

　確かに，日本の15歳が，PISA型問題に慣れていなかったということは，間違いのない事実である。被験者が答えてきたそれまでの国語科の市販テストは，正しいものを選んで○をつける問題や，問題文から必要な部分を書き写せば正答になるようなレベルの問題が多かった。国語科の授業実践研究者の中には，「市販テストでは自分の授業を受けた子どもたちの評価がしにくい」ので，自作テストをつくる人も少なくなかった。小学校，中学校において，自由記述式の問題に出会う機会もこれまでは少なかった。

　このような日本の子どもたちにとって，自由記述問題の多いPISA型問題は，確かに不慣れであり，かつ書くことに辛抱のいる面倒なテストである。非連続型テキストと呼ばれるもののうち，社会や理科のグラフ，資料のような問題は，授業時数が減らされる前であれば，理科や社会の時間にいまよりは多く学習していた。しかし，文学批評家のようにテキストに対して自分の批評を述べる問題を，日本の国語科授業やテストが取り上げたことはほぼ皆無といってよい。

　被験者の子どもたちは，PISA調査問題に，大きな違和感を覚えたに違いない。市販テストが，実践家の授業レベルに迫っていないということだけでなく，PISAのreading literacy調査問題が，日本の小学校国語科授業やテストとは異質の問題を含んでいたことは，事実である。

　日本の生徒が「PISA調査問題に不慣れ」なことは間違いない。しかし，それはPISA2000も同様である。同じ条件である以上，②をPISA2003調査結果の低下の原因にすることはできない。

　③の「読解力の定義が違うから低下した」という意見は，「読解力の定義が違う」という点は正しい。すでに本章「第2節1」（P.13参照）で述べたように，PISA型「読解力」と，日本でこれまで受け止められてきた読解力とでは，そもそものところで違いがある。しかし，だからといってPISA2003調査結果の低下の犯人が③になることはない。何故なら，PISA2003調査とPISA2000調査との間で，日本の読解力の定義が変更された事実はないからである。PISA2003調査とPISA2000調査は，同じ読解力の定義の下で行われたものである。2つ

の調査が，同じ読解力の定義の下で行われた以上は，読解力の定義という条件が，2つのテスト結果を左右することはない。

「PISA型『読解力』と日本の読解力の定義」には，違うところがあるが，そのために PISA 調査結果が「低下した」のではない。また，③「PISA 型『読解力』と日本の読解力の定義が違うから低下した」という表現は，日本の読解力に対する誤解を生み出しかねない点が危険である。この点について，次の「4」で述べる。

4 「日本型読解力」とは何か

■■「日本型読解力」と表現してしまうことの危険性■■

「PISA 型『読解力』と『日本型読解力』」のように，2つの読解力を対置してしまうと，日本のすぐれた「読むこと」の実践や理論まで，「PISA 型『読解力』」以下のものであるという誤解を生む危険性がある。「日本型読解力」とは何なのかが不明確なために，いつの間にか「日本型読解力」は「日本の読解力」という意味になる。

「PISA 型『読解力』と『日本型読解力』」という対置的表現の下で，PISA 型「読解力」は新しく，日本の読解力は古い，PISA 型「読解力」はすぐれていて，日本の読解力は劣っている，あるいは求められる読解力は PISA 型「読解力」であり，日本の読解力はその役目を終えた，といった一面的な理解を次々に生む危険性がある。

ちまたで使われる「日本型読解力」は，「文章を正確に読んで理解すること」として使われていることが多い。その意味から述べるなら，「日本型読解力」なしには，PISA 型「読解力」は成り立たない。文章を正確に読んで理解することなしには，PISA2003 調査問題を解くことはできないからである。PISA 調査問題に答えるためには，文章を正確に読んで理解する段階の読みが，どうしても必要になるのである。決して，

○ PISA 型「読解力」が○で，「日本型読解力」が×
などということにはならない。ましてや，

○PISA型「読解力」が○で,「日本の読解力」が×ということには絶対にならない。

■■「日本型読解力」とは■■

「日本型読解力」を次の3つに仮定義し,「日本型読解力」とは何かを考える。

> ① 「日本型読解力」は,日本の読解力のことである。
> ② 「日本型読解力」は,日本の国語科の読みの授業のことである。
> ③ 「日本型読解力」は,①でも②でもなく,その他のことである。

①は,成立するのであろうか。

80年代半ばに読者論導入を提案し,当時の読みの授業を〈正解到達方式〉と呼んで批判した関口安義は,批判すべきテスト問題や授業のあり方と,評価すべきすぐれた理論や実践との間に,きちんと線を引いていた。「読者論導入による授業の改革」(注11)の中で,芦田恵之助,金原省吾をはじめ,「戦後の単元学習は,学習者一人一人の〈読み〉を大切にしようとしたものであった」と述べ,「大村はまの大単元方式による指導,荒木繁の問題意識喚起の文学教育,大河原忠蔵の状況認識の文学教育,太田正夫の十人十色を生かす文学教育」を列挙し,これらを「学習者である生徒の主体を大切にした〈読み〉の実践」として評価している。

関口が評価したこれら日本のすぐれた読みの授業や理論は,文章を正確に読んで理解する読みの段階に止まっているものではない。「日本型読解力」が日本の読解力であるとした場合,これら日本のすぐれた読みの授業や理論の存在によって「『日本型読解力』は,文章を正確に読んで理解することである」という定義は成立しなくなる。

②は,どうであろうか。

まず,市販テストの読解問題や算数の問題文を読むように,文章を正確に読んで理解することだけに終始した国語科の研究授業を,筆者はあまり見たことがない。少なくとも研究授業においては,「文章を正確に読んで理解する」段階だけで終わる授業を見ることは少ない。もちろん,子どもたちが文章とどれ

だけ真剣に向かい合っていたかという点での差はある。しかし，例えばこれまで筆者が目にしてきた，文学作品を教材にした研究授業は，教師の発問に答えたり，吹き出しを書いたりしながら，子どもたちに登場人物の気持ちを考えさせたり，想像させたりして，子どもたちを作品世界に誘おうとするものであった。

これらは，日本で大事にされてきた文学作品の読み方である。「日本型読解力」が日本の国語科の読みの授業を指すならば，「『日本型読解力』は，文章を正確に読んで理解することである」という定義は，管見では成立しない。

一方，「文章を正確に読んで理解する」レベルの読みに出会う場合がある。それは，市販テストの一部にある読解問題においてである。市販テストの読解問題の中には，問題文の必要なところを右から左に書き写せば正答になるレベルの問題が一部ある。

こういう問題を指して「日本型読解力」と定義するのなら，「『日本型読解力』は，文章を正確に読んで理解することである」は，成立する。「日本型読解力」が文章を正確に読んで理解することであるならば，「日本型読解力」とは，市販テストの一部にある読解問題ということになる。これが，「③　その他」である。「一部に」と表現したのは，最近では，PISA調査問題や全国学力定着調査のB問題の影響もあり，市販テストでもさまざまな挑戦や工夫が始まっているからである。

よく，学習指導要領が「日本型読解力」であると述べる人がいる。しかし，学習指導要領も，文章を正確に読んで理解すればそれでよい，それで終わりとは述べていない。低学年の指導内容には，「ウ．場面の様子などについて，想像を広げながら読むこと」（注12）とある。「想像を広げ」ると述べている時点で，正確に読んで理解する読みの段階を越えていることは明らかである。

以上のように考えてきたとき，「日本型読解力」とは，①でも②でもなく，③になる。「日本型読解力」という表現が意味するものは，問題文の必要なところを右から左に書き写せば正答になるレベルの読解問題を指すことになる。

第1章　PISA型「読解力」・生きる力を育てる読みの授業

第❸節

PISA型「読解力」と日本人

1　学力低下の問題——チャド湖の問題から

　PISA2003調査におけるPISA型「読解力」の低下は、学力全般の低下を意味することを「第2節2　PISA2003調査結果は、何故低下したのか」（P.19）で述べた。このことは、PISA調査の問題とそれに対する日本の結果を見てもわかる。「チャド湖に関する問題」の問題文を紹介しよう。

　図1は、北アフリカのサハラ砂漠にあるチャド湖の水位変化を示しています。チャド湖は、最後の氷河時代の紀元前20000年ごろに完全に姿を消しましたが、紀元前11000年ごろに再び出現しました。現在のチャド湖の水位は、西暦1000年とほぼ同じです。

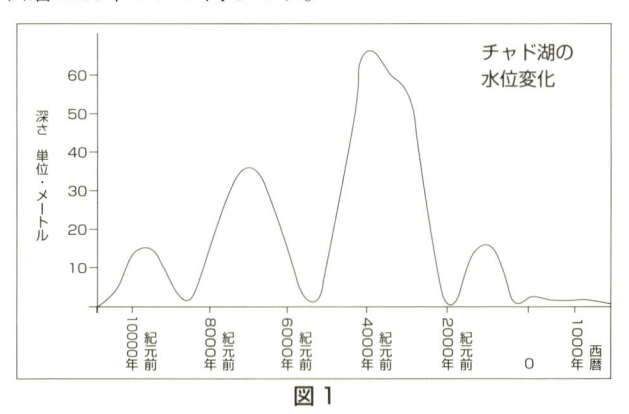

図1

チャド湖に関する問1

　現在のチャド湖の水深は何メートルですか。

選択肢　　A　約2メートル

>   B　約15メートル
>   C　約50メートル
>   D　チャド湖は完全に姿を消している。
>   E　情報は与えられていない。
>
> **チャド湖に関する問2**
> 　図1のグラフは約何年から始まっていますか。
>
> **チャド湖に関する問3**
> 　筆者は，このグラフの始まる年として，どうしてこの年を選んだのですか。

■■ 問1について ■■

　問1は，日本の生徒が普段から見ることの多い選択問題であり，日本の正答率は77.0%，無答率は1.2%であり，それぞれのOECD平均65.1%，3.4%を上回る結果を見せている。

■■ 問2について ■■

　続いて問2は，「図1のグラフは約何年から始まっていますか」という資料の読み取り問題である。この手の問題は，日本では，国語科の問題ではなく，理科や社会科で出題される資料活用問題にあたる。ゆとり教育による授業内容と時間数削減の影響を受け，理科や社会科の資料問題を読む力が低下したことが，PISA2003調査結果に悪影響を与えているととらえることが自然なとらえ方である。この問題は，OECD平均正答率50.9%をかろうじて上回っているものの，日本の正答率は52.7%であり，問1に比べて下がっている。さらに無答率に至っては，7.9%に増え，OECD平均無答率6.9%より悪くなっている。

■■ 問3について ■■

　「チャド湖に関する問3」では，「筆者は，このグラフの始まる年として，どうしてこの年を選んだのですか」という問いに自由記述で答える問題になっていて，正答率は48.8%に下がる。しかし，OECD平均はもっと下がり，36.9%に落ちる。結果として，日本の正答率はOECD平均を11.9%も上回る結果を示

している。ところが，その一方で，日本の無答率は，24.7%と激増する。OECDの無答率平均は17.9%であり，無答率において日本はOECD平均を6.8%も上回る。

問3に答えることは，そんなにむずかしいことであろうか。そうとは考えられない。問3は，問題文の「(チャド湖は)完全に姿を消しましたが，紀元前11000年ごろに再び出現しました」のところを読んでいれば，グラフが紀元前11000年から始まっている（グラフの横軸に紀元前11000年の明示はない。明示されているのは紀元前10000年の目盛りであり，その右に紀元前8000年と2000年刻みの目盛りが打ってある。紀元前10000年から左のグラフ開始までの長さが，紀元前10000年から紀元前8000年までの長さの半分であることから推測しなければならない。）理由はすぐに読めるし，推察できる。水位を考えるにあたって，「完全に姿を消し」ていた水のない時代は必要がないからである。

後は，それがわかるように書けばよいレベルの資料問題である。例えば，「チャド湖は，紀元前11000年ごろに再び出現した湖である。水位を考察する際に，姿を消していた時代を取り上げる必要はないと筆者は判断した。そこで，紀元前11000年を始まる年として選んだのである」などである。

■■ 学力の2極分化 ■■

この程度の思考ができないということは，読解力の問題ではなく学力の問題である。実際，わかる子にとってはそんなにむずかしい問題ではなく，日本の正答率は，OECD平均より良好な結果を示した。しかし，その反面，まったく書けない，書こうとしない子どもたちが多数出現した。

これは，日本の学力の2極分化と低学力層の増加を物語っている。理科や社会科でいう資料活用能力の問題が答えられない。問題文の「(チャド湖は)完全に姿を消しましたが，紀元前11000年ごろに再び出現しました」という肝心のところを読み落とす。あるいは，読んでいてもそこから答えを考えることができない。紀元前の数字の並び（西暦0年に向かって数字が減っていく仕組み）に戸惑ってしまう。そして，答えることを諦めたかのように無気力に無答を選ぶ。

そこには，学んだことが活用できるほど身についていない子どもの姿，状況設定を変えられると，学んだことをどう適用させればよいのか思考・判断する力が弱い子どもの姿，そして，どう書いていいかわからない問題に直面すると，簡単に諦めてしまうという，子どもの気がかりな姿がある。

深刻な学力低下の問題は，ちょっとした困難に直面すると，何もできなくなるし，しなくなるという「生きる力」の弱さに関連している。

2 日本に合わない問題——PISA調査問題から

PISA調査には，欧米だけでなく，我々アジア，さらにはアフリカの各国が参加している。調査問題は，各国の多様な文化，民族性の異なりが，テスト結果に格差になってしまわないようにつくられるべきものである。そして，実際PISA調査はその方向をめざしている。しかし，問題の中には，日本の倫理観では考えられないような「落書き」についての問題がある。

落書きの問題では，ヘルガとソフィアがそれぞれ落書きについての考えを述べ，それを読んで，設問に答える。

問題の中で，ソフィアは，次のように語る。

「十人十色。人の好みなんてさまざまです。世の中はコミュニケーションと広告であふれています。企業のロゴ，お店の看板，通りに面した大きくて目ざわりなポスター。こういうのは許されるでしょうか。そう，大抵は許されます。では，落書きは許されますか」

「看板を立てた人は，あなたに許可を求めましたか。求めていません。それでは，落書きをする人は許可を求めなければいけませんか。これは単に，コミュニケーションの問題ではないでしょうか」

「そうした（コンクリートの壁をそっくりそのまま真似た，数年前に店で見かけたしま模様やチェックの柄の洋服，スキーウェアの模様：鎌田）模様や色は受け入れられ，高く評価されているのに，それと同じスタイルの落書きが不愉快とみなされているなんて，笑ってしまいます」

「芸術多難の時代です」(注13)。

　はっきりさせておかなければならないが，日本では落書きは犯罪である。「器物損壊罪」であり，3年以下の懲役または30万円以下の罰金となる。そして日本は，落書きが犯罪であることを学校で教えることができる国でもある。最近，規範意識が低下し，自己中心的で自分勝手な生徒が増える中で，落書きはどんな理由があってもやってはならないことを，日本の教師は学校現場で懸命に教えている。落書きの被害に遭い，大いに悩まされている善良な市民も少なくない。自治体や神社仏閣にいたっては，文化財保護や景観保護に反する落書きに頭を痛めている。

　そういう中で，ソフィアは「落書きが不愉快とみなされているなんて，笑ってしまいます」と嘯き，「芸術多難の時代です」と述べる。このソフィアの意見は，自分勝手な詭弁であり，暴言である。

　こういう問題に，日本の15歳をつき合わせることが教育的に必要なのであろうか。ある問題に対して，賛成であれ，反対であれ，自分の意見を論理的に展開できるかどうかを見たいのであれば，環境保護か開発かという問題設定でも，その意図は実現できる。

　ただでさえ，欧米化の波の中で，日本という国の民族性や文化性，そこから生まれたすぐれた規範意識や道徳性の変質が危惧されているときである。そして，心の教育の必要性と重要性が叫ばれている昨今である。PISA調査を担当されている方は，この問題が日本の文化と規範意識に合わないところをもつことを，意見として述べてもらうほうがよい。日本では，健全な青少年育成の観点から，あのような落書きの問題は好ましくない。

3 批評力と日本人

■ 注意が求められる批評力のとらえ方 ■

　我が国は，批評力のとらえ方に注意が必要な国である。なぜなら，戦後の急激な変化の中で，自分の権利だけを平気で主張する輩が増え，規範意識が低下

してきたからである。クリティカル・リーディング，クリティカル・シンキングの使い手を育てることは，おしゃべりな詭弁家，無責任で自立していない文句屋，果ては苦情と称して自己中心的な主張を過剰に述べるクレーマーのような輩を育てることではない。

しかし，いまのこの国には，クリティカル・シンキングをしていると思っていたら，単に自己の主張にこだわっているだけであったということが，大人にも子どもにも起こりやすい風潮がある。

子どもたちについて述べれば，いまの子どもたちが少子化の中で育っていることの弊害は大きい。物質的には豊かな社会の中で，数の多い大人は，数の少ない子どもたちに手をかけすぎる。子どもたちは，物質面での欲求が簡単に実現しやすい環境の下で，大人に甘やかされることが多く，何不自由なく暮らす。そのため，辛抱したり，我慢したりする体験が少なすぎて，その結果，自分の感情をコントロールすることが下手になってきている。自己への強いこだわりを自分でコントロールできない弱点が，いまの子どもたちの中には生まれやすい。

この弱点を克服することは，子どもたちが健全に成長するためにきわめて重要になってきている。それは，いまや，教育が担う大きな課題といえる。ここでも，読書を通して体験不足を補い，さまざまな人生，その中にある人間の辛抱強さ，我慢強さ，意志の強さ，信頼の強さといった人間の「強さ」にふれることは，ますます重要になってきている。読書力向上の取組は，重要である。

■■ 日本人とは何か，日本とは何か ■■

日本では「批評力を育てる」ということが，なかなか取り組まれてこなかった。その理由として，それなりの文化的背景などがあったと考える。

1つには，日本では，すぐれた作品を学び，読み深め，読み味わえば，すぐれた言葉の使い手になるという国語科指導の方程式が，暗黙のうちに存在していた。この方程式は，間違いではない。すぐれた作品を読まずに，すぐれた言葉の使い手になれるはずはない。2つ目に，教科書に掲載されている作品には，学ぶだけの価値をもったすぐれた内容と形式をもっているものが実際に多い。

その良さを実感できるから、教師はそれらの作品を大事に扱ってきた面がある。
　この２つが、作品を批評するのではなく、作品を尊重する、作品から学ぶという日本の国語科指導の基本姿勢を形作る。
　これは、日本人の精神世界や価値観と無関係ではない。例えば、「守破離」(注14)という言葉がある。「守破離」は、物事を習得する修行の段階を表している言葉として有名である。武道の世界においても、やはり修行のあり方を示す言葉として使われる。修行のあるべき姿として、その初めの段階に来るのが「守」、つまり、師の教えや基本をまずは自分のものとすべきという考えである。
　千利休をはじめ、川上不白といった茶道の指導者たちが伝えようとした日本の誇るべき伝統文化、茶道が示す学びの姿は、我々日本人の精神世界と深く結びついている。対象にふれるときは、それがもつすぐれたところを虚心坦懐、まずは心を空にして、謙虚に学ぼうとする。相手の伝えようとしているものを自分はほんとうに理解できているのかを真剣に自問自答し、その答えを見つけることができる自分をめざして精進する。
　これらは、我々日本人が大切にしてきた、対象にアプローチするときの謙虚さの表れである。文学作品においても、追体験、準体験と、作品世界に読み浸ろうとするのは、まずは自分の心を無にして、その作品にふれ、その作品を自分の中に受け入れようとしているものといえる。
　PISA調査のような国際的な調査では、逆に、我々日本人とは何か、日本とは何かという問いが求められる。この問いに対する答えをもたなければ、結局我々日本人は、グローバル・スタンダードという言辞に踊らされてしまう。第２次世界大戦敗戦後の急激な欧米化の中で、ともすれば我々は、自国の伝統と文化を簡単に否定しかねない傾向にある。この点は、注意が必要である。自己が何たるかをもたない民族は、国際社会から正当な評価を受けることはできない。

第4節 日本の読みの授業を読者論から探る
読みの授業についての議論から学ぶ

　戦後，日本で読みの授業や読解力をめぐっては，何度か大きな議論があった。そして，過去の議論においては，学校現場が，少なからず混乱した経緯がある。今後も読みの授業や国語科指導をめぐって大きな議論が起こる可能性は高い。PISA型「読解力」の議論においても，今後の議論においても，学校現場は，不易を見失うことなく，混乱することなく，主体的，批評的にその議論に参加し，確かな授業改善を実現していきたい。そのためにも，過去の議論から我々は学ぶ必要がある。

　ここでは，80年代中ごろに起きた，読者論を読みの授業に導入しようとした議論を取り上げ，考察する。

1　読者論が読みの授業に与えたもの

■■ 関口安義の危機感 ■■

　80年代中ごろ，文学批評理論の発展を受け，読者論という文学批評理論を国語科授業に導入しようという試みに伴い，議論が起きた。この議論は，当時の日本の読みの授業が，「〈正解到達方式〉に縛られている不健全なものである」という批判を出発点にしていた。

　『教育科学国語教育　No.352』（明治図書，1985.9）で「読者論導入による授業の改革」(注15)という特集が組まれたことで，この議論は大きなものになった。特集の巻頭を飾って読者論導入の提案を行ったのは，関口安義である。

　関口は，「読者論導入による授業の改革」の中で旧文部省の学力調査（昭和56年度小学校達成度調査）を取り上げ，「文学作品を問題文に用いて，解答を一つだけ求めるというのは，学習者と作品の相互行為を否定することにつながる」

(注16)と批判した。そして、「問題はこの国の教育に責任を持つはずの文部省(ママ)の国語担当者までもが、〈正解到達方式〉ともいうべきものに縛られ、振り回されている点にある」、「作品の多義的な〈読み〉を許さない管理主義的指導がまかり通っている」(注17)と述べた。

　関口が〈正解到達方式〉と表現して批判した対象は、2つあった。1つは、「文学作品を問題文に用いて、解答を一つだけ求め」、「作品の多義的な〈読み〉を許さない」試験問題と、その問題作成者や「文部省(ママ)の国語担当者」である。2つ目は、「作品の多義的な〈読み〉を許さない」当時の教師の「管理主義的指導」である。

　関口は、「作品の多義的な〈読み〉」を許さず、唯一の正解に子どもたちの読みを到達させようとしているとして、これらを〈正解到達方式〉と呼び、批判した。そして、〈正解到達方式〉の「管理主義的指導」が子どもたちから読むことの楽しさを奪い、「子どもの国語嫌い」を生み出しているとした。

　関口の危機感は大きく、「国語教育はまさに危機的な状況にあると言っても、決して過言ではなかろう」(注18)とまで述べている。読者論という文学批評理論からすれば、「読むこととは何か」ということを、一つの正解に子どもたちを到達させることとしていた当時のとらえは大きな誤りになる。だからこそ、関口にとっては、〈正解到達方式〉は大きな誤りに映ったのであろう。

■■「読むこととは何か」からみた批判■■

　関口の問題意識の根底には、文学批評理論の発展から生まれた読者論と、その読者論から得た「読むこととは何か」という関口のとらえがある。関口は、H・R・ヤウス『挑発としての文学史』の引用から「文学作品の対話的な性格」を指摘し、W・イーザー『行為としての読書』の引用から「作品を読むとは、作者の意図を発見するばかりではなく、読み手が読むという行為を通して、テクストを加工していくのだ」と述べている (注19)。

　これに対して、それまでの読みの授業は、「客観的対象として、あらかじめ学習者の外側に存在するもの」とする「〈国語教育解釈学理論〉」の影響を受け、「教材としての作品」を「一定の手続き、指導過程によって分析・追尋していく

ならば、自ずと主題は明確になり、読解が成立すると考え」ていると、関口は批判した。関口は、石山脩平の『教育的解釈学』（賢文館、昭10.4）を引用した後で、次のように述べている。

　　ここでは何よりも作者が大切にされ、精読の課題は「主題の探求・決定」にあるとされる。このような解釈学理論に導かれた指導過程論では、とかく教材が神聖化され、作者の意図や構想を知ることが、教材理解の決定打のごとくもち上げられる。その結果は教師の教材解釈が絶対視され、学習者の想像力によってふくらむ教材の〈読み〉は、存在の余地がない。指導者はひたすら観察者として教材を眺め、そこに埋められていると信じるテーマの掘り起こしに躍起となり、学習者にも同様のことを求めるのである。〈読み〉の多様性、創造としての〈読み〉は、このような客観主義に立つ解釈学的国語教育からは生まれようがなかった。そこでは読むという行為への問いかけを欠き、教師の型通りの〈読み〉の跡をたどらせるのに汲々とした授業が行われるのである。(注20)

　関口は、当時の読みの授業が「読むという行為への問いかけを欠き、教師の型通りの〈読み〉の跡をたどらせるのに汲々と」しているのは、「〈国語教育解釈学理論〉」の影響をうけた「解釈学的国語教育」のせいであり、精読の目的が、作品に埋め込まれた客観的な「主題の探求・決定」におかれているせいであると、当時の「主題指導」を批判した。そして、このような授業を改革するためには、「読むこととは何か」という問いかけが必要であり、読むという行為を解明した読者論の導入が必要であると、関口は考えたのである。

2 読者論導入の問題点──具体的にどうすればよいのか

　関口の「読者論導入による授業の改革」（『教育科学国語教育　No.352』明治図書、1985.9）に対して、同誌上「誌上シンポジウム・提案に対する意見」では、野地潤家、大槻和夫、浜本純逸、中本環、井関義久、中西一弘の6人の論者が

意見を寄せている。

　そのうち，野地は，読者論導入の課題の1つは，「どういう読み手を育てていくか」であると述べている。読者論の立場に立てば，それは授業においては「学習者一人ひとりの〈読み〉を大事にしていくことである。」と述べ，それを野地は「個性読み」と呼び，「私自身が〈個性読み〉の発想をえたのは，昭和四八年（1973）二月中旬のこと，文章化したのは同年四月初旬であった」と述べている（注21）。授業論，指導論としては，学習者重視の研究が，読者論導入の議論以前にすでに我が国に存在していることを野地が述べている点は，大変重要である。

　大槻は，「いささか期待はずれの感もぬぐいきれなかった」と述べている。というのも，関口の「読者論導入による授業の改革」には，「『読者論を導入した〈読み〉の授業』の具体的展開の提案」（注22）がなかったからである。

　浜本は，読者論導入を支持したうえで，「読者論とテキスト論からは，このような抽象的な価値観しか表明しえないのかもしれない」という危惧も表明している（注23）。

　中西は，意見タイトルを「具体的にはどうすればよいのか」として，読者論導入がもつ問題点を鋭く問い，「これまで学習者の主体を尊重した〈読み〉の指導と比べて，どこが〈新しい〉のか」と述べている（注24）。

　これらの論者の意見には共通点がある。文学批評理論としての読者論に対しては，肯定はしても明確に否定することはなかったということである。しかし，読者論を評価はしても，その読者論が読みの授業としては何を具体的に示しているのかということが不透明であり，その点について，それぞれの論者の表現で強い懸念を示している点も共通している。

3　関口の評価したもの

　関口は，「読者論導入による授業の改革」の中で，〈正解到達方式〉とは違う，優れた読むことの指導や理論の存在について言及している。

　関口は，「早くは戦前に自己を読むというかたちでの芦田恵之助の実践と理

論があった」ことを述べ，芦田恵之助の『読み方教授』（育英書院，1916.4）から，「読み方教授は自己を読ませるのが目的である。自己を読むとは他人の文章によって，種々の思想を自己の内界に画き，未知の心理を発見しては，之を喜び，悲哀の事実に同情の涙を灑ぎ，かくして自己の覚醒せらるゝを楽しむ義である」の部分を引用し，「〈読み〉とはなにかを深く考えた人にしてはじめて発せられる言葉である」と高く評価している。

　続けて関口は，芦田の「ある文章に対して読者が百人居れば，解釈は百色である」を引用し，「これまた当時にあっては先見的とも言える立言を見出すことができる」と高く評価している。(注25)

　さらに，金原省吾の『解釈の研究』（啓文社，1935.7）を「〈読み〉の本質に触れた考察をしている」ものと評価し，『解釈の研究』から「読むことは，作者の表現に意図の更に高次なる完成に向ふ（ママ）ことである。しかもこの完成の途上には，読者の態度が入つ（ママ）てくる。読者の歪曲を以つ（ママ）て，表現の歪曲に重ねることである」，「読む働によつ（ママ）て筆者の書ける以上，著者の意図以上を読み取り得る」という2カ所を引用し，「興味ある記述が見出せる」と述べている。(注26)

　関口は，この後「戦後の単元学習は，学習者一人一人の〈読み〉を大切にしようとしたものであった」と述べ，「大村はまの大単元方式による指導，荒木繁の問題意識喚起の文学教育，大河原忠蔵の状況認識の文学教育，太田正夫の十人十色を生かす文学教育」を列挙し，これらを「学習者である生徒の主体を大切にした〈読み〉の実践」(注27)として評価している。

　関口は，批判の対象とした授業，試験問題や教育行政と，すぐれた研究，実践とを，区別して論じている。しかし，その評価については，「これまでに右のような方法（〈正解到達方式〉と批判している対象：鎌田）と異なった指導や理論がなかったわけではない」(注28)という段階に留まっていた。関口の論では，これらの理論や実践に必要な修正を加えることで明日の授業を作り上げるという方向性は，十分ではなかった。

　新しい読みの授業は，それまでに存在するすぐれた読みの授業に必要な修正

を加えることからしか生まれない。

　関口が評価した「学習者である生徒の主体を大切にした〈読み〉の実践」や，野地が述べた「学習者一人ひとりの〈読み〉を大事にしていく」「個性読み」，中西が述べた「これまで学習者の主体を尊重した〈読み〉の指導」に学び，何を修正すれば読者論が示す「読むこととは何か」の実現になるのかということを徹底的に議論していくことが，議論の進むべき方向として求められていた。子どもたちを前に，日々授業を行う学校現場と教師にとっては，明日の授業がどうあるべきかを明らかにすることこそが，決定的に重要になるからである。

4　読みの授業の変遷

　読者論導入の議論が，その後の読みの授業にどんな影響を与えたのであろうか。これを考えるために，読みの授業の変遷を見てみる。

■ 主題指導の否定 ■

　戦前から1960年代くらいまでの読みの授業について，府川源一郎は，次のように述べている。

　　おおざっぱにいって，戦前から1960年代くらいまで，読みの授業は，それほど難しいものとは思われていなかった節がある。というのは，文章の中には，書き手の意図があらかじめ埋め込まれており，それを正しく取り出すための手続きを身に付けることが読みの授業の目的だと考えられていたからである。つまり，文章の背後には作者が控えており，その声を正確に聞くことこそが，読むという営みの内実だったのだ。したがって，読むことの学習活動も，最終的には，ただ1つの「書き手の意図」を読むことに収斂されることが多かった（注29）。

　書かれているものの中には「書き手の意図があらかじめ埋め込まれており，それを正しく取り出すための手続きを身に付けることが読みの授業の目的だと考えられていた」という箇所は，関口が，80年代の読みの授業を「教材として

の作品」を「客観的対象として、あらかじめ学習者の外側に存在するもの」とする「〈国語教育解釈学理論〉」の影響を受け、「何よりも作者が大切に」し、「精読の課題は『主題の探求・決定』に」あると批判した箇所と見事に符号する。

一斉授業の下では、「主題」は、多くの場合、教師の読みそのものであった。子どもたちを指導する立場にある教師からすれば、自分の読みを「主題」として子どもたちに指導することは、自然な形でもあった。当時の教師にとっては、「主題指導」をしているかぎりは、他教科と同じく国語科も、正解を教える教科としてとらえることができた。だからこそ、当時は、「読みの授業は、それほど難しいものとは思われていなかった節」があった。

その結果展開される授業は、「主題」という名の教師の読みに、子どもたちの読みを収束させていくタイプの授業であった。それは、正解を指導することが本務の教師にとっては、馴染みやすく、わかりやすい。しかし、結果としてその授業は、子どもたちの読みを、「主題」という名の教師の読みに収斂させることになってしまう。

読者論導入の議論を通して、「主題指導」は、受験の激化や、解答を1つしか認めない入試問題とともに、〈正解到達方式〉として批判され、否定された。教師の国語科指導の主役に位置していた「主題指導」は、その座を退くこととなる。

■■ 次の主役の不在 ■■

〈正解到達方式〉批判によって、ただ1つの「主題」という名の「書き手の意図」に、子どもたちの読みを収斂させていった収束的な読みの授業は、「読者一人一人の読みを大切に」する読みの授業へと、大転換を余儀なくされる。

25年前の学校現場は、「文章の背後に」控えている作者の「声を正確に」主題として読み取ることが多かった。そのため、当時の学校現場が、新しく提案された読みの授業に対して戸惑いや疑問を感じていたことを、教師になって間もない筆者は、いまも覚えている。

読者論導入の議論を通して、教師の「主題指導」は否定され、日向から日陰へと移る。ところが、「第4節3　関口の評価したもの」（P.36）で述べたように、教師や学校現場にとっては、読者論が示す新しい授業のあり方は、具体的

第1章　PISA型「読解力」・生きる力を育てる読みの授業

ではなかった。教師からすれば、「主題指導」という主役は舞台から降りたが、次の主役は不在になったようなものであった。そのため、授業の振り子は、右から左に大きく振れてしまう。

「それほど難しいものとは思われていなかった」読みの授業は、教師にとって困惑すら感じさせる、大変むずかしいものへと変わってしまった。

■ 指導の混乱 ■

府川は、1960年代くらいまで、それほどむずかしいものとは思われていなかった読みの授業のその後について、次のように述べている。

> 国語科の授業の場合、「新しい学力観」の提唱は、活動重視、表現重視の学習指導となって表れた。話し合い中心の一斉授業の中で、教師の解釈に誘導していくような授業形式は、中心的な学習方法ではなくなったのである。そこでは、子ども達一人ひとりの読みに基づいた学習活動が多様に展開され、発表会のようなオープンエンドの形で学習が閉じられることも多かった。まさしく「読者」としての子どもの〈読み〉を大事にした学習だというわけだ。子どもを「指導」してはいけない、『支援』するのだという議論も大流行した。しかし、明らかに浅く間違っている読みが修正されないままに授業が進んでいったり、教材文ときちんと向き合わない国語の授業も増えていった (注30)。

読者論が難解であり、「読むこととは何か」が解明されず、「主題指導」に代わるものが見えてこなかったために、子どもたちの意見を「何でもあり」とする指導の混乱が、国語科の読みの授業に生まれてしまう。それは、教師の切実な悩みの裏返しでもあった。指導しようにも、何をどう指導したらよいのかわからないという、読みの授業に対する教師の混乱である。

府川が述べるように「『読者』としての子どもの〈読み〉を大事に」するという名の下で、教師の指導が曖昧になったこと、「明らかに浅く間違っている読みが修正されないままに授業が進んでいったり、教材文ときちんと向き合わない国語の授業」が増えていったりしたことは、読者論導入の議論が起こした負の

成果といえる。これに，90年代の「ゆとり教育」が，拍車をかけた。

　少なくとも，国語科における教師の指導は，二度の批判を浴びる。一度目が読者論導入の議論においてであり，二度目が「ゆとり教育」の名においてである。「大切なことは，指導ではなく，支援である」という「ゆとり教育」の美辞麗句は，「『読者』としての子どもの〈読み〉を大事に」することと，子どもたちの意見を「何でもあり」にすることとを混同していた指導の混乱に，「支援」という名の大義名分を与えてしまう。教師の国語科指導は，ますます混乱の様相を呈する。

　初めから，子どもたちの読みを放っておけばよいと思うような無責任な教師など，この世の中には存在しなかったはずである。どう指導すべきなのかがわからない一方で，子どもたちの読みを大事にしたいと思っているからこそ，子どもたちの読みを「何でもよし」，「何でもあり」にしてしまう教師が生まれる。

　立派な肩書きをもった先生方から，「『読者』としての子どもの〈読み〉を大事に」しなければならないとか，「指導ではなく，大切なことは支援である」といった話を聞かされれば，腰の引けた教師の指導に疑問を感じている人でも，大抵の場合流されてしまう。しかも，そうしているかぎりは，「『読者』としての子どもの〈読み〉を大事に」するという大義名分に逆らうこともなく，「読むこととは何か」，「いま求められている国語科指導とは何か」という難問も留保できる。

　中には，子どもたちの読みを「何でもあり」にしてしまう指導を，本気で学習者主体であり，読者主体の授業であると勘違いしていた教師もいたかもしれない。しかし，多くの教師は，これでよいのかと思いながらも，何が何だかわからず，手探りで指導をしていたのではなかろうか。

5 読者論導入の議論が示す教訓

■ 文学批評理論の変遷と読者論導入の議論の真の問題点 ■

　かつての「読むこと」は，「書き手の意図」を「主題」とし，その「主題」を教師の読みとして成立していた。それが，「主題指導」であった。そこには，当

時の「読むこととは何か」に対する暗黙の了解が存在した。

　当時の読むこととは、書き手が作品に埋め込んだ「主題」という名の価値あるものを、読み手が「読み取る」ことであった。

　しかし、読者論から見れば、第2章で詳しく述べるように、「読むこと」は作品に埋め込まれた書き手の意図を取り出して、消費するものではない。読むことは、読者と作品の出会いによる相互の作用から、読者が書かれてあることに自分の内面世界から意味をつけ足す、「読み足す」ものである。それは、消費ではなく、生産である。例えば「ごんぎつね」は、素晴らしい読み手に出会い、その読み手に読まれたときに、深く、豊かな意味を発生できる。読み手と作品との出会いによって、豊かな意味が、読者の主観の中で解釈として生産されるのである。

　このような「読むこととは何か」に対するとらえ方の違いこそ、読者論導入の議論が生まれた原因であり、意義であった。

　読むことを「文章の背後に」控えている作者の「声を正確に聞くこと」としてとらえれば、「読むことの学習活動」は、「ただ1つの『書き手の意図』を読むこと」になる。これは、文学批評理論上「作者論」と呼ばれているものである。

　しかし、文学批評理論は、「作者論」を過去のものにする。「作者論」から、読みは作者の意図からではなく、読者の外側に客体として存在する作品から生まれるとする「作品論」に移る。

　さらにその後、「作品論」から、読みはテクストと読者の相互作用の中で生まれるとする「読者論」、読みは読者一人一人の中に還元不可能な(注31)形でテクストとして生まれるとする「テクスト論」へと、変遷を続け、現在もその変遷は続いている。

　読者論導入の議論は、これら文学批評理論の発展を受けたものであり、「読むこととは何か」を解明できる意義ある議論であった。「ただ1つの『書き手の意図』を読むことに収斂」する学びが、〈正解到達方式〉として批判され、否定されたことは、時代の趨勢であり、文学批評理論の発展と共に、遅かれ早かれそれは、過去のものとならざるをえない運命にあった。

しかし,「主題指導」に代わる明日のあるべき授業を,学校現場に明らかにできなかったことは,読者論導入の議論がもつ最大の問題点の1つであった。

学校現場を混乱させるようなことは,日本の子どもたちと日本の教育のためにあってはならない。にもかかわらず,学校現場の国語科指導に,混乱が生まれたからである。

そして,読者論導入の議論には,もう1つの問題点があった。

読者論導入の意義である「読むこととは何か」ということが,ほんとうに学校現場や教師のものになったのかということである。

■■「読むこととは何か」を解明することの重要性 ■■

そもそも,文学批評理論から自動的に新しい読みの授業が生まれることはない。文学批評理論と授業の理論とは,次元が異なるものだからである。文学批評理論である読者論を国語科授業に導入することの意義は,読者論を活用して「読むこととは何か」を解明することにあったはずである。そのことから,「読む能力とは何か」が解明でき,そこから求められる読みの授業が明らかとなり,学校現場は読みの授業改善に取り組むことができるのである。

しかし,新しい読みの方向を指し示し,「読むこととは何か」を解明する理論として華々しく登場した読者論は,〈正解到達方式〉の誤りを指摘したものの,「読むこととは何か」という重要な中身が学校現場には十分に伝わらないまま時は過ぎていく。当時こそ脚光を浴びたものの,それ以降現在まで,W.イザーの読者論という言葉が,学校現場において一般的になったことはない。

本書が,第2章で「読むこととは何か」を解明しようとしているのは,読者論導入の真の意義であったはずの「読むこととは何か」という問いかけと解明を,国語科授業の改善のために実現したいという願いからである。このことは,求められる国語科授業がどうあるべきかを考えていくために,どうしても求められることである。それは,今後も起こるかもしれない読みの授業の流行に,学校現場が巻き込まれることなく,主体的にクリティカルに思考するうえで,避けては通れない重要な課題であると考えている。

教訓

　読者論導入の議論，その問題や課題，その後の読みの授業の変遷を見てくると，読者論導入の議論が示す教訓が見えてくる。

> ①　「読むこととは何か」を解明することは重要である。
> ②　学校現場は，混乱させてはならない。
> ③　②のために，明日求められる授業を明らかにすることは重要である。

　「主題指導」を否定されたことにより，多くの教師はそれまでの自分の指導を否定されたことになった。しかし，その次にどんな指導をすればよいのかということは，見えてこなかった。教師にとって，主題指導の代わりが不在状態のままという不安定な状態から，指導の混乱は起きた。

　〈正解到達方式〉として，「主題＝教師の読み」，「読むこと＝主題を見つけること」といった当時の読みの構図が批判されたことは，意義のあることである。しかし，そのことが，その後求められる学校現場段階での「読むこととは何か」の解明，そこから求められる明日の授業を具体的に論議することへと，十分に進むことができなかったことは大きな問題点，課題であった。

　読者論が示す「読むこととは何か」という提案は学校現場には届かず，その代わりに，「子ども中心」とか「子どもの読みを大切にする」といった矮小化された美しいスローガンが，学校現場に届いた。これらのスローガンは，教師の指導を消極的にした。

　「これまで」を否定するということは，今後の求められる姿を明確にする責任が含まれるはずである。そうでないと，学校現場や教師段階では，混乱が起きる。子どもたちのため，日本の教育のために，学校現場や教師を混乱させてはならないのである。

　しかし，指導の混乱には，学校現場や教師サイドの課題もあった。学校現場や教師が，関口の評価したようなすぐれた授業実践や理論にあまり精通していなかったことは大きく作用している。実践と理論，理論と実践は，統一されなければならない。そのためにも，教師は常に学び続ける存在でなければならな

い。いつの時代も，知らないということ，その領域に固有の知識が不足しているということは，人間から主体的でクリティカルな思考を奪い，他者や流行に翻弄される原因となる。

PISA型「読解力」論議を，その二の舞にしてはならない。PISA型「読解力」が何かということを主体的，批評的に解明し，明日の授業に求められる要素を明らかにし，今日までの授業の修正を建設的に進めていかなければならない。そのためには，PISA型「読解力」について，学校現場がある程度のことを知っておく必要がある。本章が「第2節　PISA型『読解力』とは何か」（P.13）を設けているのはそのためである。

本書は，3つの教訓

> ①　「読むこととは何か」を解明することは重要である。
> ②　学校現場は，混乱させてはならない。
> ③　②のために，明日求められる授業を明らかにすることは重要である。

を生かすために，以下の内容を述べる。

①の教訓を生かすために，第2章で「読むこととは何か」を論じ，第3章で読む能力を「小学校国語科・読む能力目標分析試案」として提案する。②の教訓を生かすために，学校現場や教師が「知っておくべきこと」を各章で述べるよう留意した。しかし，②の教訓は，最終的には③の教訓を生かすことで達成される。いま求められる授業とは何かを明らかにするために，本章では「第5節　PISA型『読解力』による求められる授業の構成」，「第6節　『生きる力』による求められる授業の構成」があり，第5章，第6章で，求められる国語科指導について詳しく論じている。とくに，読者論導入以降，未整理のままになっている「主題指導」については，次項で提案をする。また，授業の収束と拡散の問題については，第6章「第1節8■学習過程2次，3次の役割――収束の2次，拡散は3次以降で■」（P.231）で述べている。

第❺節
PISA型「読解力」による求められる授業の構成

1　PISA型「読解力」が求める主題の再生
　──読みの授業に論理的思考力，判断力，表現力を

■ すり替わってしまった主観と客観の問題 ■

　読者論導入の議論当時に問題となった主題指導の主題は，読者の外側にある「ただ１つの」真実としてとらえられていた。しかし，「ただ１つの『書き手の意図』を読むことに収斂」する学びは，読者論以降，より正確に言えばロラン・バルトのテクスト論(注32)以降，過去のものとなった。

　作品に埋め込まれた「ただ１つの」客観的なものを読者が読んで見つけるという構図の中では，その「ただ１つの」答えを多くの教師が見つけ，指導してしまうことは必然であった。なぜなら，教師という仕事は，「正解」を子どもたちに指導する面があるからである。

　算数でも，理科でも，社会でも，「正解」を手の中に入れられない教師は，その教科の指導をすることはできない。算数の問題の正解がわからない教師は，子どもたちを上手に指導することはできない。自分が指導しなければ子どもたちは正解がわからず困ってしまう，そう真面目に考えるからこそ，日本の教師たちは，責任をもって，自らの職責を果たそうとしてきた。

　しかし，ロラン・バルトのテクスト論が，そこに大きな鉄槌を下すことになる。ロラン・バルトのテクスト論によって，「読みは，読者一人一人の主観の中に生まれる」というとらえが成立したからである。これによって，主題は読者の外側に客観的に存在するものではなく，読者一人一人の主観の中に存在するというとらえが成立するようになった。

　しかし，この話が教師に正しく理解されることは容易ではない。そのために，

教師は混乱する。それまでは、教師が考える主題に子どもたちを到達させていればよかったものが、急に教室の子どもの数だけ主題が増えたかのように、教師には感じられたからである。さらに、「指導すべき対象」として考えてきた子どもたちの読みが、教師である自分の読みと対等以上の扱いをするべきであるかのようにも聞こえ、教師は戸惑う。

当惑して聞いていた教師も、「子どもたち一人一人の読みを大切にする」ということには、賛同できる。それは、「子どもたち一人一人を大切にする」ことにつながると思えるからである。

このようにして、ロラン・バルトの起こした大転換は、主観と客観の問題として正しく受け止められるのではなく、「子どもたちを大切に」するかしないかという次元の問題に、すり替わって教師に受け止められてしまった。そして、そう理解した教師の一部は、子どもたちの読みは大切なのだから、教師の考えを押しつけずにそのままにしておこうという姿勢を取るようになった。これが、子どもたちの読みに、教師が積極的な指導をしなくなった理由である。

子どもたちを大切に思って指導をしてきた教師が、子どもたちを大切に思うからこそ、今度は指導をしなくなった。

■ PISA型「読解力」が求める読者の主題構成 ■

しかし、PISA調査問題を子どもたちが答えることを想定すると、そこには、〈正解到達方式〉とは意味の異なる主題とそれを構成する読みの指導が必要になることがわかる。

PISA2003についていえば、「贈り物」の問題の問7、

> 「『贈り物』の最後の文が、このような文で終わるのは適切だと思いますか。最後の文が物語の内容とどのように関連しているかを示して、あなたの答えを説明してください」(注33)

は、そのことを示している。この問題では、「この文章がいいたいことは……である」と、書かれたものに対する読者の主題構成がなければ、問題に答えることはできない。書かれたものに対して、評価するにせよ、批判するにせよ、

その前提に，書かれたものに対する読者本人の解釈がなければ，クリティカル・リーディングは成り立たないのである。

　PISA調査問題に答えるためには，読んだものに対して「この文章がいいたいことは……である」と，まず読者が自分の解釈，主題を示し，そのうえで，「それに対して自分の意見は……」と，自分の意見や評価を述べる必要がある。PISA調査問題は，読者による主題構成を求め，その主題を構成できる読みの力（本書では，この能力を「一貫した解釈を構成する能力」と表現している）を育てる指導を求めているのである。

　「主題＝教師の読み」「読むこと＝その主題を見つけること」という構図は，読者論によって否定された。しかし，PISA調査問題は，「教師による主題」ではなく，「読者による主題」の構成を求めている。現実生活で読むことを考えたとき，読んだものに対する読者の責任ある解釈の表明は，避けては通れない。

　書かれたものを読む以上，書かれたものに対する自分のとらえ，解釈を表明することは当然である。読者の解釈を主題とすれば，クリティカル・リーディングをするには，まず，読者が主題を構成することが必要になる。その主題がなければ，読者が読んだものに対して，賛成や反対，批判や意見を述べることは，論理的に成立しなくなる。

　テクスト本文が述べたいことはこれである，という各読者のとらえ（主題）がなければ，テクスト本文を評価することはできない。読者は，クリティカル・リーディングの一環として，「この文章がいいたいことは……である」という主題を自分で構成しなければならない。ただし，テクスト本文が述べたいことは，読者の外側に存在するものではない。テクスト本文が述べたいこととして読者がとらえる解釈（主題）は，読者の主観の中に構成される内なるものである。これらを表1に整理する。

　このように考えたとき，読者論導入の際に否定された主題の構成は，「表1　主題の再生」のように批評の前提として再生する。主題の構成は，正解到達方式の主題指導との質的な違いを踏まえて，批評に向かう一連の行為の1つとして蘇る。主題指導とは，読者による主題構成をする能力を育てる指導として再生される。

〈表1　主題の再生〉

主　題		
	正解到達方式	クリティカル・リーディング
存在	読者の外側　客観的存在	読者の内側　主観的存在
内実	教師の読み	読者の読み
特徴	○主題を構成しても批評につながりにくい。	○読者による主題の構成は，テクストを読者が評価，批評する前提。 ○主題の構成は，一貫した解釈を構成することのひとつであり，多くの主題の中からよりよい主題の選択を考えることとともに，思考力，判断力，表現力の育成につながる。

■■　読者の主題の妥当性――求められる論理的思考力　■■

　では，読者であれば，主題として，何をどう読んでもよいのか。これが，読者論導入の議論以降，教師にとっての最大の疑問になる。

　これに対する答えは，「否」である。

　主題は1つではない。しかし，「何でもあり」ではない。

　何をどう読んでもいいのなら，PISA調査問題の採点はできなくなる。いくら読者が自分で読んだつもりでも，間違って構成した主題というものは存在する。読者と書き手とが共有するコード（文章表現の規則や約束事）から考えて，読み間違いと判定されるものはその最たるものである。

　また，多くの読者が生み出した複数の主題の中には，意見と理由〔根拠〕の論理性から，より確かな主題が存在する。ものを見る角度やその表現から，より豊かな主題といったものも存在することになる。

　人は主観の中で我の世界を構築し，外の世界を主観の中でとらえる。同様に，他者の主観の中で，自分もとらえられ，評価される。それが自分の主観と馴染まなくとも，その他者の評価を，自分が消し去ることはできない。

　では，読者の読みが，妥当な読みか否かを判断する規準は，どこにあるのか。

最終的に主題（読み）が逸脱しているかどうか，主題（読み）が許容されるかどうかを決める規準は，各々の読者の主観の中にある。関口は，「教材本文から逸脱しない限り，どのような〈読み〉も許容される」(注34)と述べたが，この表現では，読者の外側にある教材本文だけが，妥当な主題（読み）か否かの判断規準になるようにも取れる。

　教材本文は読者の外側にあっても，読者が解釈を構成しようとした途端に，その読みはそこから一度，読者の内側に移る。主題（読み）が逸脱しているかどうか，主題（読み）が許容されるかどうかは，この内側にある読者の読みと，教材本文との間を往復する中で，読者の主観の中において決定される。教材本文という客観的存在の影響を受けながら，規準は読者の主観の中にある。

　では，読者の主題（読み）が妥当か否かを判断する際，読者の主観は，どんな価値観に依拠するのか。

　それは，表明された主題（読み）に一貫性があるかどうかである。書かれてあることと読者の主題（読み）との間で生まれる読者の論理の完成度である。書かれてあることと，その読者が構成した主題（読み），およびその構成理由〔根拠〕とに矛盾がなければ，それは論理的な主題（読み）といえる。読者による主題の構成は，必然的に読者に確かな論理的思考力を求める。読者に主題を求める読みの授業は，作品を場面ごとに細分化して読む授業ではなく，作品を丸ごと全体としてどう一貫して解釈するのかを求める授業となり，子どもたちの論理的思考力を鍛える授業となる。

　読者は，自らの構成した主題（読み）は論理的なのか，その論理の完成度はどの程度のものなのかを確かめるために，自らの主題（読み）を他者と交流しなければならない。多くの主題（読み）の中に自らの主題（読み）を置くことによって，読者は自らの主題（読み）と距離を置き，他の主題（読み）と比べることが可能になる。

　自分と他者の主題（読み）・構成理由〔根拠〕を比べることは，読者を能動的にする。読者は，よりよい主題（読み）について考え，判断する。交流という過程を通りながら，読者は，自らの構成した主題（読み）の一貫性について自

分自身で評価をする。と同時に、同様に他者からの評価を受ける。自らの主題（読み）について、他者の評価を受けることは、読者にとって大きな刺激であり、そこで読者は、より能動的に考え、判断し、自らの主題（読み）を評価する。

このようにして読者は、テクスト本文と読者個人の主題（読み）との一貫性の成立具合、換言すれば、テクスト本文と読みとの論理的整合性によって、主題（読み）の妥当性を評価する。この場合、理由〔根拠〕がない意見は、一貫性を評価することができないため、妥当な読みの評価を受けることができない。交流において求められている能力は、論理的思考力である。

これまでの日本の国語科授業の中で、子どもたちに自分の読みを発表させることはあっても、その読みの理由〔根拠〕を求めることは、徹底されていたとはいえない。また、作品を場面ごとに読むことはあっても、全体としてどう矛盾なく、一貫して解釈するかを問われることは少なかった。この2点は、今後の国語科指導の最大のポイントになる。

■■ **主題を構成し、評価することは、論理的思考力、判断力、表現力を育てる** ■■

PISA調査では、被験者の論理的完成度を採点者という他者が評価する。このような場合、評価者である他者に、自己の解釈（PISA調査の場合は、読者が構成した主題とその主題に対する批評を答えることが求められる）をわかりやすく論理的に書く能力が求められる。したがって、PISA型調査を視野に入れて読む能力を考えれば、

---

① テクスト本文と矛盾しない一貫性のある解釈（主題と主題に対する批評）を構成する能力
② ①の土台になる論理的思考力、判断力
③ ①を書く能力
④ ③を実現する論理的思考力、判断力、表現力

が必要になる。

読むことは、第3章の「読む能力とは何か——『小学校国語科・読む能力目標分析試案』」で述べるように、「一貫した解釈を構成する能力」を必要とする。

①はそれにあたる。「一貫した解釈」には，自らの解釈とそれを裏づける「理由〔根拠〕」が求められる。意見（この場合は解釈）だけでなくその「理由〔根拠〕」が必要であり，これらの組合せが論理的かどうかを思考する論理的思考力が必要になる。

同時に，自分の解釈が妥当であるかどうかを評価する思考力と判断力も求められる。これが②である。PISA調査などでは，主題を構成し，主題に対する批評を構成することは，先に述べたように，「読むこと」であると同時に「書くこと」である。これをPISA型調査のようなテストではなく授業で行えば，たちまち「話すこと・聞くこと」にもなる。

書くときには，何をどのように構成して書けば，読み手に説得力のある論理的な文章になるのかを思考する力と，それを表現する力，そしてその表現が適切かどうかを判断する力が，必ず求められる。これが④である。つまり，自ら構成した主題とその主題に対する批評をPISA型調査などで答えられるようにするためには，思考力，判断力，表現力の育成が不可欠ということになる。

そして，思考力，判断力，表現力の育成のためには，小学校国語科の場合，「話すこと・聞くこと」「書くこと」「読むこと」の3領域を統合的にとらえ，どの領域の力も大切に育てていくことが重要になる。主題（読み）と主題に対する批評を構成させれば，子どもたちは，3領域を統合的に使いながら，思考力，判断力，表現力の向上につなげていくのである。このことが，本章「第6節」（P.60）で述べるように「生きる力」の育成にもつながっていく。

2 PISA型「読解力」向上に向けた3領域の重要性

■■■「書くこと」領域の重要性 ■■■

PISA型「読解力」向上のためには，前項で述べたように，読者の一貫した解釈を構成する能力と，論理的思考力，判断力，表現力の育成が大切になる。これらの能力を育てるために効果的な領域が，「書くこと」領域である。「書くこと」領域ほど，思考力，判断力，表現力を求める言語活動はない。

読み手を想定して，目的にあった文章を書くとなれば，書き手の知識はもち

第5節　PISA型「読解力」による求められる授業の構成

ろん，思考・判断，関心・意欲・態度と，高次の認知面と情意面がそのまま問われる。書いている最中においても，推敲の段階においても，書き手は，自分の伝えたいことの中心は何か，それはどのようにすれば読み手に伝わるのかを思考し，判断し，表現しなければならない。

　しかも，PISA調査問題では，「書かれたテキスト」を読み，それに対する自分の意見や批評を述べる場合には，必ず書くことでそれらを表現しなければならない。我が国の低学力の子どもたちは，それが苦手であり，そのことが無答率の高さを生み出している。

　知識・技能といった見えやすい認知面の評価は，選択肢や穴埋めで見ることができる。しかし，思考・判断，関心・意欲・態度などの，見えにくい高次の認知面や情意面は，そもそも記述式の問題でないと評価することがむずかしい。

　今後は，この高次の認知面や情意面の育ちを確かめることがいっそう求められる。「生きる力」を獲得するには，確かで豊かな知識・技能とともに，高次の認知面や情意面の向上が求められるからである。したがって，PISA調査や「全国学力・学習状況調査」のような自由記述式の問題は，今後ますます増加する。いま，子どもたちに書く能力を高める指導の重要性が，いっそう高まっている。

　このように考えたとき，『読解力向上プログラム』（文部科学省，平成17年12月）(注35)の「3．各学校で求められる改善の具体的な方向～3つの重点目標」(注36)であげられている3つの重点目標のうち，「〔目標②〕テキストに基づいて自分の考えを書く力を高める取組の充実」，「〔目標③〕様々な文章や資料を読む機会や，自分の意見を述べたり書いたりする機会の充実」（「本節3　『読解力向上プログラム』から」P.54を参照のこと），2つまでが「書くこと」に関連しているのは，当然のことといえる。

　しかし，そのことは，書くことだけを大事にすることを意味しているのでは断じてない。そもそも，書くためには，書きたいことで頭と心がいっぱいになっていなければならない。例えば，確かな文章を書こうとすれば，確かな情報の収集，選択，その裏づけ，専門的知識が必要になる。そのためには，書く分量の何倍，何十倍もの読むことが求められる。書くためには，読まなければ

ならない。PISA型「読解力」を育てるためにも、生きる力、確かな学力を育てるためにも、書くことと共に、読むことを重視し、学力全体を視野に入れた取組、実践が求められる。

■■「話すこと・聞くこと」領域の充実■■

　自分の世界からしか景色を見ることができない人間は、よい読み手、よい書き手、よい学び手にはなれない。この点で、交流という言語活動は、子どもたちを多様な意見と価値観に出会わせ、その中で自分を評価していく最も重要な学習となる。

　自分の姿に気づくためには、他者と自分を比べて考えなければならない。そのため、他者のものの見方、感じ方にふれることが必要になる。それが、自分と距離を取り、自分自身を客観化し、高次なもう１人の自分から自分を観察する眼を手に入れる道へと進む学習の機会になる。

　高次なもう１人の自分から、自分の言動などを観察し、批評し、適切な言動になるよう自分をコントロールするメタ認知的技能は、このような言語活動が学習者の引き出しに多く蓄えられていく中でこそ、向上していく。子どもたちが、メタ認知的技能を将来手に入れ、よい読み手、よい書き手、よい学び手に育つためには、豊かな交流という言語活動が求められている。自分の意見に固執するのではなく、自分以外の考えに多くふれ、自分の論理の評価を受け、他者の論理性を考え、それぞれのよさに気づくことができる交流の場が必要になる。この交流には、「話すこと・聞くこと」が、依然重要な役割を果たす。

　「話すこと・聞くこと」、「書くこと」、「読むこと」に対して、どれかの領域だけを大事にするといった観点のとらえ方をしてはいけない。「生きる力」、「確かな学力」、思考力、判断力、表現力、意欲といった高次の認知面と情意面を育てるために、３領域は、それぞれ分かちがたい関係にあり、重要な役割をもっている。

3　『読解力向上プログラム』から

　PISA型「読解力」向上を目的にした『読解力向上プログラム』（文部科学省，

平成17年12月）が，何を述べているかについておさえておきたい。

『読解力向上プログラム』は，「3．各学校で求められる改善の具体的な方向〜３つの重点目標」(注37) で，以下の３つの重点目標を学校現場に示している。

> 〔目標①〕　テキストを理解・評価しながら読む力を高める取組の充実
> 〔目標②〕　テキストに基づいて自分の考えを書く力を高める取組の充実
> 〔目標③〕　様々な文章や資料を読む機会や，自分の意見を述べたり書いたりする機会の充実

各目標について述べられている大事なポイントは，以下のとおりである。

■■〔目標①〕におけるポイント■■

〔目標①〕では，「テキストの内容や筆者の意図などを『解釈』することが必要である。さらに，そのテキストについて，内容，形式や表現，信頼性や客観性，引用や数値の正確性，論理的な思考の確かさなどを『理解・評価』したり，自分の知識や経験と関連付けて建設的に批判したりするような読み（クリティカル・リーディング）を充実することが必要である」と述べ，「授業の中で，なんのためにそのテキストを読むのか，読むことによってどういうことを目指すのかといった目的を明確にした指導が重要である」とし，テキストを「考える力と連動した形で読む力を高める取組を進めていくことが重要である」と述べている。

■■〔目標②〕におけるポイント■■

〔目標②〕は，PISA調査のような自由記述形式の問題に答えられるように，書く力の向上を求めたものである。と同時に，「考える力を中核として，読む力，書く力を総合的に高めていくプロセスを確立することが重要である」，「書いたものをさらに深めることを通じて読む力を高めることが期待される」と述べていることは，「読むこと」，「書くこと」，「話すこと・聞くこと」という各領域が相互に密接にかかわり合い，その中核に考える力（本書では「思考・判断」，「論理的思考力」や，「思考力」，「判断力」などと表現している力）があって言語力が向上していくということを示唆している。

この点で,「本節2■『話すこと・聞くこと』領域の充実■」(P.54)で述べた「思考力,判断力,表現力,意欲といった高次の認知面と情意面を育てるために,3領域は,それぞれ分かちがたい関係にあり,重要な役割をもっている」とする立場と同じである。

■■〔目標③〕におけるポイント■■

〔目標③〕では,読書の重要性と書く力の重要性を述べている。「様々な文章や資料」とは,「文学的文章だけではなく,新聞や科学雑誌などを含め,幅広い範疇の読み物」を指している。「文学的文章だけでなく」の部分を,誤って読むことのないようにしたい。

『読解力向上プログラム』は,「自分の意見を述べたり書いたりする」のところで「自分の経験や心情を叙述するだけでなく」,「論理的・説明的な文章に対する自分なりの意見を書いたりする機会を意図的に作っていくことも大切である」と述べている。「だけでなく」,「ことも大切」という表現は,相対的に弱い論理的思考力への対応を現場に求めているものといえる。だからといって,文学作品の世界に浸る読み方,日本の読みの授業が大事にしてきた追体験や準体験と呼ばれてきた読み方を,『読解力向上プログラム』が否定しているわけではない。

4 PISA型「読解力」から日本の読解力が取り入れるべき読みの能力——論理的思考力,批評的に読む能力

PISA調査問題の設問で問われる能力と,日本の国語科授業で扱う能力とを質的に比較すれば,PISA型「読解力」に比べて,日本の読解力観が相対的に弱く,PISA調査問題に対応するためにも今後取り入れるべき能力が2つある。その2つの読みの能力は,PISA調査問題では出題されても,日本の読みの授業やテストでは,これまでほぼ取り上げられていない能力である。

その1つは,国語教育学においては井上尚美が先駆的に提唱していた論理的思考力(注38)である。この論理的思考力をPISA型「読解力」が求めていることは,すでに本節「1」で述べた。2つ目は,批判読みなどの呼称で存在してきた文章を吟味して批評的に読む能力(注39)である。

十分意識されてきたとはいえない2つの能力

　文章を正確に読んで理解するレベルは、日本の読解の基礎・基本であり、それは、PISA型調査問題を解くときにも求められる。日本の国語科授業は、この文章を正確に読んで理解するレベルを基礎・基本にして、そのうえで物語世界に浸り、登場人物の心情を想像する読みを得意としてきた。

　しかし、PISA調査問題に見られるような批評力を育てることを主眼においた授業は、一部を除いて、これまでの日本では、ほとんど行われてきていない。また、論理的思考力を問うことも、PISA調査に対応できるほど徹底してその育成が図られてきたとは言いがたい。

　PISA型「読解力」の論議を通し、批評力や論理的思考力を育てることを、日本の国語科授業の課題としてとらえる必要がある。その中で、本章「本節1」（P.46～）で述べた「主題の再生」も考えられる。これらの取組や実践を進めていけば、日本の読解力観はより豊かに発展し、授業改善が進む可能性がある。

批評的に読む能力の育成

　批評力の育成については、その育成のために教科書を改善することも、今後は課題となる。

　国語科教科書に掲載されている作品は、すぐれたものが多く、批評的に読むことが容易ではない。例えば、教材に取り上げられた説明文の形式の良さを発見し、それを真似て子どもたちに書かせる授業は、多くの実践で行われてきた。しかし、「ありの行列」や「ニュース番組作りの現場から」(注40)を、内容や形式から批評的意見を述べるとなれば、読み手には相当の力量が求められる。

　これに対して、文学作品は、すぐれた作品でありながらも、第2章第4節でふれる「空所」や「否定」の存在により、発問次第で批評的な読み方を指導できる余地がある。例えば「ごんぎつね」で、

①「あなたなら、ごんのように行動しますか」
②「あなたは、ごんの兵十への行動は、つぐないからだと考えますか、兵十への思いのふくらみからだと考えますか」

③ 「ごんぎつねの終わり方について，あなたはどう思いますか」
④ 「終わり方を変えるとしたら，あなたはどうしますか」

といった発問が可能である。
　③や④は，作品と距離をおき，作品を批評的に読ませる発問といえる。②は第２章，第３章で述べるように，読み手の構成した一貫した解釈を問う発問である。この発問に，理由や根拠を尋ねる発問を合わせれば，子どもたちの読みや思考は大いに刺激される。①は，ごんという登場人物の行動を，読み手である子どもたちがどう評価しているのかを問う。そのことを通して，作品の内容，展開の評価を間接的に求めている。

　今後は，批評力育成，論理的思考力育成のために，作品と距離を取り，評価する読みへの工夫が求められていくことになる。
　ただし，それは，作品世界に浸る読みを否定して，論理的思考力向上をめざす授業に転換しようというものではない。論理的思考力を育てることを国語科授業の中に明確に位置づけようということである。
　論理的思考力とは，簡単にいえば意見と理由〔根拠〕，原因と結果の関係である。これまでの授業では，子どもたちが意見だけを述べたり，結果だけを述べたりしている学習が多くあった。今後は，子どもたちが意見と理由〔根拠〕を必ずセットで述べるようにさせ，両者の関係に矛盾や欠落，飛躍はないかを思考し，学習することが求められている。このような学習を成立させる前提には，教師が「なぜ」の問いを大切にすることが鍵になる。

３つの問題

　そのうえで，80年代中ごろの読者論導入の議論以降，日本の国語科授業が指摘を受けてきた問題を解決しなければならない。その問題とは，

① 　明らかに浅く，間違っている子どもの読みを指導しなかったり，教材文ときちんと向き合っていなかったりする授業
② 　目標が不鮮明で，単元の終わりに何の力を子どもたちにつけたかったの

> かが不鮮明な授業
> ③　言語活動が1回限りで，子どもたちが言葉の力をつけるためのお稽古がない授業

である。

　3つの問題を解決できない授業は，PISA型「読解力」にも対応できないし，「生きる力」を育てたり，「確かな学力」を向上させたりすることもできない。

　読みの授業に限らず，そもそも授業であるかぎり，子どもたちを教材文と真剣に向き合わせたり，明らかに浅く間違っている子どもの読みを放置せず指導したりすることは，教師にとって当たり前のことである。①の問題を克服するためには，教師らしい姿勢，教師らしい指導性が求められている。

　読みの授業に関しては，「第5節1■読者の主題の妥当性■」（P.49）で述べたように，「書かれてあることと，その読者が構成した主題（読み），およびその構成理由〔根拠〕とに矛盾」や空白がないかどうかという観点は，子どもたちの読みを見ていくうえで重要である。

　②の問題を解決するためには，単元の入り口における目標についての目標分析を行い，教材内容に即して具体化し，評価規準を明確にすることである。さらには，言葉の力をつけるには，それをつけられるだけの練習（お稽古）を行い，現実生活に役立つ言語活動は，繰り返し他教科，領域，総合的な学習の時間で習得・活用し，現実生活での習得・活用をめざすことである。

　③の問題を解決するということは，教師の国語科単元計画作成能力を問うことである。

　本書では，第5，6章で述べる内容が，②，③の問題に対応する内容となっている。

　さらに，よい国語科教科書とは何なのかということも，全国の小学校国語科授業改善にとっては，切実な課題となる。

　これらの課題解決に取り組むことは，「生きる力」を育て，「確かな学力」を向上させる取組，実践となり，PISA型「読解力」に対応する授業改善を進めることにもなる。

第1章 PISA型「読解力」・生きる力を育てる読みの授業

第❻節
「生きる力」による求められる授業の構成

1 PISA型「読解力」の意義──読書力向上と言語力の育成

　PISA型「読解力」には，日本の国語科授業の課題を明確にするという意義とともに，以下のような意義がある。

---
① 読書力向上にはずみ
② 言語力育成の重視

　『読解力向上プログラム』（文部科学省，平成17年12月）では「朝の読書の推進を含め，読書活動を推進すること」(注41)が述べられている。PISA型「読解力」の向上をめざせば，読書は，重視されることはあっても軽視されることはない。これは，子どもたちの学力向上にとって歓迎すべきことである。読解力向上はもちろんのこと，学力向上にとっても，心の育成にとっても，読書ほど決定的に重要なものはない。
　「② 言語力重視」も，PISA型「読解力」論議が生み出した大きな成果である。PISA2003ショックを受け，中央教育審議会は，言語力育成協力者会議を組織し，活発な議論を行った(注42)。文部科学省のホームページで公開されている言語力育成協力者会議資料の中から，公開されている会議の中では最新の会議にあたる第8回会議の配布資料5「言語力の育成方策について（報告書案）【修正案・反映版】」（以下「報告書案」）(注43)の「1.－(2) 言語力育成の必要性」では，

　「OECDの国際学力調査（PISA）において『読解力』が低下していること，
　　いじめやニートなど人間関係にかかわる問題が喫緊の課題となっていること

など，学習の面でも生活の面でも，子どもたちの生きる力を育成するために，言語力の必要性がますます高まっている」

として，

「中央教育審議会では，学習指導要領の改訂に向けての審議において，今後の学校教育において，知識や技能の習得（いわゆる習得型の教育）と考える力の育成（いわゆる探究型の教育）を総合的に進めていくためには，知識・技能を実際に活用して考える力を育成すること（いわゆる活用型の教育）が求められているとしている。その際，『言葉』を重視し，すべての教育活動を通じて国語力を育成することの必要性が指摘されている」

と述べている。

新しい学習指導要領が，総則第1章第4の2(1)において

「(1) 各教科の指導に当たっては，児童の思考力，判断力，表現力等をはぐくむ観点から，基礎的・基本的な知識及び技能の活用を測る学習活動を重視するとともに，言語に対する関心や理解を深め，言語に関する能力の育成を図る上で必要な言語環境を整え，児童の言語活動を充実すること」

と述べているのは，これらの議論を踏まえてのことである。

言語力育成協力者会議の「報告書案」(注44)には
「1.―(1)　言語力について」
「1.―(3)―(ウ)　教科を横断した指導の充実」
という項目がある。なぜ，言語力が「教科を横断」して育成されなければならないのか。「1.―(3)―(ウ)　教科を横断した指導の充実」には，「言語は，学習の対象であると同時に，学習を行うための重要な手段である」という表現がある。

61

国語科では，言葉の力を育てるために言語を学習の対象としている。と同時に，授業が日本語で行われ，各教科の教科書が日本語で書かれている以上，言語力は，学習の重要な手段となる。言語力のあるなしによって，各教科の学習は大きな影響を受けるわけである。言語力の弱い子どもは，書かれてある内容を理解できなかったり，教師の説明を聞いて理解できなかったりする。

　逆に言えば，日本語の「読むこと」，「書くこと」，「話すこと・聞くこと」が得意な子どもたちは，各教科の学習において有利な条件にある。つまり，各教科の学習をよりよく進めるためには，子どもたちの言語力向上が必要になるということである。

　しかし，それだけでなく，各教科の学習によっても，子どもたちの言語力は向上する。各教科の学習は，言語を使って各教科の思考・判断の力を高め，知識・理解を深める。よい算数科の授業は，言語を使って数学的な考え方を育てたり，言語を使って数量や図形についての知識・理解を深めたりする。そのため，結果として子どもたちの言語力に大きな刺激を与え，これを育てるのである。

　このことは，社会科，理科をはじめとして，各教科で言えることである。各教科の学力を育てることができるよい授業，よい指導は，結果的にその教科における思考力，判断力の育成を通して，子どもたちの言語力を育てることにつながる。

　言語力が高いと各教科における学習が進み，各教科におけるよい授業は，教科学力の向上とともに，子どもたちの言語力も育てる。このように，教科学力と言語力は，密接にかかわっている。両者は，共に伸び，共に低下するものである。

2 求められる授業とは──「生きる力」から

■■「生きる力」──180°転換した日本の教育行政■■

　次の引用は，新学習指導要領の総則からのものである。

　　学校の教育活動を進めるに当たっては，各学校において，児童に生きる力

をはぐくむことを目指し，創意工夫を生かした特色ある教育活動を展開する中で，基礎的・基本的な知識及び技能を確実に習得させ，これらを活用して課題を解決するために必要な思考力，判断力，表現力その他の能力をはぐくむとともに，主体的に学習に取り組む態度を養い，個性を生かす教育の充実に努めなければならない。その際，児童の発達の段階を考慮して，児童の言語活動を充実するとともに，家庭との連携を測りながら，児童の学習習慣が確立するよう配慮しなければならない。(注45)

　新学習指導要領は，「生きる力をはぐくむこと」を目標にしている。そのために，「基礎的・基本的な知識及び技能を確実に習得させ，これらを活用して課題を解決するために必要な思考力，判断力，表現力その他の能力をはぐくむとともに，主体的に学習に取り組む態度を養」うとしている。「基礎的・基本的な知識及び技能を確実に習得させ，これらを活用して課題を解決するために必要な思考力，判断力，表現力その他の能力をはぐくむとともに，主体的に学習に取り組む態度を養」うという表現は，改正された学校教育法第30条に，そのまま記載されている。

　「生きる力」が，確かな学力（知），豊かな心（徳），健やかな体（体）で構成されていることは，文部科学省のHPやパンフレット，各種文書で確認できることであるが，改正された教育基本法第２条第１号では，「幅広い知識と教養を身に付け，真理を求める態度を養い（以上が『知』：鎌田），豊かな情操と道徳心を培う（以上が『徳』）とともに，健やかな身体を養う（以上が『体』）こと」という表現で，「（教育の目標）」の５つのうちの１つとして，「生きる力」の育成が明記されている。

　つまり，「生きる力をはぐくむこと」ということは，新学習指導要領はもちろんのこと，改正された教育基本法，学校教育法という法においても定められた，日本の教育がめざすべき大目標になったのである。いまのところ日本の教育行政において，「生きる力をはぐくむこと」に関しての論理的な矛盾やブレはない。それどころか，それは，一貫されている。これが，いま，我々が立ってい

る地点である。この地点は，90年代のゆとり教育で象徴的な迷走の時期からすれば，隔世の感がある。

　また，新学習指導要領の告示に先立ち，中央教育審議会が出した答申「幼稚園，小学校，中学校，高等学校及び特別支援学校の学習指導要領などの改善について（答申）」（文部科学省，2008.1）では，p. 17「(2)　学習指導要領の理念を実現するための具体的な手立て」（「4. 課題の背景・原因」）において，「学習指導要領の理念を実現するための具体的な手立てが必ずしも十分ではなかったことについて」，「5点の課題」を自ら示し，その「第一に，これからの子どもたちに『生きる力』がなぜ必要か，『生きる力』とは何か，ということについて，文部科学省（文部省）による趣旨の周知・徹底が必ずしも十分ではなかった」と述べるに至っている。

　同じく p. 22「(2)　『生きる力』という理念の共有」（「5. 学習指導要領改訂の基本的な考え方」）では，「どんな組織でも構成するメンバーで理念や目標が共有されていなければ，それを実現・達成することはできない」というきわめて率直な表現を用いて，日本のすべての教員に「生きる力」という理念の共有を訴えている。

　これら2つを考え合わせ，中央教育審議会のリーダーシップの下，日本の教育行政は，90年代のゆとり教育から180度の転換を行ったと，とらえるべきである。日本の教育行政は，すべての教師に，「確かな学力」向上の中で「生きる力」を育むことを，今後の日本の教育のために真摯な姿勢で取り組もうと，真剣に呼びかけているのである。

現実生活で生きて働く言葉の力を育てるために求められるもの　　　　　　　　　　　　　　　　　　　　　　　——思考力，判断力，表現力

　子どもたちに「生きる力」を育てるということを，国語科はどのようにとらえればよいのであろうか。

　道徳の時間は，すばらしい発言，発表をするのに，休み時間になったら，平気で授業中の発言とは違う言動を友達に対して行っている，という現実がときにある。そういう子どもたちの学びは，道徳の時間内に閉じられた学びといえ

る。国語科の授業も，国語科だけに閉じられた学びではいけない。国語科にとって「生きる力」を育てるということは，言葉の力を学んだ子どもたちが，それを現実の生活の中で生き生きと活用できる力を育てることといえる。

　では，子どもたちに現実生活で生きて働く言葉の力を育てるには，何が求められるのであろうか。

　現実の世界とは，ある意味予測不可能なことが起こる世界である。そこでは，瞬間，瞬間の思考力と判断力が求められる。学んだ言葉の力を次々と起こる現実場面に適応させる思考力，判断力が必要になる。

　現実世界では人は1人で生きていくことはできない。自分の周りにいる人々と良好な人間関係を作り，自分の伝えたいことをよりよく伝える表現力が求められる。

　つまり，現実の生活で，子どもたちが身につけた言葉の力を発揮するためには，確かな思考力や判断力，表現力が求められるのである。

■■ 国語科における習得・活用・探究 ■■

　新学習指導要領における1つのキーワードは，「習得，活用，探究」である。

　この習得，活用，探究について，それぞれが個別に存在するものととらえることは，誤りである。習得，活用，探究は，習得・活用・探究ととらえるべきものである。習得・活用・探究は，「学力」を習得，活用，探究という3つの観点から観ている学力観であり，決して学力を，習得，活用，探究の3つにバラバラにするものではない。

　そのうえで，国語科における習得・活用・探究を考えれば，国語科では，習得しながら活用し，活用しながら習得していることが多いことに気づく。

　例えば，インタビューの方法を習得させる場合でも，言葉の力は，教師の説明を丸暗記して済むものではない。教材文のインタビューの例から，授業の中でインタビューのポイントを読み，考える中で習得しても，それだけでインタビューができるようにはならない。実際に学校の先生や地域の方にインタビューをしながら，言語活動を通して習得していくものである。これは，習得しながら活用し，活用しながら習得しているといえる。

これらの学習を通して，自分はわかった，できると思っても，実際に他教科や総合的な学習の時間で校外に出てインタビューをしてみると，授業とは違う状況に戸惑い，自分の力が発揮できなかったりする。優れた教師は，そこを見逃さず，学校に戻ってそのことを紹介しながら，国語科の授業で再度，インタビューの学習や練習を組むものである。これは，活用を通して習得をしているものといえる。

　国語科における習得・活用・探究を考えた場合，何を習得させるのかが大きなポイントになることは，どうしても述べておかなければならない。活用は，習得を前提としたものであり，探究は，習得・活用を前提としなければ成立しない。活用しながら習得するにしても，教師が何を習得させるのかを明確にしておくことが，計画的な指導というものである。

　新学習指導要領の総則にある「基礎的・基本的な知識及び技能を確実に習得させ，これらを活用して課題を解決するために必要な思考力，判断力，表現力その他の能力をはぐくむ」ことについても，国語科にとって問題となることは，一体何が「基礎的・基本的な知識及び技能」にあたるのかということである。

　この点で，第2章，第3章で述べる音読能力，漢字能力，語彙能力，あらすじを読む能力は，欠かせないものとなる。また，第6章は，教師の指導の基礎・基本を述べているが，「基礎的・基本的な知識及び技能」を考えるうえでも参考になろう。

■　各領域，思考力・判断力・表現力を支える「読む」こと　■

　思考力，判断力，表現力育成には，「書くこと」領域は，重要な役割を果たす。書くことほど，思考力や判断力，表現力を子どもたちに要求する領域もないからである。書くことは，何を書くのかを考え，この表現で伝えたいことは伝わるだろうかと判断し，そして表現することを書き手に求めるからである。

　思考力や判断力が育っていない人間にとっては，書くことは，ときに苦痛にもなる。何を書けばよいのかがわからない，この表現が日本語として正しいかどうかがわからない，このように悩んだ経験は，多くの人があるのではないか。書くことは，学習者の力を如実に試す。文は人なり，である。だからこそ，書

くことは，書き手の思考力，判断力，表現力を大きく刺激する。

　しかし，だからといって，「書くこと」領域だけが重要であると述べることが誤りであることは先に述べた。「伝え合う力」といえば「話すこと・聞くこと」が強調される，PISA型「読解力」といえば読解力が強調される，そして，思考力，判断力，表現力といえば「書くこと」が強調される，このような一面的な領域の強調は，かえって不易の部分を見えにくくする。生きる力や確かな学力向上の実現にとっては，ある領域だけが大事なのではなく，すべての領域が大事になる。

　例えば，書くためには，書き手の頭と心の中が，書きたいことでいっぱいになっていなりればならない。空っぽの頭と心で何かを書こうとしても書けるものではない。卒業論文や修士論文は，書き手が自分の問いを解明するために，どれだけの数の文献を読み，またそれらの文献を読み込んだかで，おおよその質が決まっていく。書くためには，読まなければならないのである。

　書くことを考えたとき，読むことは，ゆるがせにできない大事な領域となる。現実生活では，話すことと聞くことを中心に人間関係が動いていることが少なくない。「話すこと・聞くこと」は，現実生活での思考力，判断力，表現力を考えたときに，ゆるがせにできない。

　読むことを大切にすれば，書くことの内容は正確になり，深くなる。読むことは，書くことの足腰を強くする。読むことを大切にした話す・聞くことは，話し手，聞き手の内容が深くなる。読むことは，話す・聞くことの足腰も強くする。

　幼児や小学校低学年の場合，耳から入る情報は学習にとって大切である。しかし，学年が進めば進むほど，目から読むことを通して入力されていく情報の量と割合は増えていく。子どもたちは，読む能力が低ければ，学力に遅滞を生じる。子どもたちに確かな読む能力を育てておかなければ，書く能力の獲得に支障を生じたり，じっくりと落ち着いて思考したり，判断したりしないままに話したり，聞いたりする子どもたちになっていく危険性が高まる。

　以上のように考えたとき，思考力，判断力，表現力の育成を考えたときには，

書くことの重要性が浮かび上がるが，それは，読むことを重視しないかぎりは確かなものにはならないといえる。

各領域相互の密接な関係を考えたならば，読むことは，すべての領域の足腰になると述べてもよい重要な領域といえる。我々は，読むことを通して先人の英知にふれ，過去の人類の英知と語り合い，これまでの人類の知的財産を受け継いでいるのである。

■■ 授業と指導に求められるもの ■■

求められている授業とは，学校の中だけでなく学校の外に開かれた学び，現実生活で通用する言葉の力を子どもたちの身につけることができる授業である。その実現の方法，道筋にかかわることとして，以下の５点が重要になる。

①　教師が言葉の力を語る

まず，教師は子どもたちに，折にふれて自分の言葉で，言葉の力についての教師の考えを語りかけたい。心に深い感動をおぼえた本の話，自分の進むべき道を教えてくれた本の話，自分を励まし勇気づけてくれた親友や先輩，我が師の言葉，これらの話は，言葉の力の大きさというものを子どもたちに気づかせるきっかけになるかもしれない。

日常生活に存在するさまざまなテキストを読めなければならない理由，実際に自分がそのテキストを読めなくて困った体験談や失敗談，周りの人に自分の考えを伝えることができたときの喜びや手応え，逆に，疑問に思っていたことをわかりやすく説明してくれる人に出会ったときの驚きと感動，これらの話も，言葉の力の大きさというものを子どもたちに伝えてくれるかもしれない。

自分の考えを読む人にわかりやすく書くことのむずかしさと大切さ，そのときの表現に込めた思いと，それを表現することのむずかしさと大切さ，手紙や招待状，新聞を書くことでつながり，広がった人と情報の輪，……これらの話を通して，子どもたちは，国語科で学んでいる言葉の力の大切さを受け止めていくのではないか。

子どもたちが，どれだけ素晴らしい話を聞くことができるかどうかは，すべて一人一人の教師の学びそのものにかかっている。教師自身が，自ら学び，自

ら考え，子どもたちにこれらの話を聞くことができる機会を保障できるようになりたい。

② **指導を読書につなげる**

次に，学んだことを，徹底して読書活動につなげていく教師の指導性と姿勢が求められている。教師の徹底した指導と姿勢によって，読書活動が旺盛に展開され，子どもたちがかけがえのない1冊の本と出会える可能性が高まっていく。子どもたちをほんとうの本好きに育てることは，学校がいま，最も求められている成果の1つである。

読書好きになれば，子どもたちは変わる。豊かな読書生活がなければ，現実生活での活用の鍵となる力，思考力や判断力，表現力が育つことはない。このことを教師は肝に銘じておきたい。

③ **基礎的・基本的な知識および技能を確実に習得させる**

国語科授業について述べれば，「基礎的・基本的な知識及び技能を確実に習得」できる授業が求められている。これを疎かにしていては，子どもたちが現実の生活で言葉の力を活用できるということはありえない。

子どもたちは，どうして九九を算数科の学習で活用し，日常生活でも使うことができるのか。それは，活用できるだけの練習を，学校で徹底的に行ったからである。九九の仕組みを理解した後は，口をついて自動的に九九が出てくるまで，徹底して覚えさせたからこそ，かけ算で，わり算で，筆算で，子どもたちは場面に応じた活用ができる。

九九という「基礎的・基本的な知識及び技能」においてですら，そうである。国語科では，九九よりも複雑で，思考力や判断力を使わなければ扱えない言葉の力，言語活動が数多くある。それらをたった1回学習させただけでは，子どもたちが使えるようにはならない。これは物事の道理である。

複雑さをもった言語活動や言葉の力を，現実世界で活用できるようにしたいのであれば，本来は九九以上の螺旋的反復的なお稽古が必要である。その螺旋的反復的なお稽古は，九九のように「習得→活用」と単純に進むものより，「習得しながら活用し，活用しながら習得している」ものが多い。

この点を十分に理解したならば，学んだことを他教科，領域，総合的な学習の時間，現実生活の中で，子どもたちが繰り返し習得・活用できる機会を，教師は上手に仕組む必要がある。第6章「第1節7　読書力向上」（P.224）で述べるように，読書力向上のための「本のプレゼント」が，実はあらすじを読む言語活動であり，自分のお気に入りの表現を集める言語活動にもなるという取組は，その具体例である。

　習得したものを，いろいろな場面で習得・活用させ，子どもたちの頭と心の引き出しをいっぱいにしていく必要がある。単純な繰り返しではなく，年間を通した習得・活用の場の設定を，できることからまず一つ，教師と学校で工夫して実行すれば，そこから子どもたちの変化が見えてくる。その際，国語科の「基礎的・基本的な知識及び技能」にあたる語彙能力，漢字能力，音読能力から，その取組を始めることは効果的である。

　語彙能力，漢字能力，音読能力は，「読むこと」だけでなく，「話すこと・聞くこと」，「書くこと」の基礎的・基本的な知識・技能でもある。そして，あらすじを読む能力は，「読むこと」の基礎的・基本的な知識・技能といえる。それらの具体的な指導内容を本書では，第6章で述べている。

④　**現実の生活と段差の少ない言語活動や場の設定**

　現実の生活と段差の少ない言語活動や場の設定を心がけることと，他教科でよく使う言語活動を踏まえた言語活動の設定を心がけることも，きわめて重要である。それは，単元の初めから，現実の生活で活用することや他教科で活用することを目標に入れた単元の展開を行うということである。国語科で練習し，他教科，総合的な学習の時間，そして現実の生活で本番を迎えるという発想に立ち，学んだことを繰り返し練習し，実際に使う。実際にうまく使えなかったときには，その原因を分析し，国語科に立ち戻って，そこで練習することである。

⑤　**2つの条件**

　予測不可能なことの多い現実生活の中で，子どもたちが学んだことを使えるようになるためには，2つの条件を満たすことが求められる。

　1つ目の条件は，大事な力は，磨かれて，咀嚼に使えるまでに完全に自分の

ものとなっていなければならないということである。頼りない力，中途半端な力では，その能力を咄嗟に発揮することが求められることもある現実生活の中ではむずかしい。

　2つ目の条件は，子どもたちが，現実生活の中で学んだ言葉の力を使いたいと思っていることである。つまり，意欲の所在である。いまの子どもたちにとっては，その力を「使いたい」という意欲をもっていることが，決定的に重要になる場面が多い。それほど，いまの子どもたちは，自分の気分・感情に左右され，支配されやすいからである。

　小学校でいえば，低学年から積み上げてきたはずの指導が無惨に崩れたり，思ったほどの成果が表れない傾向，学年が上がれば上がるほど，子どもたちのけじめがつかず，逆に子どもたちが後退していくように見える傾向は，教師の学級経営の問題であるとともに，高学年の子どもたちの関心，意欲のあり方の問題でもある。

　いまの子どもたちは，嫌いと思うとすべてが嫌いになり，やる気をなくす。しかも，そうなりやすい子どもほど，その判断が，きわめて自己中心的で，刹那的な場合が多い。そういう傾向の子どもたちを前に，教師が確実にできることは，子どもたちに「自分はできる」と思える手応えと自信を育てていくことである。いったん，自分はできないと思わせてしまうと，いまの子どもたちは，簡単に自分を否定し，すべてを投げ出してしまうからである。「確かな学力」向上にとっても，子どもたちの意欲を高めるためにも，子どもたちがわかる，できるということが大事にされ，大切にされなければならない。

　その意味でも，活用の前提となる習得，「基礎的・基本的な知識及び技能を確実に習得させ」ることは，いま，ひときわ重要になっている。

注▶▶▶

（注1）クリティカル・シンキングは，criterionからきている。criterionは，基準，尺度を表す。教育評価の用語では，到達基準のことを意味する。教師の使う用語では，評価規準である。自分の内面世界に規準があり，そこでしっかりと判別する思

考こそクリティカル・シンキングである。このクリティカル・シンキングができなければ，何が不易で何が流行かの判別もできない。このクリティカル・シンキングは，その領域に必要な知識と技能がないとスムーズに進まない。参考図書：E.B.ゼックミスタ，J.E.ジョンソン著，宮元博章，道田泰司，谷口高士，菊池聡訳『クリティカルシンキング入門編』北大路書房

　もともと教師は，クリティカル・シンキングができなければ，そのときどきにおいて振り回される。教育には，流行ものが多いからだ。クリティカル・シンキングは，批判的思考と訳される場合が多いが，『クリティカルシンキング入門編』の訳者は，翻訳にあたって，敢えてこの表現を使わなかった。「従来『クリティカル』という英語にはW.イーザーパンに『批判的』という日本語が当てられてきました。つまり，クリティカル・シンキングとは『批判的思考』のことです。しかし，われわれ訳者は今回あえて『批判的』ということばを用いず，『クリティカル』という原語のままで使うことにしました。その理由は『批判的』ということばにズレを感じるからです。批判ということばは相手の落ち度を指摘し，けなし，打ちのめす攻撃的なイメージをもっています。しかし，クリティカルな思考というのはそういう意味ではないのです。人間が陥りやすい思考の落とし穴や先入観による影響などを十分に自覚した上で，そこから脱却し，ものごとを冷静に，客観的に，論理的に考え，判断してゆくことを意味します」上掲書，p. ii

(注２) この経緯やDeSeCo計画については，今西幸蔵「キー・コンピテンシーとDeSeCo計画」(『天理大学学報』第219輯，pp.79－107)が詳しい。

(注３) ドミニク・S・ライチェン，ローラ・H・サルガニク編著，立田慶裕監訳『キー・コンピテンシー／国際標準の学力をめざして』(明石書店，2006.5)が詳しい。

(注４)「『読解力』向上に関する指導資料」文部科学省『読解力向上に関する指導資料／PISA調査（読解力）の結果分析と改善の方向』東洋館出版社，2006.4

(注５) 上掲書，p.78

(注６) 上掲書，p.97。

(注７) 上掲書，p.1

(注８) 香西秀信「PISA型『読解力』に応じる国語科の課題」『教育科学国語教育 No.686』明治図書，2007.11，p.12

(注９) http://www2.ttcn.ne.jp/~honkawa/3940.html

(注10)「はじめに」文部科学省『読解力向上に関する指導資料／PISA調査（読解力）の結果分析と改善の方向』東洋館出版社，2006.4

(注11)『教育科学国語教育　No.352』明治図書，1985.9

(注12) 文部省（現文部科学省：鎌田）『小学校学習指導要領解説国語編』東洋館出版，1999.5，p.42

(注13) 岡部憲治『世界標準の読解力──OECD－PISAメソッドに学べ』白日社，2007.9，pp.29－30

(注14) 千利休の利休道歌では「規矩作法守りつくして破るとも離るるとても本を忘るな」と歌われている。また，江戸時代の茶人川上不白は『不白筆記』でこの守破離を述べている。
(注15) 関口安義「読者論導入による授業の改革」『教育科学国語教育　No.352』明治図書，1985.9
(注16) 上掲書，p.6
(注17) 上掲書，p.7－8
(注18) 上掲書，p.9
(注19) 上掲書 pp.9－10
(注20) 上掲書 pp.8
(注21) 野地潤家「読者論導入への期待と課題」上掲書 pp.21－22
(注22) 大槻和夫「読者論を導入した授業の具現化をめざして」上掲書，p.23
(注23) 浜本純逸「テキスト構造との対話」上掲書，p.34
(注24) 中西一弘「具体的にはどうすればよいのか」上掲書，p.52
(注25) 関口安義「読者論導入による授業の改革」上掲書，p.9／ただし，浜本純逸は，「芦田恵之助の『自己を読む』論を」，「読者論的な読みとして理解」することは正しくないと指摘している。浜本によれば，それは，「書かれていることを正確に読みとらせる教え方」であり，「芦田の『自己を読む』という理念と教式の具体化との間には，連続性がなかったように思われる」としている。つまり，「芦田の『七変化の教式』も『正解到達方式』形成の一礎石となっており，『解釈学的指導過程のひとつ』であった」と述べている。（浜本純逸「テキスト構造との対話」上掲書，p.30）
(注26) 上掲書，p.9
(注27) 上掲書，p.9
(注28) 上掲書，p.9
(注29) 府川源一郎「読者論による読み」『教育科学国語教育　No.668』明治図書，2006.5，p.28
(注30) 上掲書，p.30
(注31) 読者がいったんテクストを読んでしまうと，読者がテクスト本文に戻って読んでいるつもりでも，それはAという読者の主観の中に出来上がったテクストAに戻っているだけだというロラン・バルトの論が「還元不可能な複数性」である。その結果テクストは，「爆発に，散布」（ロラン・バルト著・花輪光訳「作品からテクストへ」『物語の構造分析』みすず書房，1979.11，p.97）することになる。詳しくは，田中実・須貝千里編『文学の力×教材の力　理論編』（教育出版，2001.6）を参考のこと。
(注32) ロラン・バルトは，書かれてあるものという実体によって読者の読みが生まれるのではなく，読者が読むことによって，読者の内面世界に現れるものこそがテクストであると宣言した。書かれてあることはだれにとっても同じ並びの文字列であ

るが、それを読んだ途端に読者は、そこに自分固有の内面世界から意味を補充するのである（これについては、第2章第3節に詳しい）。これら文学批評理論の影響により、すでに述べてきたように我が国では、国語科指導の終点に鎮座していた主題指導が、日向から日陰に追いやられることになった。そして、主題指導の代わりは、不在となった。

(注33)「『読解力』向上に関する指導資料」文部科学省『読解力向上に関する指導資料／PISA調査（読解力）の結果分析と改善の方向』東洋館出版社、2006.4、p.3
(注34) 関口安義「読者論導入による授業の改革」『教育科学国語教育　No.352』明治図書、1985.9、p.16
(注35)「『読解力』向上に関する指導資料」文部科学省『読解力向上に関する指導資料／PISA調査（読解力）の結果分析と改善の方向』東洋館出版社、2006.4
(注36) 上掲書、p.99
(注37) 上掲書、p.99
(注38) 参考文献として、井上尚美『思考力育成への方略：メタ認知・自己学習・言語論理』明治図書、1998.4
(注39) 参考文献として、東京都教職員組合荒川支部教研会議国語部会編『批判読み』1963、森田信義『筆者の工夫を評価する説明的文章の指導』明治図書、1989.2
(注40)「二　目的に応じた伝え方を考えよう／ニュース番組作りの現場から（説明文）工夫して発信しよう──編集して伝える」『国語五年（下）大地』光村図書、2004.2 検定済、pp.30－37
(注41)「『読解力』向上に関する指導資料」文部科学省『読解力向上に関する指導資料／PISA調査（読解力）の結果分析と改善の方向』東洋館出版社、2006.4、p.99
(注42) 言語力育成協力者会議で行われた議論は、専門知識をもとに行われたクリティカル・シンキングである。そこで話された論点は、重要なものが多い。これについては、拙論「教科を越えて育成すべき言葉の力」梶田叡一責任編集・人間教育研究協議会編『教育フォーラム41／新しい学習指導要領』を参照のこと。
(注43)「言語力の育成方策について（報告書案）【修正案・反映版】」（第8回配付資料5）
http://www.mext.go.jp/b_menu/shingi/chousa/shotou/036/shiryo/07081717/004.htm
(注44) 上掲資料
(注45)「第1章　総則」『小学校学習指導要領／平成20年3月告示』文部科学省、p.13

第2章 読むこととは何か

「ごんぎつね」を通して考える

第2章　読むこととは何か──「ごんぎつね」を通して考える

第❶節
なぜ「読むこととは何か」から始めるのか

　「読むこととは何か」を解明する必要性について，府川源一郎は，次のように述べている。

　　読みの授業を組織しようとするときに，必要な用件はなにか。それは，読むという行為がどのようにして成立するかについての了解だろう。(注1)

　府川の指摘は正しい。「読むこととは何か」という問題を解明しないままでは，「読むことの能力」である「読む能力」も，「読解力」も見えてはこない。「読むこととは何か」を素通りして，「読解力とは何か」，「読解力とはどうあるべきか」ということを論じても，その結果は，不安定なものとなる。
　新しい学力観（1991年版指導要録からの4観点）の意義の1つは，複雑な学力というものを
　① 知識・理解
　② 技能・表現
　③ 思考・判断
　④ 関心・意欲・態度
という4つの窓から覗き，学力をバランスよく育てていこうとする点にある。指導要録の観点は，この新しい学力観に従い，各教科とも4観点に準じた構成になった。
　しかしながら，国語科の要録観点は，新しい学力観の下でも
　○「読むことの能力は読む能力」
となっている。「読むことの能力」を「読む能力」とするのは，トートロジー

（同語反復）である。前半と後半が同じ意味であり，頭が痛いことを頭痛と述べているのに等しいからである。そのままでは，「読むこととは何か」，「読むことの能力とは何か」という問題は，ブラックボックスの中に入ったままになる。

　第1章で述べた80年代中ごろの読者論導入の議論も，本来はその議論を通して「読むこととは何か」を解明し，学校現場にそれをしっかりと伝えるべき役割をもつものであった。この点は，第1章「第4節5■『読むこととは何か』を解明することの重要性■」（P.43）で，次のように述べたとおりである。

　　本書が，第2章で「読むこととは何か」を解明しようとしているのは，読者論導入の真の意義であったはずの「読むこととは何か」という問いかけと解明を，国語科授業の改善のために実現したいという願いからである。このことは，求められる国語科授業がどうあるべきかを考えていくために，どうしても求められることである。それは，今後も起こるかもしれない読みの授業の流行に，学校現場が巻き込まれることなく，主体的にクリティカルに思考するうえで，避けては通れない重要な課題であると考えている。

　読書行為を解明する読者論によって，「正解到達主義」の立場に立つ「読むこと」の限界が指摘され，主題指導は読むこと指導の主役の座から下りた。しかし，肝心の「読むこととは何か」ということが学校現場に正しく伝わらなかった。そのために，代わりの主役が教師にとって不在状態となり，読みの授業は混乱した。「読むこととは何か」が，国語科指導に携わる教師にとって不明なままでは，混乱は繰り返されるであろう。「読むこととは何か」を明らかにしておかないと，今後も，何かあるたびに読みの授業が混乱する可能性がある。

　国語科指導のために，「読むこととは何か」を解明し，「読む能力とは何か」を明らかにしなければならない。簡単に解決できる問題ではないが，これをクリティカルに思考しておかないと，教師は，ときどきの論調や流行の影響を簡単に受ける危険性があり，不易が流行に冒され，学校現場や授業が混乱をする。

　そのため本書は，「読むこととは何か」を解明することに取り組む。そこか

ら「読む能力とは何か」、「真の読解力とは何か」が見えてくる。

「読むこととは何か」という問題を解明するために、4つの方策を用いる。

> ①　国語教育学
> ②　W．イーザーの読者論を中心とした文学批評理論
> ③　認知心理学と内面性の心理学
> ④　教育評価理論

である。

①の国語教育学は、読むことや読む能力の解明、単元指導計画作成の方法を構築するうえで欠かすことのできない存在である。

②のW．イーザーの読者論は、文学批評理論である。国語教育学の親学問にあたる文学研究の中でも、文学批評理論は大きな柱となる。そして数ある文学批評理論の中でも、W．イーザーの読者論は、読むことを真正面に据えてその解明に取り組んだ理論として名高く、第1章で述べたように80年代の中ごろに国語科教育に大きな影響を与えた。

③の認知心理学は、人間の認知の仕組み、つまり頭というブラックボックスの中を解明しようとする科学である。内面性の心理学は、個人の内面性に焦点を当てた心理学である。W．イーザーの読者論と認知心理学、内面性の心理学には、重なるところが多い。お互いの信頼性を裏づける関係にあるといえる。

梶田叡一が研究してきた内面性の心理学は、読むことにおける内面世界のかかわり、国語科学力における言語技術と内面世界のかかわりなど、心と頭が言葉の力に果たす役割を分析するうえで大きな力となった。

④の教育評価の理論は、複雑な国語科の学力、読むことを目標分析試案の形で解明するうえで大きな力となった。

これらを方策として用い、小学校の国語科教科書全社に掲載されている新美南吉の「ごんぎつね」を中心におきながら、これから「読むこととは何か」について解明する。そして、「読むこととは何か」から、「読む能力」を導き出すことにする。

第2節 読むこととは何か(1)
正確に読む能力

1 音読能力

　まず，文章を間違いなく音読できることが，いかに文章を正確に理解することにつながっていくかを見てみよう。

> ごんは，お念仏がすむまで，いどのそばにしゃがんでいました

　読者は，どうしてこの一文の意味を理解できるのか。それは，この一文から，「だれが」「いつまで」「何をしていたか」という情報を読者が読み取っているからである。読む行為におけるこの段階を，認知心理学では「言語的文法的処理」(注2) と呼ぶ。読者が，生まれてからずっと日本語を使っている日本語のネイティブであり，すらすらと間違いなく文を読むことができれば，この一文の意味は理解できる。

　日本語を日常的に使っている子どもたちの場合，正しく音読をすることができれば，文の構造や一文の意味はだいたい理解することができる。しかし，もしこれが英語で書かれていたら，事はそう簡単にはいかない。仮に英語の音読が得意で，文章をすらすら音読できても，それだけで意味を正しく理解できるかどうかは保障できない。「どこが」「どこと」「どのように」つながっているのかということを瞬時に理解できているかどうかは疑わしい。それが日本語で書かれているからこそ，すらすらと本文を読むことができる読者は，たいていの場合，意味を理解することができている。

　しかし，「ごんは，おねん／ほとけがすむ／まで」と，誤った区切り方で音読をしていたら，文の意味は正しく理解できない。その子は，文の意味を理解できていないから誤った区切り方をしているともいえる。

このように，文章を正確に理解するためには，音読能力は重要な役割をもっている。文章を読むということは，まずは，文章を正しく音読できることである。小学生の場合なら，正しく音読ができていれば，書いてある事柄の意味はかなり理解できる。

この音読能力を育てるうえで，小学校教育の果たす役割は，きわめて大きい。授業や家庭学習で多くの文を声に出して読み，自分の声を自分の耳で聞き，音読を繰り返すなかで，初読の文章でもつまらずに読むことができるほどの音読能力を育てたい。これは読む能力を向上させるうえで，重要なことである。

2 漢字能力，語彙能力

「造次顛沛も国家を忘れることのできない外交官の鑑」

野口芳宏「読解は内容と形式の一体的理解によって成り立つ」(注3)に出てくるこの一文は，「日本語で読むこととは何か」ということを考えさせてくれる。「国家を忘れることのできない外交官の鑑」の「鑑」（かがみ）を読むことができる人は多い。ところが，鑑を読めても，「造次顛沛」を読める人は少ない。そして，これが読めなければ，文の意味を理解することはできない。

つまり「日本語で読む」ということは，読めない漢字があっては前に進むことができないのである。そして漢字が読めても，その意味がわからなければ，やはり文章の意味を理解することはできない。

造次（ぞうじ）……わずかなひま。短時間
顛沛（てんぱい）…つまずき倒れること
造次顛沛（ぞうじてんぱい）
　　——とっさの場合とつまずき倒れる場合。転じて，わずかの間

造次顛沛は「ぞうじてんぱい」と読み，その意味は「とっさの場合とつまずき倒れる場合。転じて，わずかの間」ということがわかって初めて，

○「わずかの間も国家のことを忘れることができない外交官のお手本」

という文の意味が理解できる。野口によれば、吉田茂は、「造次顛沛も国家を忘れることのできない外交官の鑑」という表現で、小村寿太郎のことをほめ讃えたのだという。

　このように、漢字が読め、その漢字の意味がわからなければ、日本語で読むということは成立しない。読者が文の意味を理解するためには、漢字能力と語彙能力が、絶対に必要となる。

　このような読みの段階を、認知心理学では「単語再認」と呼ぶ。「造次顛沛」という単語を視覚から入力した場合、認知心理学は、その意味が心内辞書（長期記憶の一部に蓄えられた単語のパターン。要するに読者の内面にある自分の辞書）にあるかどうか確認することから、読むことが始まると指摘する (注4)。心内辞書に「造次顛沛」（ぞうじてんぱい）がないと、読者は単語再認に手間取り、その読みはたちまち停滞する。心内辞書に「造次顛沛」をもっている人は少ない。読みが滞ったのは、そのためである。

　認知心理学の研究成果から指摘されるのは、基本的な語彙の単語再認について、子どもたちが「自動化」できるまで習熟させることが、読む力を育てるうえで大切であるということである。（これについては、次項の「3　自動化できること」でふれる。）

　文章を読むことができるためには、漢字を読み、その意味を理解することが必要である。読む能力には、漢字能力と語彙能力が必要となる。

3　自動化できること

　認知心理学の知見の中で、我々教師が注目すべきことに「単語再認の自動化」がある。「単語再認」とは、「本節2　漢字能力、語彙能力」で述べたように、目にした単語が自分の理解している言葉かどうかを確認する処理のことである。「自動化」とは、「その処理のために作動記憶の容量をほとんど必要としない」(注5) 状態のことである。

　「単語再認」が自動化されないと、読みはどうなるのだろうか。認知心理学の研究では、

もし単語再認が自動的でなければ，作動記憶の容量の大部分を単語再認のために使わざるを得ないことになり，残りの容量では他の読解技能を習得し向上させるには不十分である。このため，自動的な単語再認ができない子どもの読みは，常に復号化レベルにとらわれてしまい，読みの目標が意味を構成することに気づかず，またそのことを学ぶこともないだろう。(注6)

と指摘する。「流暢な読み手は，1秒あたり平均4回の速度で」「つまり，250ミリ秒というごく短時間に，新しい情報を取り入れ，視覚的，言語的，文脈的，メタ認知的処理を行い，新しい情報を構築中の主題へと統合している」(注7)。

　このように，「読む行為」は高速で行われるため，語彙を知らなかったり，その意味が不正確であったり，読みがたどたどしかったりすることは，意味を構成するうえでの命取りになる。

　国語科授業における単語再認にかかわる指導内容としては，漢字指導，語彙指導，音読指導があげられる。子どもたちにこの漢字能力，語彙能力，音読能力を「自動化」できるまで徹底して身につけさせる指導が，教師や学校現場，とりわけ小学校の教師や現場に求められている。

　これまで「1　音読能力」，「2　漢字能力，語彙能力」で述べてきた読みの段階は，認知心理学が「言語的・文法的処理」と呼ぶ段階である。

　○「ごん」，「しゃがんでいました」

という言葉は，

　○「ごんは」，「しゃがんでいました」

という主語と述語の関係を作ることで，だれが何をしたのかという意味を構成する。

　○「お念仏」が「すむ」

という主述の関係は，初めは文の曖昧さを生むが，「まで」とつながることで，

　○「お念仏がすむまで」

という時間を表すことが理解される。

例にあげた一文の場合，理解にかかる時間に差は生じるが，同じ日本語を使う子どもたち同士であれば，共通理解ができる。逆に，ここで子どもたちの読みがばらついているようでは，その先の読みには進めない。

かくして，「ごんは，お念仏がすむまで，いどのそばにしゃがんでいました」という一文は，書かれている文字どおりの意味として，読者に読まれることになる。同じ日本語を使う者同士であれば，特別な事情がないかぎり，一致した理解が得られなければならない。ここでは，間違っても「みんな違ってみんないい」などという拡散的なことを，教師は言ってはならない。

これが「正確に読む能力」の段階である。漢字能力，語彙能力，音読能力など，一致した理解が求められる読みの行為を「正確に読む能力」と表現する。読むという行為は，まずは「正確に読む」という行為を基に展開される。読む能力には，「正確に読む能力」が必要となる。

4 あらすじを読む能力

■■ ストーリーとプロット ■■

「あらすじを読む能力」の「あらすじ」とは，文学批評理論では，ストーリーとプロットの両方を指す。ストーリーは，「出来事の順序」，プロットは，「因果律，論理秩序」とされている (注8)。言いかえると，

> ○ストーリー……物語に書かれてある出来事の順ではなく，物語の出来事をそれが起こった時間順に並びかえたもの
> ○プロット……物語に書かれてある出来事の順

である。

「ごんぎつね」で言えば，プロットは，茂平じいさんがわたしに物語を語るところから始まる。しかし，ストーリーから言えば，初めに起きたのは「ごんと兵十の物語」である。それが言い伝えとなって，茂平じいさんがわたしに物語るのである。

いま，「言い伝え」と述べたが，これは筆者による解釈である。ストーリーか

ら見たときに、時間的に前に起きたごんと兵十の物語を、なぜ茂平じいさんが語るのかについては、本文には書かれていない。筆者は、書かれている事柄に書かれていない内容を補充したことになる。

■ あらすじを読むとは ■

このように、ストーリーとプロットを「あらすじ」としてとらえた場合、「あらすじを読む」ということは、書かれている事柄に、書かれていない内容を読者がつけ加えることを含む。そしてそこには、読者による「一貫した解釈」が求められる。あらすじを読むということは、「正確に読むこと」を基にしながら、読者が、自分の解釈をつけ加えて読む段階にある。

しかし、学校現場で「あらすじを読む」という場合、一般的には「作品の大切なところをおさえ、書いてあることを要約する」レベルの言語活動を指す。その指導時期も、指導過程の1次で行われることが多い。指導内容は、挿絵を順に並べたり、その挿絵を基に物語の内容を説明したり、「だれが」「何をしたか」をおさえたり、物語の始まり、展開、問題発生、解決、終末といった話の展開をおさえたりするというものである。作品全体を読むためにはこのような学習が必要であり、読むことが困難な子どもたちにとっては、その後の子どもたちの読みを支える大切な足場となる。

換言すると、学校現場における「あらすじを読む能力」とは、文学批評理論でいう「プロットの要約」にほぼ等しい。文学批評理論では、「あらすじを読む能力」は「一貫した解釈を構成する能力」に位置するものである。しかし、小学校現場の指導実態を踏まえると、「あらすじを読む能力」は「正確に読む能力」としての観点を強くもつ。

正確に読む能力	一貫した解釈を構成する能力
あらすじを読む能力	

これらを踏まえ、第3章〈表1　小学校国語科・読む能力目標分析試案〉(P.98) では、「あらすじを読む能力」を「一貫した解釈を構成する能力」と「正確に読む能力」の両方をまたぐ形で設定している。

■■ あらすじを読むための指導 ■■

　小学校の指導でいえば，「あらすじを読む」とは，話の展開，話の流れを理解しているということである。それができていることで，テクスト本文の細かな描写を読んだり，自分が一貫した解釈をつくったりするときに，本文の展開，物語の流れを踏まえた思考になる。あらすじは，物語を読むときの大まかな地図のような役割を果たすのである。

　読むことが苦手な子どもは，あらすじを読めていないことが多い。あらすじを読めていない読者は，テクスト本文としっかり向き合えていない危険性が高いのである。本文としっかり向き合える読者に育てていくためにも，教師は，あらすじを読む方法を確実に子どもたちに指導したい。

　学校現場ではあらすじを読む具体的な指導法として，

> ①　挿絵であらすじを読む
> ②　「だれが」「何をしたか」であらすじを読む
> ③　物語の流れを，始まり，展開，問題発生，葛藤，挑戦，解決，終末といったポイントでおさえて読む
> ④　さらに③を線で表して読む
> ⑤　それらを班で質問形式にして子どもたちに読ませる

など，いろいろな方法を生み出してきた。これらの指導法を踏まえたうえで，お薦めする方法は，第6章「第1節4　物語文指導の基礎・基本──あらすじ指導」(P.213)で述べる以下の方法である。

> 「はじめにどうなって，次にどうなって，その次にどうなって，……最後にどうなった」という形であらすじをまとめましょう。

　本の内容を紹介する「本のプレゼント」の場合であれば，あらすじの最後は，「最後に～なった」とせずに，「『最後はいったいどうなるのでしょう』と，みんなに呼びかけて終わりましょう」と指導できる。

第2章 読むこととは何か——「ごんぎつね」を通して考える

第❸節

読むこととは何か（2）
読者は，内面世界から意味を補う

1 内面世界

理解と解釈

「内面世界」とは，人間の内面性を心理学の立場から研究してきた心理学者梶田叡一の使う言葉である。梶田は「内面世界」を「さまざまなこだわりや思いの経験によって構成されている〈私〉自身の世界，〈私〉自身にとっての現実そのもの，それを内面世界と呼ぶ」と定義している（注9）。

内面世界は，一人一人の人間の内側の世界であり，認知面と情意面で構成される。つまりは，心と頭で構成される人の内側の世界である。そこには，体験と経験を基に，獲得した知識，その中でも実感し，納得し，本音となった知識やものの見方，考え方がある。

その人が，自分の外側の世界をどのようにとらえているかという世界観，そして価値観や規範意識，物事に対する感じ方や物事に対する好み，意欲などが存在する「その人ならではの世界」である。読者は，書いてある本文にこの内面世界から意味を補い，自分の解釈（注10）を構成する。

テクスト本文に書かれてある表記は，どの読者にとっても同じ文字の配列である。しかし，一度読者がその同じ配列の文字を読むと，読者の主観の中にできあがる「テクスト」（注11）は，読者によって異なりを見せる。読者は，正確に読んだ文字の配列に，自分の内面世界から意味を補充するからである。

紙に印字された文章を読んだ読者は，それを理解し，解釈する行為の中で，自らの主観の中に，自分で加工したテクストを作り上げる。ロラン・バルトは，そこを取り上げ，読者にテクストが「爆発に，散布」（注12）すると述べた。

本書では，だれにとっても同じ文字の配列が示す意味を正しく読むことを

「理解」とする。文字列の意味を理解した瞬間以降に，読者が，自分の内面世界から意味を補充し，自分の読みを構成することを「解釈」とする。

■■ 体験，経験 ■■

意味を補充して解釈する際に働く内面世界の要素には，体験，経験がある。

> ごんは，お念仏がすむまで，いどのそばにしゃがんでいました。

例えば足がしびれるまで「お念仏」を聞かされた体験がある読者と，そういう体験がない読者とでは，「ごんぎつね」本文中にある「お念仏」から受けるイメージが異なる。前者の子どもは「お念仏がすむまで」から，長い時間をイメージしやすい。そして，長い時間しゃがんで辛抱してでも（注13）待っているごん，そこまでしてでも兵十の話が聞きたいごんという解釈を，自分の読みとして蓄積し，その後の解釈に使う。

「すむ」という語感にしても同様である。例えば，母一人，子一人で暮らしている親子がいたとする。勤めを終えて母親が帰宅する。子どもの姿を見た途端に，母親の仕事で疲れた顔がパッと明るくなり，「やっと仕事がすんだわ」と笑顔で子どもに話しかける。このような体験がある子どもとない子どもとでは，「すむ」という言葉から感じる語感に当然違いが生まれる。

ごんは，3場面で，「山でくりをどっさり拾って，それをかかえて，兵十のうちへ，」つぐないに行き，そこでいわし事件の顛末を知る。兵十がいわし屋にぶんなぐられたことを知ったごんは，「かわいそうに，兵十は，いわし屋にぶんなぐられて，あんなきずまで付けられたのか」と思う。

この部分を，つぐないの視点から読む読者であれば，ごんは，自分でつぐないをしたつもりがかえって兵十に迷惑をかけ，「次の日も，その次の日も」，「くりを拾っては，兵十のうちへ持ってきて」やったのかと読んだり，「その次の日には，くりばかりでなく，松たけも二，三本，持って」いったのかと読んだりすることになろう。

しかし，中には自分の経験から「えっ，つぐないのためにそこまでするのかな」と思う読者もいる。自分がクラスや学校で目にしたり，耳にしてきた「つ

ぐない」は，ごんのつぐないとは異なるからである。「先生は，『相手が心から謝ったら許してあげなさい』と教えてくれた」，ごんのように「『次の日』も，『次の日も，その次の日も』，そんなに繰り返し，繰り返し，つぐないはしない」。このような経験がある読者は，「つぐないだけではない別の思いがあるのではないだろうか」という読みに進む可能性をもつ。

　このように，自らの「つぐない」体験，経験は，子どもの読みに作用する。固い規範意識をもつ読者は，ごんのいたずらを頭では理解できても，心では許せないかもしれない。「ひとりぼっちの小ぎつね」という表現に強く反応し，ごんの孤独な境遇に心を寄せる読者もいる。

　意味の補充は，体験とそれを言語化した経験，さらに，読者のもつ知識や世界観，歴史的文化的規範意識から行われる。そして，共感や感動，心の動きが，意味の補充に大きくかかわってくる。

2 文　脈

■ 文脈のとらえ方が解釈に影響する ■

　その学習者が，単元に入ってから自ら構成した読み（文脈）は，その学習者の次の解釈に大きな影響を与える。とくに，いまの子どもたちは，自分に固執する傾向があるため，いったんある方向で読みを構成したら，なかなか自分の文脈を修正しようとしないことが多い。それだけ文脈がその子の読みに与える影響は，大きくなっている。単元に入ってからの読みは，教師の指導によって大きく変わるため，ここは授業づくりの大きなポイントになる。

　例えば，「ごん」で考えよう。この「ごん」を，1場面で読者が「いたずら好き」とだけ読んでいるか，「ひとりぼっちの小ぎつね」と読んでいるか，「いたずら好きでひとりぼっちの小ぎつね」と読んでいるか，あるいは「ごんはひとりぼっちで寂しいため，人恋しさから村人にちょっかいをかける」と読んでいるかによって，その後の場面での「ごん」に対するイメージは異なる。

　教師が無関心ではいられない重大な理由は，この異なりが，ほかでもない「授業」によって生まれてくるからである。解釈を述べるその箇所に至るまでに教

師によって行われた場面，場面の授業は，子どもたちの文脈に大いなる影響を与える。教師の仕事が，結果的には，子どもという読者の解釈を大きく左右することになる。

単元に入る前の単元計画づくりの段階で，場面，場面の読みをどのように押さえるかを明らかにしていなければ，教師は自信や余裕をもってその作品を扱うことはできない。子どもたちが解釈を構成するうえで，どこが大きなポイントとなるのかを分析し，それを授業でどのように扱うかという検討は，教師に課せられた大きな役割である。

例えば，2場面のごんの独白と語り手の「つぐない」という言葉から，「ごんは『兵十のおっかあが死ぬときに大変な迷惑をかけた』と思い込んでいる」と読む子どもは当然現れる。「『おっかあの死ぬ間際に何ということをしたのだ』と，ごんは心底後悔しているので，かなりのつぐないをするのが当然である」という読みが，その子どもの中で成立する。

そう読んでいる読者は，3場面「おれと同じ，ひとりぼっちの兵十か」も，「『兵十をひとりにしてしまった責任は自分にある』とごんは考えている」とか，「『だからいっそう，何とかつぐないをしなければ』と考えている」ととらえたりもする。5場面で兵十の話が気になるごんや，「神様のしわざ」にされ「つまらない」，「引き合わない」と思ったりするごんの姿から，兵十に対するごんの思いのふくらみをいったん感じても，6場面の「その明くる日も」の行動は，やっぱりつぐないであるととらえたりする。

いまの子どもは自分の文脈に固執しやすい。いったん自分の読みを修正しかけても，元の自分の文脈に戻りやすい。だからいまの子どもたちにとって，深く読み，交流し合い，自分の文脈を修正する学習経験は，しなやかな価値観を構成するうえで，ますます重要性を増している。

■■ 解釈の修正 ■■

4年生にとって，全体を一貫性をもって解釈することは簡単なことではない。同様に，自分の文脈を修正することは，子どもによってはそれ以上に大変なことになる場合がある。そこには，自分の読みを修正することが苦手で，自分の

第2章　読むこととは何か——「ごんぎつね」を通して考える

読みに拘泥しがちな現代の子どもの姿がある。

　社会の風潮や少子化の中で，いまの子どもたちは自己中心性を高めやすく，自己をコントロールすることが苦手になっている。体験不足，経験不足はここにも影を落としている。自分の思いが跳ね返されたり，見直しを迫られたりすることも，昔に比べて少ない。

　謙虚に自分の考えを修正したり，その修正を通して自らの質を高めていったりする体験や実感も，いまの子どもたちには相対的に減ってきている。それだけに，他者との交流を通して自分の読みを評価したり，他者の読みと自分の読みを比較して，実感をもってよりよい読みへと修正したりする体験は重要である。

　作品世界に入るとともに，いったん構成した自分の読みよりもより価値のあるものと出会えたときには，それをしなやかに受け入れる学習場面，そこから学ぶべき内容を学び，自分が高まっていく爽快感を味わえた学習場面を，読みの学習の中で実現していくことが，いまの子どもたちにとってはきわめて重要になっている。「ここぞというところ」で，子どもたちを緊張感をもって真剣に本文と向かい合わせる指導，友達の読みに耳をそばだてて聞き入らせる指導，自分の読みがほんとうにそれでよいのかを真剣に考えさせ，吟味させる指導が，いっそう重要である。

　そのためには，「ここぞというところ」がどこかを，教師が見つけられることが決定的に重要となる。指導者が，作品のどこで，子どもたちに自分の読みと向き合わせようと考えるのか。この点で求められているのは「教師の読み」である。教師が教材として扱う作品をどう読み込んでいるかは，どんな授業を展開するにあたっても決定的に重要であるが，文学教材の場合は，それがよりいっそう顕著となる。教師の読者としての力量は，教師の内面世界とつながっており，その教師の人間としての力量，ものの見方の豊かさとしなやかさとつながっている。これらを踏まえたうえで，本書は第4章で，「教師が読むということ——『語り手』のリード，メタプロットを読む」として，教師の読み方についての提案を行っている。

第4節 読むこととは何か（3）
読者は一貫した解釈を構成しようとする

1 2場面から3場面——テクスト本文の投げかける2つの方向

「一貫した解釈を構成しようとする能力」は，第3章で述べるように，W．イーザーの読者論から，筆者が引き出したものである。

W．イーザーは，「空所はテクストの一貫性を中断し，読書の想像活動の推進力になる」(注14)と述べている。本節では，「読む能力」の核心にあたる「一貫した解釈を構成しようとする能力」について，文学作品「ごんぎつね」を通して論じる。「ごんぎつね」は，読者の読みを能動的にする「空所」，「否定」を読者に起こすことができるすぐれた作品である。

ごんは，1場面で自分がしたいたずらを，2場面で「あんないたずらをしなけりゃよかった」と後悔する。その後，いわし売りのいわしをつかみ出し，兵十のうちの中へいわしを投げこむ。語り手は「ごんは，うなぎのつぐないに，まず一つ，いいことをしたと思いました」と語る。この語り手のリードにより，文章に向かい合っている読者の中から，その後のごんの一連の行動を「つぐないの視点」で読む読者が生まれる。

しかし，テクスト本文は，つぐない路線だけを取っているのではない。3場面で語り手は，「おれと同じ，ひとりぼっちの兵十か」と語る(注15)。このごんの独白は，ごんの兵十への共感，ごんの兵十への思いを読者に感じさせる。作品は，

○つぐないの視点
○自分と同じひとりぼっちの兵十に，ごんが思いをふくらませる

という2つの読みの方向を，読者に投げかける。その結果，読者は，この2つ

の読みの方向の間に，自らの読みを置くことになる。

　これが，テクストのストラテジー（戦略）である。1場面で「ひとりぼっち」というごんの境遇を読みの視野に入れている子どもは，この独白に反応する。語り手の「つぐない」という語りを読んで，そちらに強くリードされごんの独白が飛んでしまう読者，それでも独白を忘れない読者，その独白に強く思いを寄せる読者と，読者の内面，読者の構成している文脈によって読者の反応は異なる。

　テクスト本文に書かれていることは，紙の上にインクで印刷された，だれが読んでも同じ文字の配列である。しかし，読んだことによって読者の主観の中にできあがる「テクスト」は，「つぐない」の側面から読み進める読者と，「ごんの兵十への思い」のふくらみを感じながら読み進める読者によって，差異が生まれる。読者は，自らの内面世界のあり様，意味の補充の差異によって，テクストが投げかけた2つの読みの方向の間に，自分の読みを構成していく。

2　5場面での発問

■■ 自分の読みと向き合わせる発問 ■■

　5場面の「ごんは，二人の話を聞こうと思って，ついていきました。／兵十のかげぼうしをふみふみ行きました」というところで，子どもたちに「ごんはなぜ兵十のかげぼうしをふみふみついていったのかな」と発問をする。その発問が，読者に「空所」や「否定」を発生させ，子どもたちが自分の読みと向き合う機会をつくる。

> 発問「ごんは，なぜ『かげぼうしをふみふみ』行ったのでしょうか」

は，「つぐない」という視点でテクスト本文を読む読者に，読みの修正を突きつける。この発問によって，「つぐない」の視点から読む読者は，自分の読みにぽっかりと抜けたところを感じたり（「空所」），自分の解釈ではつじつまが合わない，解釈がつながらないところを感じたり（「否定」）する。ごんの一連の行動をつぐないの視点から見ていたのでは，「ごんは，なぜ『かげぼうしをふみふみ』

行ったのでしょうか」に答えきれなくなるからである。

　ごんが「二人の話」を聞きたいから，加助と兵十の後をついていったことは，5場面「ごんは，二人の話を聞こうと思って，ついていきました」から明白である。しかし，なぜ「かげぼうしをふみふみ」行ったのかについては，読者の解釈が求められる。

■■ 場面に反映されるごんの感情 ■■

　4場面で「加助が，ひょいと後ろを見ました。ごんは，びくっとして，小さくなって立ち止まりました」とあるように，ごんと人間との間には微妙な関係がある。1場面で「畑へ入っていもをほり散らしたり，菜種がらのほしてあるのへ火をつけたり，ひゃくしょう家のうら手につるしてあるとんがらしをむしり取っていったり」とあるように，村人にとってはきわめて悪質ないたずらをしてきたごんである。もし人間に見つかってしまうと，ごんは，不測の事態に巻き込まれる可能性がある。したがって，「二人の話を聞こうと思って，ついて」いくのであれば，刑事や探偵のように気づかれないように後をつけなければならない。

　だから，1場面では，「ごんは，見つからないように，そうっと草の深い所へ歩きよって，そこからじっとのぞ」き，2場面では，「六じぞうさんのかげにかくれ」，3場面では，「物置の後ろから見て」いるし，4場面では，「道のかた側にかくれて」いる。そういうごんだから，「ひょいと後ろを」振り向いた加助に，「びくっとして，小さくなって立ち止ま」ったのである。

　にもかかわらず，5場面に入ったごんは，「かげぼうしを」踏むことができる近い距離まで，二人に近づく。「月のいいばん」とあるように，くっきりと月の見える明るい晩に，かげぼうしを踏むことができる近い距離にまで近づくごん。それはなぜなのか。

　「二人の話を聞こうと」するためだけならば，「兵十のかげぼうしをふみふみ」行くという危険を冒す必要はない。にもかかわらず，なぜ，加助と兵十のすぐ後ろで，ごんは，兵十のかげぼうしを楽しげにふみふみできるのか。

　そのときのごんには，兵十しか見えていないからである。だれのかげぼうし

でも、ごんはそうなるのではない。兵十のかげぼうしだからこそ、ごんはふみふみしたのである。かげぼうしは、兵十のものだからこそ意味がある。それは、ごんが兵十に、特別の感情をもっていることにほかならない。かげぼうしという虚像に触れているだけでも、兵十とつながっているようでうれしいごんが、そこにはいる。

このように兵十とつながりたいと思うごんの行動は、「つぐない」だけでは説明することができない。そこには、ごんの兵十に対する思いのふくらみがある。もし、それを読まなければ、自分の読みに何かが欠けた感じ、空白感や矛盾を抱えたままのすっきりしない気持ちが残る。そのままでは、自らの読みは一貫しない。

■■ 友達の発言から読みを修正して解釈を一貫させる ■■

「かげぼうし」をどこか楽しげに、うれしそうにふみふみするごん。授業では、「ごんは、兵十と手をつなぎたかったのだと思う」と発言した子どもがいた。直接触れることができない兵十に、かげぼうしを通して触れたいと思うごんの気持ちを、その子は見事に受け止めていた。子どものもつ感受性とその豊かさにこちらの心が動かされた。

ずっと「つぐない」で読んできた子どもたちも、そういう友達の読みにふれることで、刺激を受けたり、足りなかったものに気づいたりする。子どもたちは、読みを交流し合う中で、自らの読みの矛盾に気づき、否定された箇所の空白をどう埋めればよいか、どう修正すればよいかを考えることができる。授業を通して、友達の意見を聞くなかで、子どもたちは本文と向かい合う時間が増え、ごんの兵十に対する思いのふくらみに気づいたり、自分の読みを修正する機会に出会えたりする。

読むことを通して、読者は一貫した解釈を構成する。自分の解釈の一貫性を崩された読者、自分の解釈に疑問を感じた読者は、自分の読みを吟味したり、修正したりして、問題を解決しようとする。一貫した解釈を構成するために、読者は、自分のもっているものの見方を総動員して思考する。

しかし、自分のものの見方、感じ方を総動員してもその問題を解決できない

ときに、読者は自分のものの見方をも変容させていく。そこに読者の視野の広がり、成長がある。読書が人を成長させる大きな力をもっていることは、「読むこと」を「読者が一貫した解釈を構成する」という視点で考えれば見えてくる。

注 ▶▶▶▶▶

(注1) 府川源一郎「読者論による読み」『教育科学国語教育 No.668』明治図書、2006.5、p.28
(注2) J. T. ブルーアー著、松田文子・森敏昭監訳『授業が変わる──認知心理学と教育実践が手を結ぶとき』北大路書房、1997.9、p.157。
(注3) 野口芳宏「読解は内容と形式の一体的理解によって成り立つ」日本言語技術教育学会編『言語技術教育16』明治図書、2007.2、p.22
(注4) J. T. ブルーアー著、松田文子・森敏昭監訳『授業が変わる──認知心理学と教育実践が手を結ぶとき』北大路書房、1997.9、p.157では、例にあげた読みの過程の場合、「単語再認の過程」が、「"初期符号化(initial encoding)"と"語彙アクセス(lexical access)"」の2つあり、「"初期符号化(initial encoding)"」が「印刷された文字の列を視覚表象に符号化する」こと、「"語彙アクセス(lexical access)"」が「"心内辞書(lexicon)"と呼ばれる、長期記憶の一部に蓄えられた単語のパターンと視覚表象を対応させる」ことであると述べている。「心内辞書」は、「心的辞書」とも呼ばれる。
(注5) 上掲書、p.163
(注6) 上掲書、p.167
(注7) 上掲書、p.161
(注8) ストーリー、プロットは、ロシア・フォルマリズムのファーブラ(fabura)とシュジュート(sjuzet)の英訳である。小林昌夫「文学の科学への夢──バルト、ジュネット、チャットマン」岡本靖正・川口喬一・外山滋比古編『現代の批評理論』研究社、1988.9、pp.29-30
(注9) 梶田叡一『意識としての自己──自己意識研究序説』金子書房、1998.11、p.99。梶田は、「我々の外部の世界(だと我々が考えてきたもの)も、我々自身の五官によって捉えられ、我々の脳によってその情報が整理され意味づけられたもの」(同、p.222)とし、この世界を共通に映し出す意識のスクリーンは存在せず「一人一人が銘々持ちの意識のスクリーンにそれぞれの世界の映像を映し出している」(同、p.223)と述べている。このようにして梶田は、「内面世界」という言葉で、主観と客観の問題を整理しているといえる。梶田は、「内面世界」を「映像をもたらす心のスクリーン自体のあり方、そして時々刻々の映像をもたらす経験や記憶の倉庫からなる世界である。より具体的に言えば、その人が自分の目を通じて見、自分の耳を

通じて聞き，自分の肌で感じ取り，自分の頭で意味づけたり判断したりしている世界であり，また，その土台となっているその人独自の心理的な基盤やストックである」(前掲書，p.101)と述べている。

(注10)　認知心理学では，「テキストモニタリング」「メタ認知的モニタリング」と呼ばれる段階の読むことである。(J. T. ブルーアー著，松田文子・森敏昭監訳『授業が変わる——認知心理学と教育実践が手を結ぶとき』北大路書房，1997.9, p.156－160)

(注11)　ロラン・バルトが使う意味での本文が消去された還元不可能なテクスト。ただし，筆者は，W. イーザーの読者論の立場に立ち，本文が消去されるとは考えていない。

(注12)　ロラン・バルト著・花輪光訳「作品からテクストへ」『物語の構造分析』みすず書房，1979.11, p.97

(注13)　「辛抱してでも」と思うこと自体が，読者が自分の体験，経験からテクスト（この場合は，W. イーザーの読者論で使う意味でのテクスト。換言すれば，本文）に意味を補充している行為である。

(注14)　ヴォルフガング・イーザー著，轡田收訳『行為としての読書／美的作用の理論』岩波書店，2005.7, p.333

(注15)　筆者は，地の文だけが語り手の領分とは考えていない。登場人物の会話部分，思いの部分である「　」も語り手が語っている部分であると考えている。そして，この語り手をコントロールしているのがそれぞれの物語固有の作者である。作者には実体はない。実体のない作者は，語り手を支配下に治めてストラテジーを具体的に展開する。実体があるのは，作家である。

読む能力とは何か

第3章

「小学校国語科・読む能力目標分析試案」

第3章 読む能力とは何か──「小学校国語科・読む能力目標分析試案」

第❶節 目標分析試案の構成について

1 目標分析

〈表1 小学校国語科・読む能力目標分析試案〉（鎌田）

読書力										
読解力										
正確に読む能力			一貫した解釈を構成する能力							
						自分の読みを他者と交流する能力				
音読能力（自動化できるほど育てたい能力）	語彙能力（自動化できるほど育てたい能力）	漢字能力（自動化できるほど育てたい能力）	※あらすじを読む能力	自分の読みの理由〔根拠〕を示す能力	自分の読みが〔一貫しているか〕どうかを評価する能力	人の読みと自分の読みとの違いを〔理由、根拠とともに〕理解する能力	人の読みが〔一貫しているか〕どうかを評価する能力	多くの本を読む能力	自分の問いに答えるために本を読む能力	自分を変える本と出会えた体験

（※「あらすじ」については，第2章「第2節4　あらすじを読む能力」P.83を参照）

第1節　目標分析試案の構成について

　第2章で述べてきた「読むこととは何か」を基に、読む能力を構成する要素によってまとめたものが、「表1　小学校国語科・読む能力目標分析試案」（以下「試案」）である。

　試案の中に出てくる目標分析（analysis of objectives）とは、「目標を能力と内容の観点から分析し、その構造を明確化すること」(注1)である。この目標分析に国語教育学の立場から取り組んだ先駆者としては、田近洵一と井上尚美があげられる。田近洵一は、国語教育学における目標分析について次のように述べている。

　　戦後の目標論として見落とせないのは、ブルームの理論を中心に教育評価との関係で問題となった教育目標の分類学（Taxnomy）、あるいは到達目標と方向目標の設定などの問題である。特に、具体的な到達目標の設定についての検討はできるだけ早く進めていかなければならない。全国大学国語教育学会でもこの問題と取り組み、井上尚美や田近（田近洵一が筆者：鎌田）が目標分析の試案を発表したが、その後ほとんど発展しないままになっている。(注2)

　今回の試案は、田近洵一、井上尚美の目標分析の試案を受け継ぐものである。この試案を作成することは、小学校国語科の「読むこと」において、「読む能力とは何か」という学力論の課題を解明し、「読むこと」の指導において子どもたちに獲得させるべき力を明確にすることにつながる。

2　試案の構成(1)──読書力

　試案では、「読む能力」を「読書力」とする。そして、「読書力」の中に「読解力」があるとする。

　「読書力」とは、自らを変えた1冊の本との出会いの体験を基に、「自分の問いに答えるために本を読む能力」、「多くの本を読む能力」によって構成される。試案では、「読む能力」を、この「読書力」と「読解力」とで構成する。

　「読解力」を授業で育てても、それで自動的に子どもたちの「読書力」が伸び

るわけではない。国語科授業で育成した「読解力」を「読書力」の育成につなげることが，未だに大きな課題となっているのは，そのためである。

この課題を，実践を通して解決することが強く求められている。ある子どもが，いくら授業ですぐれた「読解力」を獲得したとしても，それが「読書力」につながらないかぎり，1人の人間，1人の学習者としての成長にはつながりにくい。手にした読解力が，受験で国語の問題を解くだけのものであってはならない。

これに対して，読書は，試案の「読解力」で示された各能力を「本を読むために」使う。したがって，「読書力」が伸びるということは，「読解力」が伸び，「読解力」の各能力が伸びるということである。

以上を踏まえ，試案では，「読解力」の育成は必ず「読書力」の育成につなげなければならないことを明確にし，また「読書力」の伸びが「読解力」の伸びにつながることを示すために，「読む能力」は「読書力」であると位置づけている。

3 試案の構成（2）──読解力

「読書力」の中にある「読解力」は，「正確に読む能力」と「一貫した解釈を構成する能力」とで構成される。そして，「一貫した解釈を構成する能力」の中に「自分の読みを他者と交流する能力」がある。

「読むこと」とは，書かれてある事柄を読み，そこに書かれていない内容を補充し，「一貫した解釈を構成する」ことであるということは，すでに第2章で見てきた。書かれてある事柄を読むときに，おもに使われる能力が「正確に読む能力」であり，そこに書かれていない内容を内面世界から補充し，一貫した解釈を構成する能力が，「一貫した解釈を構成する能力」である。

内面世界の構成要素には，体験，経験，知識，世界観，歴史的文化的規範，情意面などがある。読解力のおもな観点である「一貫した解釈を構成する能力」は，内面世界の影響を前提にした作品と読者の対話，相互作用を通して，読者が「一貫性のある解釈」を構成する一連の能力を指す。読者は，書かれてある事柄を自分で加工し，それを主観の中で意味のあるものとして構成しようとす

る。その結果生まれた解釈が、本文から見て、論理的な矛盾や欠落、飛躍がなければ、それは「一貫性のある解釈」といえる。

　さらに、読者が読んだものを評価したり、そこから新しい意味を創造したりすることも、試案では、読者による一貫性のある行為として「一貫した解釈を構成する能力」に含む。つまり、読む能力を表現する言葉として従来ある「批評力」、PISA型「読解力」で言うところの「熟考・評価」（注3）も「一貫した解釈を構成する能力」に含む。自分の読みと人の読みを「〔一貫しているか〕どうかを評価する能力」は、批評力や「熟考・評価」にあたる。

　「読むこと」は、まず、「書かれてある事柄を正確に理解すること」から始まる。そのときに必要となる能力が、第2章で見てきた「音読能力」「語彙能力」「漢字能力」「あらすじを読む能力」（ただし、「あらすじ」については、第2章「第2節4　あらすじを読む能力」P.83を参照のこと）である。

　これらの能力が、子どもたちに確かに身についていなければ、読者は、書かれてあることの意味を理解することができない。そこで、これらの能力を「正確に読む能力」の要素とし、「あらすじを読む能力」以外の3つの能力は、「自動化できるほど育てたい能力」とする。（「自動化」については、第2章「第2節3　自動化できること」P.81を参照）

4 目標分析試案各観点間のとらえ方について
　──各能力は、有機的、統合的に働く

　試案は、「読解力」の下位観点に、「正確に読む能力」と「一貫した解釈を構成する能力」の2つを設けている。しかしそれを、「読解力＝正確に読む能力＋一貫した解釈を構成する能力」としてとらえてはならない。ある読みが生まれたときに、「正確に読んでいること」と「そこから意味をつけ足していること」が、同時に行われていることは少なくないからである。

　「正確に読む能力」と「一貫した解釈を構成する能力」とは、簡単に分けられるものではない。各観点の関連性や統一性を無視してとらえることは、大きな誤りである。目標分析は、各観点を有機的、統合的に働くものとしてとらえる。

読む能力においても，試案で取り上げた各下位観点が，関連して総合的に働くものとしてとらえることが正しい。

そもそも，目標分析は，学力や「読む能力」といった，認知面と情意面が絡み合った総合的で複雑な対象を解明するために，いったん想定妥当な観点を設け，表層に止まらない分析や考察を行うために生み出された手法である。目標分析の目的や意義は，観点を設け，その観点相互の関係や相互作用を考察し，その構造を分析することを通して，対象の深層に迫ろうとするところにある。決して，対象を腑分けし，1つのものをバラバラにして，それぞれの関連性や統一性を台無しにするものではない。

目標分析の目的は，解体することではなく，全体の統一像を把握することである。そのために，いったん分析のための観点を設定し，複雑な対象を，その観点を通して分析しようとするわけである。

第❷節

読　書　力

読書力		
多くの本を読む能力	自分の問いに答えるために本を読む能力	自分を変える本と出会えた体験

1 読書は「内面世界」を育てる

■■ 体験が読書を豊かにし，読書が体験を豊かにする ■■

　子どもたちは体験と経験を積み，知識や技能などを獲得しながら成長する。成長につれて思考を重ね，自分が納得できること，実感できること，自分の本音などから，この世の中を自分なりにとらえるようになる。それが，自分固有の「世界観や価値観」の形成である。そして，多くの体験，経験を通して，感じ方や感情といった「情意面」を形成していく。簡単に言えば，この「世界観」と「情意面」がその人固有の「内面世界」である。

　第2章「第3節　読むこととは何か(2)――読者は，内面世界から意味を補う」(P.86)で，「読む」という行為が，読者の内面世界と深くかかわる行為であることを述べた。換言すると，豊かな読みは，豊かな内面世界を基に行われる。と同時に，豊かな読みは，読み手の内面世界を豊かに成長させてくれる。ここから，子どもたちの内面世界を豊かに育てていくために，学校教育が保障しやすく，効果的な取組があることがわかる。それが，読書力向上の取組である。

■■ 読書は小学校で保障する重要な体験目標 ■■

　「生きる力」で表現される知・徳・体の健全な成長と発達を子どもたちに保障するためには、そのために必要となる体験と知識を子どもたちに保障していかなければならない。しかし、現実的には多くの努力を積み重ねても、子どもたちに同じことを等しく体験させることは不可能である。

　その子どもが住んでいる地域や社会による差異もさることながら、育った環境、家庭環境などによって、体験しやすいことと体験しにくいことがどうしてもある。さらに、たとえ同じ体験をしても、そこからどんな経験を自分の中に教訓化し、蓄えることができるかは、子どもたち一人一人の受け止め方や内面の育ち、意識のあり方によって異なってしまう。

　体験、経験が与える影響の大きさを考慮し、子どもたちの学力保障と成長保障の両全のために、学校は、小学校6年間で体験させたいことを具体的にし、それらを体験目標（注4）として掲げるべきである。

　各学校の努力によって取り組まれている学校行事は、この体験目標の具体ともいえる。そもそも学校行事は、「これだけは小学校にいる間に子どもたちに等しく体験させてやりたい」と願う学校関係者の努力により生まれ、定着してきたものである。そしていま、学校は、そこに必ず読書を入れなければならない。

　読書は、読むことによって差異が生まれる点はあるものの、地域や社会、家庭環境がつくる体験、経験の制約を乗り越えやすい。何より、学校教育によって、基本的な保障がしやすい。読書を通して、我々は、同時代では巡り会えない先人の思想、世界観にふれることができる。時空を超えて心の師との出会いを果たす人もいる。自分の1冊と出会った人は、その本に誘われて、想像の世界を旅し、さまざまな間接体験をする。自分にとって「かけがえのない1冊の本」との出会いは、自分の心に長く残る思いや感情を生んだり、自分のものの見方や考え方を形づくったり、読者の世界観の根本や拠り所になったりする。

　読書によって、人は知識を増やすだけでなく、自分のものの見方や考え方、ものの感じ方を豊かにしていく。内面世界の育ちに大きな影響を与えるこの読書に、学校教育は格別の努力を注ぐべきである。学校が子どもを読書好きの子

に育てることができるかどうかは、その子の学力保障と成長保障に計り知れない影響を与える。子どもを読書好きに育てることができた学校は、子どもたちに大きな仕事をしたことになる。

2 読書力の2つの側面

■■ 体験目標 ■■

　読書力には、2つの側面がある。量的側面と質的側面である。量的側面は、どれだけ多くの本やさまざまなジャンルの本を読んでいるかであり、質的側面は、自分にとって「かけがえのない1冊の本」に出会えたかということである。この両面はどちらも大切であるが、「子どもたちの読書力を育てる」という立場では、質的側面が決定的に重要である。

　子どもたちには、自分の心をときめかせ、自分に大きな影響を与えてくれた本（以下「かけがえのない1冊」）と出会わせたい。その本と出会えた子どもは、本の世界に浸り、本の世界で想像し、本の世界を楽しむ。自分の内面に大きな衝撃、感動を与えてくれる、この得がたい体験から、子どもは本を読むことが好きになる。

　「かけがえのない1冊」と出会えなかった子どもは、熱心な先生の指導がある時期には多くの本を読んでいても、その先生が担任でなくなった後は、読書力が低下することがある。「かけがえのない1冊」の本に出会った経験がない子どもの読書力は、不安定なものである。

　ほんとうに読書が好きな人は、自分に大きな影響を与えた「かけがえのない1冊」の本を必ずもっている。学校教育の中で読書の量的側面を重視するのは、子どもたちが、「かけがえのない1冊」と出会う可能性を高めるためである。さらには、量から質への転化という弁証法的な見通しが、読書力においても生まれるという期待もある。

　以上のように考え、試案の「読書力」には、下位観点として「自分を変える本と出会えた体験」を設定した（P.103参照）。「能力」と「体験」は、質的には異なりがある。しかし、ここで使う「体験」は、「体験目標」の「体験」である。

能力を高めるために保障したい体験として、体験を観点に設定している。「自分を変える本と出会う能力」など存在しない。「自分を変える本と出会えた体験」があってこそ、読書力という能力は高まる。

■ 能力目標 ■

その他の「読書力」の下位観点には、「多くの本を読む能力」と「自分の問いに答えるために本を読む能力」がある。「多くの本を読む能力」は、読書の量的側面を意味する。「自分の問いに答えるために本を読む能力」は、自分の課題を解決するために読書をすることを念頭においている。

将来、子どもたちがほんとうに主体的な学習者に育つかどうかは、「自分の問い」をもつことができるかどうかにかかっている。教師が単元計画をうまく組み、単元の進行とともに学習に慣れた子どもたちが主体的に学習できたとしても、それで子どもが真に主体的な学び手に育ったわけではない。

主体的な学び手とは、自分の問題意識から生まれ、どうしても解決したいと願う「自分の問い」をもっている存在である。自分の追究したい「問い」、追究すべき「問い」を自覚的にもっているからこそ、その人は自分の努力でその「問い」を解決しようとし、そのために主体的に学ぶのである。

小学生を対象にした試案であっても、子どもたちを真に主体的な学習者として育てていく視点を明確にし、「自分の問いに答えるために本を読む能力」を設定する。

第❸節 「一貫した解釈を構成する能力」

「自分の読みの理由〔根拠〕を示す能力」,「自分の読みが〔一貫しているか〕どうかを評価する能力」,「自分の読みを他者と交流する能力」

一貫した解釈を構成する能力			自分の読みを他者と交流する能力	
①自分の読みの理由〔根拠〕を示す能力	②自分の読みが〔一貫しているか〕どうかを評価する能力	③人の読みと自分の読みとの違いを〔理由、根拠とともに〕理解する能力	④人の読みが〔一貫しているか〕どうかを評価する能力

1 「一貫した」とは

　いくらよいひらめき,よい思いをもっていても,筋の通った話ができなければ,そのよさが周りの人には伝わらない。伝わらなければ,理解されることも広がることもない。筋の通った話とは,「論理的な思考がしっかりとしている話」のことである。論理的思考力とは,筋の通った思考の力である。それは,「解釈」だけでなく,「解釈と理由〔根拠〕」で構成され,「結果」だけでなく,「原因と結果」で構成される。「一貫した解釈を構成する能力」の「一貫した」は,このような論理性を意味する。

　つまり,「一貫した解釈を構成する能力」を論理的思考力からとらえれば,
　〇「解釈と理由〔根拠〕」,「原因と結果」の関係で本文を吟味,分析し,そこから矛盾や飛躍なく,総合的に自らの解釈をとらえる能力

を指すことになる。それは,作品と読者の相互作用を通して,作品のもつ「空所」や「否定」を乗り越えるために,「解釈と理由〔根拠〕」を吟味し,本文と関係づけ,矛盾や飛躍のない解釈を総合的に構成する能力である。

第3章　読む能力とは何か──「小学校国語科・読む能力目標分析試案」

2 「一貫した解釈を構成する能力」を高める教師の読み

　浜本純逸は、「イーザーにしたがって『空所』と呼ぶとすれば、文学の読みにおいてはそこをこそ重視しなければならない」として、「『空所』に立ち止まる指導計画を立てたい」と述べている（注5）。浜本の指摘どおり、「一貫した解釈を構成する」際には、目の前の子どもたちにとって、扱う教材作品のどこが「空所」や「否定」になりそうかを、教師は教材研究の段階で明らかにすることが求められる。

　文学作品を指導する場合には、それを見つけることが、教師の教材研究の大きな目的になる。教材研究における教師の読みとは、目の前の子どもたちの読みやそのつまずきを想像しながら、子どもたちが「一貫した解釈を構成する」うえで問題になりそうなところを見つけるために、教材本文を読む作業である。この教師の読み方については第4章で述べる（第2章「第3節2　文脈」（P.88）も参照のこと）。

　子どもたちの読みの一貫性を妨げたり、突き崩したりする「空所」や「否定」がテクスト本文のどこで現れるのかを予想できるのは、授業者をおいてほかにはない。なぜなら、目の前の子どもたちの言葉の実態、読む力の実態は、普段からその実態にふれている担任教師にしか把握できないからである。とはいえそれは、教師自身の内面世界のあり方、それまでの読書歴、つまりは教師自身の読む能力と教師としての力量により、かなりの個人差と、場合によっては困難を生じる。子どもたちは、担任教師の内面世界の背丈以上に、背伸びをすることはできない。

　そのときの教師自身の背丈によっては、子どもたちのために一生懸命「空所」や「否定」を見つけようとしても、それがはっきりと見えてこないということもある。そんなときに自分の読みを磨いてくれるのは、ほかの教師の読み、自分より深い読み、豊かな読みとの出会いである。

　教師は、自らの読みをほかの教師の読みと交流する必要がある。自らの読みの力、教師としての力量を高めるために、自らの学びの場、交流し甲斐のある

仲間，自分を高めてくれる学びの先輩や師匠が，どうしても必要になってくる。そのときそのときの，自らの背丈を謙虚に受け止め，研究会の先輩教師，教材に精通した先輩教師たちの読みや，師の助言を参考にしながら，自らの読みをつくり上げるということが，実際の教師の読みの姿になる。

そのような，教師の，謙虚で献身的な自らを高める懸命の努力により，子どもたちの「一貫した解釈を構成する能力」の向上が保障される。換言すれば，教師の成長と子どもたちの「一貫した解釈を構成する能力」向上は，同じ道の上にある。試案の「一貫した解釈を構成する能力」の中に，「自分の読みを他者と交流する能力」があることは，教師の立場からもよくわかる。

3 「自分の読みの理由〔根拠〕を示す能力」とは

「一貫した解釈を構成する能力」は，「解釈と根拠」を吟味し，両者を関係づけ，矛盾や飛躍のない解釈を総合的に構成する能力である。したがって，その過程で「自分の読みの理由〔根拠〕(注6)を示す」ことが不可欠になる。「自分の読みの理由〔根拠〕を示す能力」は，「一貫した解釈を構成する」うえで，不可欠の能力である。

「自分の読みの理由〔根拠〕を示す」ことには，

> ① 論理的思考力を育てることにつながる
> ② 示された理由〔根拠〕と解釈を検討することで，その読者の解釈，意見が一貫しているかどうかを考えることができる

などの意義がある。

逆に，「自分の読みの理由〔根拠〕」を示さない交流は，どの意見が筋の通ったものかがわからず，上辺をなぞるようなものとなり，交流が形骸化していく。

4 「自分の読みが〔一貫しているか〕どうかを評価する能力」とは

「自分の読みが〔一貫しているか〕どうかを評価する能力」は，「自分の解釈」と「自分の示した理由〔根拠〕」を関係づけて，そこに矛盾や飛躍がないかを吟

味し，熟考するメタ認知的な技能である。「自分の読みが〔一貫しているか〕どうかを評価する」学習は，小学校の子どもたちが，将来メタ認知的技能を高め，熟達した学習者へと成長するうえでの重要な体験，経験となる。

とはいえ，自己の内面で構成した解釈が一貫しているかどうか吟味することを，個人の力だけで行うことはなかなかむずかしい。「本節2」（P.108）で，教師が自分の読みを磨くために，自分の読みを他者と交流することの必然性について述べたように，自分の読みが〔一貫しているか〕どうかを評価するためには，交流や学び合いが不可欠である。人のふりは見えても，我がふりは見えにくい。しかし，人のふりと我がふりを比較して考えることで，人の思考は変わる。比較して考えれば，我がふりが見えてくる。それが，「自分の読みを他者と交流する能力」の役割である。

「自分の読みを他者と交流する」実際は，第5章で述べることになるが，交流のポイントとしては，

---
① 意見に理由〔根拠〕があるか
② 意見と理由〔根拠〕の組合せにおかしなところはないか
③ 自分が学びたい意見と理由〔根拠〕はどれか

が必要である。この3つがないと，解釈の一貫性を吟味することはできない。

5 「自分の読みを他者と交流する能力」とは

一貫した解釈を構成する能力		自分の読みを他者と交流する能力	
①自分の読みの理由〔根拠〕を示す能力	②自分の読みが〔一貫しているか〕どうかを評価する能力	③人の読みと自分の読みとの違いを〔理由，根拠とともに〕理解する能力	④人の読みが〔一貫しているか〕どうかを評価する能力

↑←→↑←――――→↑ 相互に高め合う

「自分の読みを他者と交流する能力」は，「一貫した解釈を構成する能力」の下位観点であり，「3人の読みと自分の読みとの違いを〔理由，根拠とともに〕理解する能力」と「4人の読みが〔一貫しているか〕どうかを評価する能力」とで構成されている。

　「自分の読みを他者と交流する能力」を「一貫した解釈を構成する能力」の下位観点に設定しているのは，「自分の読みが〔一貫しているか〕どうか」を判断する思考に，自分の読みを他者の読みと交流し，比較して考えることが，本節「4」で述べたように欠かせないからである。「自分の読みを他者と交流」するために，他者に向けて自分の解釈を発信したり，交流ですぐれた他者の読みにふれたりしたときに，子どもたちの「自分の読みが〔一貫しているか〕どうかを評価」する思考は，大きな刺激を受ける。

　こういう交流なしに，自分だけで「自分の読みが〔一貫しているか〕どうか」を判断することは，大人でも容易なことではない。自分の姿は，鏡がなければ見えにくい。自分の読みを映す鏡は，「自分の読みを他者と交流する」なかにある。交流を通して子どもたちは，友達の解釈とその理由〔根拠〕を聞き，それらを吟味し，不明なところや，矛盾したり，飛躍したりしているところがないかを考える。そして，友達から自分の解釈に対する反応，評価の文言をもらう。これらが，自分の読みを評価することへとつながる。

　「2自分の読みが〔一貫しているか〕どうかを評価する能力」と，「自分の読みを他者と交流する能力」の「4人の読みが〔一貫しているか〕どうかを評価する能力」は，相互に高め合う関係にある。これは，「1自分の読みの理由〔根拠〕を示す能力」と「3人の読みと自分の読みとの違いを〔理由，根拠とともに〕理解する能力」との関係においてもいえる。「1自分の読みの理由〔根拠〕を示す能力」が高い読者は，「3人の読みと自分の読みとの違いを〔理由，根拠とともに〕理解する能力」が高い可能性があり，その逆もまた成り立つ。

　「一貫した解釈を構成する能力」を育てるためには，「自分の読みを他者と交流する」学びが必要である。後者が前者の学習を刺激し，前者の課題とその評価を明瞭にさせる。そして，前者の質が高ければ，後者の交流は質の高いものとなる。

6 「自分の読みを他者と交流する能力」の下位観点
──「人の読みと自分の読みとの違いを〔理由,根拠とともに〕理解する能力」「人の読みが〔一貫しているか〕どうかを評価する能力」

■ 理由〔根拠〕の必要性 ■

「一貫した解釈を構成する能力」の下位観点は,「あらすじを読む能力」を除くと,以下の4つである(P.110参照)。

「一貫した解釈を構成する能力」の下位観点である,

> ①自分の読みの理由〔根拠〕を示す能力
> ②自分の読みが〔一貫しているか〕どうかを評価する能力

「自分の読みを他者と交流する能力」の下位観点である,

> ③人の読みと自分の読みとの違いを〔理由,根拠とともに〕理解する能力
> ④人の読みが〔一貫しているか〕どうかを評価する能力

これら4つの能力を「理由〔根拠〕」という言葉が貫く。「自分の読みの理由〔根拠〕」がなければ,自分の読みの一貫性は,吟味のしようがないからである。例えば,自分の読みを他者と交流しているときに,相手が「自分の読みの理由〔根拠〕」を示してくれなければ,相手の読みが一貫しているかどうかの吟味はできなくなる。読みの交流では,相手が解釈の「理由〔根拠〕」を示してくれないかぎり,相手の読みが生まれた文脈は見えてこない。

交流において,片方の子どもは「理由〔根拠〕」を述べず自分の読みしか述べないし,聞き手の子どもは,相手の「理由〔根拠〕」に関心をもたないという状態では,交流は形骸化する。「読みの理由〔根拠〕」がなく,「人の読みと自分の読み」が同じか違うか,ということだけを交流していても,子どもたちの思考は,解釈の一貫性には向かっていかない。

■ 理由〔根拠〕を述べる子に ■

そこで,交流の指導においては,子どもたちの発言,発表を,「解釈」だけで

終わらせない指導が大切になる。必ず，その解釈の「理由〔根拠〕」を子どもたちに述べさせること，また述べることができるように準備させることが重要になる。そのために，学年の発達段階や実態を考慮に入れ，日ごろから以下のことを指導しておきたい。

> ○話し手は，意見や結論だけでなく，その「理由〔根拠〕」を伝えようとすること。
> ○聞き手は，相手の読みの「理由〔根拠〕」は自分と同じか違うかを聞き取り，その「理由〔根拠〕」は筋が通っているか，意見と「理由〔根拠〕」の組合せはおかしい点がないかを聞き取り，聞き比べようとすること。

上記のことが，小手先の指導にならないためには，以下のことを指導する必要がある。

> ○低学年のうちから，人の話を傾聴することの大切さを，折に触れて繰り返し指導すること。
> ○「伝え合う」，「聞く」ということは，自分が他者（友達，先生）をどれだけ大事にできているのかという行為であることを，全学年を通して指導すること。
> ○中学年では，「伝えよう」という気持ちがなければ，人に何かが伝わることはないということを，指導すること。
> ○高学年では，「伝えることの中心」が何かを自分の中ではっきりさせていなければ，人に自分の話が伝わることはないということを，指導すること。
> ○自分の話を聞いてほしければ人の話を聞かなければならない，自分がされて嫌なことは人にはしないということを全学年で指導すること。

「4 人の読みが〔一貫しているか〕どうかを評価する能力」は，他者の解釈と他者が示す理由〔根拠〕を関係づけて，そこに矛盾や飛躍がないかをモニターし，吟味し，熟考する学習である。ここでの学習体験，経験は「2 自分の読みが〔一貫しているか〕どうかを評価する能力」を高めることにつながる。そし

て,「[2]自分の読みが〔一貫しているか〕どうかを評価する能力」は,本章「本節4 『自分の読みが〔一貫しているか〕どうかを評価する能力』とは」(P.109) で述べたように,自分の読みへのモニターであり,メタ認知的技能の育成にかかわる。

認知心理学は,読むことがうまく進むためにはメタ認知的技能がポイントになることを指摘する (注7)。認知心理学の知見を基に考えれば,小学校で「一貫した解釈を構成する能力」を育てる「読むこと」の学習は,メタ認知的知識,メタ認知的モニタリング,メタ認知的コントロールで構成されるメタ認知的技能の育成につながる学習といえる。

注▶▶▶▶▶

(注1) 東洋・梅本堯夫・芝祐順・梶田叡一編『現代教育評価事典』金子書房,1988, p.566
(注2) 田近洵一「Ⅰ 国語科目標論の成果と課題」全国大学国語教育学会『国語科教育学研究の成果と展望』明治図書,2002,pp.15-22
(注3)「読む行為のプロセスとしては,単なる『テキストの中の情報の取り出し』だけでなく,書かれた情報から推論して意味を理解する『テキストの解釈』,書かれた情報を自らの知識や経験に位置付ける『熟考・評価』の3つの観点を設定し,問題が構成されている」文部科学省『読解力向上に関する指導資料~PISA調査(読解力)の結果分析と改善の方向~』東洋館出版社,2006.4,p.1
(注4)「体験目標とは,何らかの変容を直接的なねらいとするものではなく,特定の内的体験の生起自体をねらいとするものであり,具体的には,触れ合い,発見,感動,実感,納得等の体験によって知的,精神的な一人一人の内面の成長を促すものである。」加藤明「6.達成目標・向上目標・体験目標」梶田叡一・加藤明編著『実践教育評価事典』文溪堂,2004.12,p.246
(注5) 浜本純逸『文学を学ぶ・文学で学ぶ』東洋館出版社,1996.8,pp.194-195
(注6) 筆者は根拠と理由の違いを次のように整理してとらえている。

> 根拠を明確にして述べた意見「AだからBである」において
>   Aが根拠,Bが意見(解釈,判断),「AだからBである」が理由

しかし,授業実践上,少なくとも私が勤務する学校では,上記の整理はあまり効果的ではなかった。「根拠」という言葉が,子どもたちには実感が湧きにくかったからである。子どもたちにとっては,「根拠」はピンとこない言葉であり,「理由」

のほうは実感の湧きやすい言葉であった。「そのように読んだのはどうしてですか」と発問すると，子どもたちは「根拠」めいたものを答える。しかし，「根拠はどこですか」と発問すると子どもたちの反応は悪くなった。筆者の定義で言う「意見」や解釈の「根拠」，つまりＡを子どもたちに求めようとしたときには，「その意見の理由は何ですか」と問うほうが子どもたちの反応はおおむね良かった。そこで，授業では，Ａの「根拠」を，子どもたちに話すときには「理由」と表現して使った。観察していると，教師でも，「根拠」より「理由」という言葉をより多く口にしている。そもそも日本では，「根拠」を求めたり求められたりすることが少なく，結果として「根拠」に対する意識が低いのかもしれない。「根拠」と「理由」の違いにこだわることは，もっと少ないようである。こういう実態を勘案して，本稿では「理由〔根拠〕」としている。つまり，本稿で「理由〔根拠〕」と表現しているのは，解釈や意見の根拠Ａと理由の双方を指している。

（注７）「熟達した読み手は，読みにもメタ認知的技能を適用する。すなわち，次のような自己批判的質問をすることができるのである。」Ｊ．Ｔ．ブルーアー著，松田文子・森敏昭監訳『授業が変わる──認知心理学と教育実践が手を結ぶとき』北大路書房，1997.9，p.160

教師が読むということ

第4章

「語り手」のリード，メタプロットを読む

第4章　教師が読むということ——「語り手」のリード，メタプロットを読む

第❶節 「教師の読み方」3つの提案

　教師になりたてのころ，先輩の教材解釈を聞いていて，「どうしてあんなにみごとに作品を分析したり，洞察したりできるのか」と，感心しきりであった。それに引きかえ，作品を読めていない者同士の教材解釈は，同じところをグルグルはい回っているようで，苦痛であった。すぐれた読み手である先輩に憧れながら，自分の解釈の浅さにがっかりしたものである。そして，必ずこう思った。「どうすれば，あんなふうに教材文を読むことができるのだろうか」と。
　問題は教師にとって切実である。読みが浅ければ，国語科の授業はうまく組めないし，子どもたちの学習の到達点も高くならないことがわかるからである。
　本章では，この問題に答えるために，「教師の読み方」について述べる。そう言いながら，まずは，お断りをしておかねばならない。「読む」ということには，教師自身の内面世界が大きな影響を与える。それだけに，教師の読む力は，教師の成長とともに向上していく。教師は学ばざるを得ないということである。
　学ぶために教師は何をすべきか。まず，よい仲間，よい先輩と出会えるように，よい学習会に身を置くべきである。言うまでもなく，本は読むべきである。何よりも大切なことは，よい師をもつことである。これらを抜きに，教師の読む力の向上は期待できないというのが，偽らざる本音である。
　それらを踏まえたうえで，「教師は教材文をどう読めばよいのか」という問いに対して，次の3つを「教師の読み方」として提案する。

① 「空所」や「否定」を探すつもりで読む
② 「語り手」のリードを見きわめるつもりで読む
③ メタプロットを読もうとする

第❷節 「空所」や「否定」を探すつもりで読む

　浜本純逸は,「イーザーにしたがって『空所』と呼ぶとすれば,文学の読みにおいてはそこをこそ重視しなければならない」として,「『空所』に立ち止まる指導計画を立てたい」(注1)と述べている。テクスト本文が,読者をどこで,どのようにリードしようとしているのかを,教師は教材研究の段階で分析的に読むことが求められる。

　その作業の中で,担任している数十人の子どもという読者が,どこで「空所」や「否定」を感じることになるのか,これを探そうとして本文を読むようにしたい。それは,まず,教師の自分なりの仮の「空所」や「否定」であってもよい。それが,その後の教材研究の手がかりになる。単元計画を作るために繰り返し教材文を読む中で,子どもたちに交流させるべき「空所」や「否定」が,必ず見えてくるものである。

　「空所」や「否定」を探す理由は,そこが読者の一貫した解釈を阻むところになるからである。そこで,読者の読みは能動的になり,読者による解釈の差異が生まれ,交流するだけの価値が生まれる。

　「空所」や「否定」を探すために,教師は,まず,自分自身が一貫した解釈を構成するつもりで作品を読むことである。そのとき,自分自身は,教材文のどこに矛盾を感じ,どこに疑問をもつかを考えながら読む。そのためには,次節で述べる「語り手」のリードを意識して読むことである。そうして発見した仮の「空所」や「否定」の箇所は,子どもたちにとっても「空所」や「否定」になる可能性が高い。

第4章 教師が読むということ――「語り手」のリード，メタプロットを読む

第❸節
「語り手」のリードを見きわめるつもりで読む

　教師が，教材研究の段階で教材文を読む読み方は，何なのか。この問題に対する現時点での筆者の考えをまとめたものが，図1である。この図1を基に，教師は，「語り手」が読者をどこにリードしようとしているのかを見きわめるつもりで，本文を読む。これが「『語り手』のリードを見きわめるつもりで読む」読み方である。そのために，2つのことを整理しておかなければならない。それが，

> ① 「作家」と「作者」
> ② 「語り手」と「作者」

である。

1 「作家」と「作者」

　1つは，「作家」と「作者」の違いを明らかにすることである。両者を混同している人や，明確にその違いを意識していない人が多いからである。

　生身の「作家」は，さまざまな作品を，書き手として世に誕生させる。それが，図1の「作家の世界」である。作家のときどきの関心，イメージ，テーマによって，同じ作家から，さまざまな作品が生み出される。そこには，作品A，B，C……，作品1，2，3，4……，と共通するテーマ，統一性のようなものが感じ取られる場合もある。

　しかし一方，「作家」が作品を世に出した時点で，作品は，読者の中でテクストとして誕生する。作品と読者は相互作用し合い，コミュニケーションを取り，読者の主観の中でテクストとして読まれる。これが，図1の「作品Cの世界」

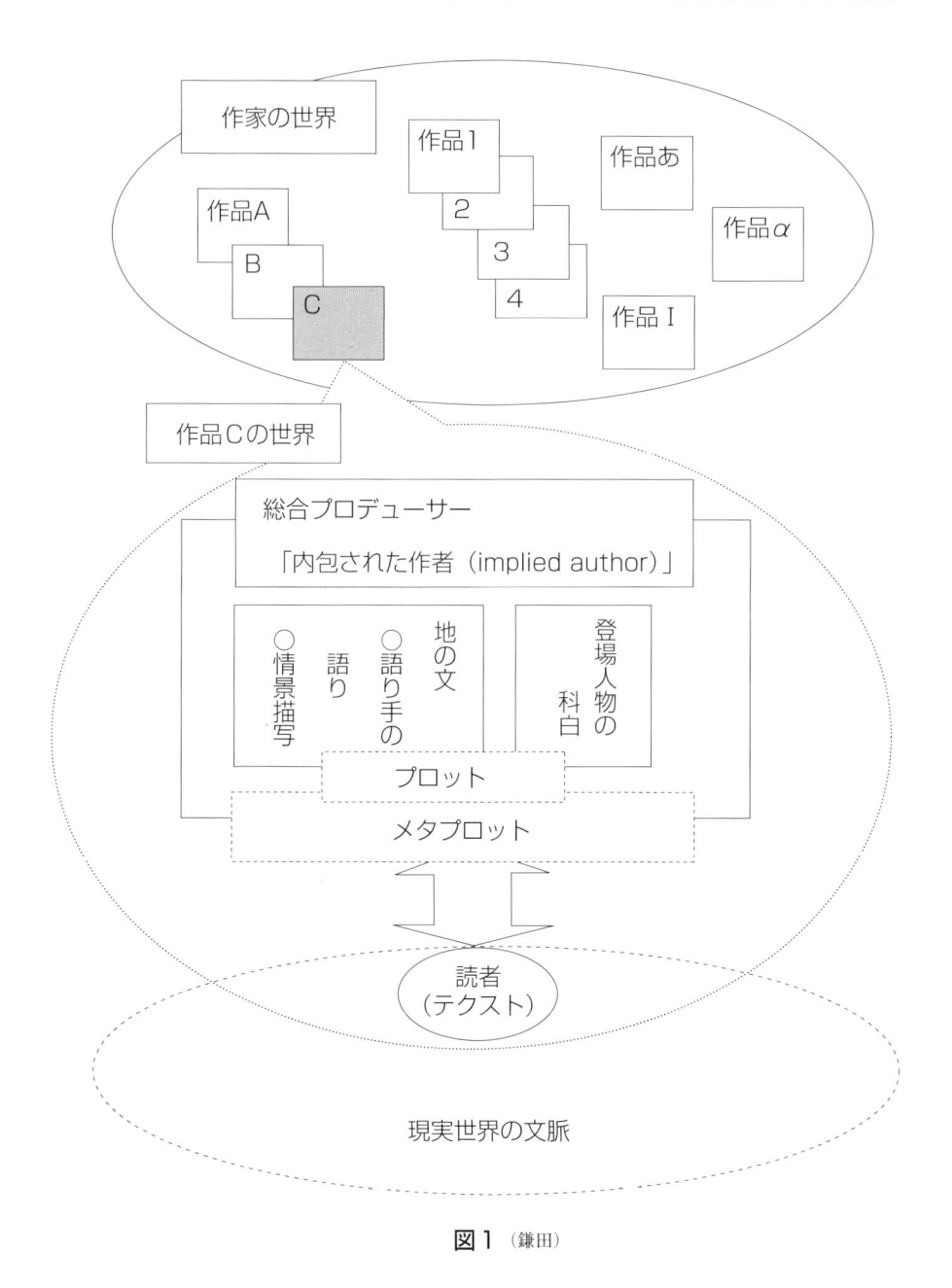

第3節 「語り手」のリードを見きわめるつもりで読む

```
         ┌──────────┐
         │ 作家の世界 │   ┌────┐   ┌────┐
         └──────────┘   │作品1│   │作品あ│
                        │ 2  │   └────┘
         ┌────┐         │ 3  │         ┌────┐
         │作品A│         │ 4  │         │作品α│
         │ B  │         └────┘         └────┘
         │ C  │                        ┌────┐
         └────┘                        │作品Ⅰ│
                                       └────┘
```

作品Cの世界

```
  ┌─────────────────────────────────┐
  │   総合プロデューサー              │
  │  「内包された作者（implied author）」│
  │                                 │
  │  ┌──────────┐   ┌──────────┐   │
  │  │○情景描写  │   │ 登場人物の │   │
  │  │○語り手の  │   │  科白    │   │
  │  │  語り     │   │          │   │
  │  │  地の文   │   │          │   │
  │  └──────────┘   └──────────┘   │
  │       プロット                  │
  │       メタプロット              │
  └─────────────────────────────────┘
              ⇓
         ┌─────────┐
         │  読者   │
         │(テクスト)│
         └─────────┘

         現実世界の文脈
```

図1 (鎌田)

である。そこには、その作品固有の「作者」が存在する。「含意された作者」とも言われるW．ブースの概念、「内包された作者（implied author）」である。

田中実が、「フランス語・英語には作者／作家に対応する言語はなく、両者は同じ意味だが、日本語でははっきりと違っている」(注2)と述べているように、日本語には「作者」と「作家」という言葉があるため、使い分けが可能となる。例えば夏目漱石を例に取ると、「作家」とは生身の夏目漱石本人を指すが、「吾輩は猫である」の「作者」は、「作家」本人とは異なる、作品固有の、実在しない「作者」を意味する。

日本語	英　語
作　家	作　者 （author）
作　者	内包された作者 （implied author）

「作者／作家に対応する言語」のない「英語」では、これを「内包された作者（implied author）」とするが、「対応する言語」として「作家」という日本語がある我が国では、「implied author」はそのまま「作者」を意味する。

つまり、「作者＝内包された作者（implied author）」である。

2　「語り手」と「作者」

次の問題は「語り手（narrator）」と「作者（implied author）」との関係である。

一般的には、本文の「　」で表されたところ以外を「地の文」と呼び、そこを語っているものが「語り手」であるという説明が馴染み深いのではなかろうか。しかし、文学批評理論では、「語り手（narrator）」は、「物語を語る者、あるいは語りの機能を代行する言語主体」(注3)、「テクスト中に刻印されている語る人」(注4)であり、「自らの相手である**聞き手**（narratee）と同一の**物語世界の水準**（diegetic level）に位置している」(太字はママ)(注5)とされる。先ほどのような、会話文と地の文による区別によって、「語り手（narrator）」が説明されているわけではない。

「語り手（narrator）」と「作者（implied author）」との関係について、『最新文

学批評用語辞典』(川口喬一・岡本靖正編,研究社,1998.8)には,関連する記述がない。

『物語論辞典』(注6)では,「『語り手』は**内包された作者(implied author)**とも区別されなければならない」(太文はママ)と述べられている。さらに『物語論辞典』は,「後者は,状況・事象を報告することはないが,状況・事象の選択,配分,統合には責任を持つと考えられる。さらに,内包された作者は,語り手のようにテクストの中に刻印されているのではなく,テクスト全体から推定されるのである」(下線は鎌田)(注7)と述べている。

これらから,「語り手(narrator)」と「作者(implied author)」の関係は,次のようにまとめられる。

「作者(implied author)」は,「刻印されているのではなく,テクスト全体から推定される」作品内の実体をもたない存在である。映画製作でいえば,プロデューサーにあたる。これに対して「語り手(narrator)」は,作品に刻印され,作者の意を受けて,読者を誘導する役割にある。同じく映画製作にたとえるなら,映画監督や脚本家,そして物語をリードする登場人物である。

『最新文学批評用語辞典』は,「語り手は語りの機能を代行するエージェントではある」(p.53)と述べている。換言すれば,「語り手(narrator)」は,「作者(implied author)」の戦略を実行するエージェントなのである。そのため,「語り手(narrator)」は,「作者(implied author)」より,読者に見えやすい形で動く。「作者(implied author)」の姿を見つけ出すことは,まずむずかしい。しかし,「語り手(narrator)」は,本文から見つけ出すことが可能である。

3 情景描写

　雨が上がると,ごんは,ほっとしてあなからはい出ました。空はからっと晴れていて,もずの声がきんきんひびいていました。

「ごんぎつね」の1場面にある2文である。ひとりぼっちのごんは、二、三日ふり続いた雨のせいで、あなから外に出られなかった。村人にいたずらすることもできずに、あなの中でずっとしゃがんでいた。そのごんが、ほっとしてあなからはい出ることができた。「空はからっと晴れていて、もずの声がきんきんひび」く風景は、ごんの気持ちの表れでもある。風景と心情が合わさる「情景」描写である。このようにして「語り手」は、そのときのごんの気持ちを風景描写に織り込む。「語り手」は、情景描写を通しても、読者をリードしようとする。登場人物が悲しい心情のときに、「語り手」が語る海は哀しい海である。決して、常夏の開放的な海ではない。

4 大きな構図

　作品全体の大きな構図における「語り手」のリードを読むことは、とくに重要である。この点については、第2章「第4節1　2場面から3場面──テクスト本文の投げかける2つの方向」（P.91）で、次のように述べた。

　　ごんは、1場面で自分がしたいたずらを、2場面で「あんないたずらをしなけりゃよかった」と後悔する。その後、いわし売りのいわしをつかみ出し、兵十のうちの中へいわしを投げこむ。語り手は「ごんは、うなぎのつぐないに、まず一つ、いいことをしたと思いました」と語る。この語り手のリードにより、文章に向かい合っている読者の中から、その後のごんの一連の行動を「つぐないの視点」で読む読者が生まれる。
　　しかし、テクスト本文は、つぐない路線だけを取っているのではない。3場面で語り手は、「おれと同じ、ひとりぼっちの兵十か」と語る。このごんの独白は、ごんの兵十への共感、ごんの兵十への思いを読者に感じさせる。作品は、

　　○つぐないの視点
　　○自分と同じひとりぼっちの兵十に、ごんが思いをふくらませる

という2つの読みの方向を、読者に投げかける。その結果、読者は、この2つの読みの方向の間に、自らの読みを置くことになる。

　これが、テクストのストラテジー（戦略）である。

「語り手」が作り出す作品全体の大きな構図をとらえることができると、「第2節　『空所』や『否定』を探すつもりで読む」で述べた「空所」や「否定」の箇所を見つけやすくなる。「語り手」は、いったい我々をどこに導こうとしているのか。教師は、この問いをもって作品を読むことが大切である。

5　詳細な読みの中で

「語り手」のリードは、一文の中にも現れる。「ごんぎつね」の3場面から次の2文を例にあげる。（下線は鎌田）

> ①　次の日も、その次の日も、ごんは、くりを拾っては、兵十のうちへ持ってきてやりました。
> ②　その次の日には、くりばかりでなく、松たけも二、三本、持っていきました。

文末に注目してほしい。「語り手」は、「持ってきてやりました」と「持っていきました」と、この2文の文末を語り分けている。

「持ってきてやりました」という語りは、ごんの内面を語り、「持っていきました」という語りは、ごんの内面を語らない。

「友達が彼女の家に行きます」——これは日本語として通常の使い方である。
「友達が彼女の家に来ます」——これは通常の使い方ではない。文章に違和感がある。友達が彼女の家に移動することを正しく表しているのは、「友達が彼女の家に行きます」のほうである。話者は、彼女の家にはおらず、彼女の家以外のところに立って友達の移動を話すのだから、「行きます」である。

しかし、「友達が彼女の家に来ます」が成り立つ場合が存在する。話者が、彼女の家に入り浸っている場合である。この場合、話者は、彼女の家を本来自分

がいる馴染み深いところ，あるいは自分がいるべきところと，心の中で思っている。その思いが，思わず「友達が彼女の家に来ます」(注8)という表現に出てしまう。

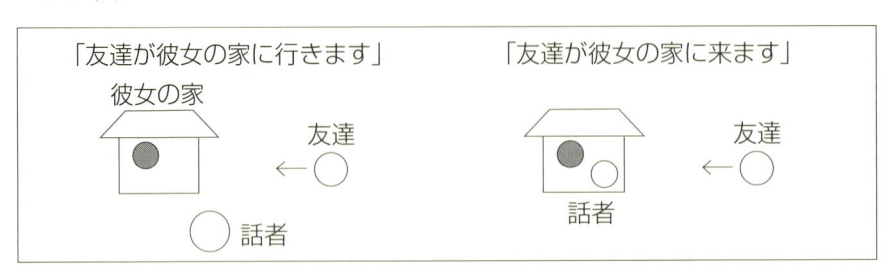

```
「友達が彼女の家に行きます」        「友達が彼女の家に来ます」
   彼女の家                              
     ⌂         ← 友達                ⌂          ← 友達
     ●                               ●
                                    話者
     ○ 話者
```

①の文では，「兵十のうち」が自分のいるべき場所となっているかのようなごんの心情を，「語り手」は「きて」と語ることで表現している。そこにはごんの心情を読み手に伝えようとする「語り手」が存在する。さらに①の文には，「やる」という授受にかかわる補助動詞もある。「持ってきてやりました」は，ごんが兵十のために行動していることを表している。つぐないのためだけなら，「持ってきました」でよい。「次の日も，その次の日も」，くりを拾って兵十に持っていく行為は，ごんが兵十のためにしている行為であることを「語り手」は語る。

しかし，②の文では，そのような「語り手」の意思は表現されず，ただ客観的にごんの行為を語る。①の文と違い，②の文では，いっさいごんの内面を語らない。ごんの内面も，「語り手」の意図も，事実だけを語る②の文には表れてこない。だからこそ，その部分の解釈は，読者に任される。それが，「語り手」のねらいである。

ごんが兵十のためにしている行為を表す「やる」が②では消え，「くりばかりでなく，松たけも二，三本，持っていきました」となる変化を，ごんの思いの急激な変化と解釈する読者がいる。「次の日には」と「次の日」を強調する表現から，そこまでするのは何故かと考える読者もいる。「次の日も，その次の日も」くりを兵十のうちへ持っていき，「その次の日には」，「くりばかりでなく，松たけも二，三本」持っていくごんを，優しいな，つぐないの気持ちはそれほ

ど強いのだなと思う読者もいる。

　「語り手」が解釈を読者に任せたことで，詳細な読みにおいても，一つの「空白」や「否定」が生まれる。

6　「語り手」が読みの遠近法をつくる

　W. イーザーは，「語り手」，「筋の展開」，「登場人物」，「読者の想像力」の4つが，読者を読みの遠近法に導くと述べた(注9)。読みの遠近法とは，「作品と読者の間にどのくらいの距離があるか」や，「作品を読者がどの角度から読んでいるか」といったことを意味する。

　さて，この4つの要素のうち，「読者の想像力」は，一般的には「登場人物」「筋の展開」に刺激を受けているように受けとめられがちである。「登場人物」や「筋の展開」は，読者に見えやすいからである。しかし，「第3節3，4，5」で見てきたように，文章中でも，構図を形作るうえでも，詳細な表現においても，読者は「語り手」によってかなりのリードを受けている。知らない間に読者の読みを前景化させているのは，「語り手」の存在ということになる。

　「語り手」のリードは，登場人物の言動ほどわかりやすくはない。しかし，決して見えないわけではない。教師は，この「語り手」の動きを見きわめようとしながら作品を読むことが大切である。そして，「語り手」のリードを見きわめることが，メタプロットを読むことにつながっていく。

第4章 教師が読むということ——「語り手」のリード，メタプロットを読む

第❹節 メタプロットを読もうとする

「メタプロットとは何か」という話から始めよう。

> メタプロットは，「プロットを支え，プロットをプロットたらしめる内的必然性」(注10)のこと

である。第2章「第2節4 あらすじを読む能力」(P.83)で述べたように，ストーリーは，物語の出来事が起こった時間順であり，プロットは，それを戦略（ストラテジー）に従って，叙述の順に並びかえている。したがって，何故ストーリーをプロットに並びかえたのかを考えていけば，そこから戦略が見えてくる可能性がある。

メタプロットを読む方法としては，以下のものがある。

> ① プロットとストーリーの関係を読む。つまり，ストーリーがなぜプロット順に並び替えられたのかを読む。
> ② 「語り手」に着目してテクスト本文を読む。（本章「第3節 『語り手』のリードを見きわめるつもりで読む」P.120を参照）

例えば，「ごんぎつね」（新美南吉『国語 四（下） はばたき』光村図書，平成16年2月検定済）では，「語り手」はごんに寄り添い，ごんの視点から物語の大半を語る。しかし，6場面に入るやいなや，「そのとき兵十は，ふと顔を上げました」と，それまでのごんに寄り添う視点から，一気に兵十を視点人物に転換させて語り出す。なぜ，「語り手」は，物語の大半をごんに寄り添って語りながら，最後の場面で，一気に兵十に視点を転換させたのか。

そこには，ごんの思いのふくらみと，それとは対照的にいっこうに思いの変

わらない兵十とのすれ違いを，読者の読みの中で大きくクローズアップさせようとする「作者」のねらいがある。最後の悲劇を読者の中に必然的に生み出したもの，すなわちメタプロットは，この2人の思いのすれ違い，いっこうに伝え合いができない2人の関係にある。

「語り手」は，読者が，兵十に対して思いをふくらませていくごんと，ごんとは対照的に，一向に思いの変わらぬ兵十に気づくよう，読者をリードしようとした。悲劇の大きさは，両者の思いのギャップの大きさの中で，形作られるからである。

田中実は，次のように述べる。

　　小説のなかから，主人公の出来事だけしか読まない読み方を主人公主義とかプロット主義と呼んで批判してきたが，それは，……それ以上に〈語り手〉と登場人物の関係を読むことが肝心であると考えているからである。……簡単に言うと，〈語り手〉は，複数の登場人物に成り代わり，登場人物の直接話法を行使するが，その裏には一人の〈語り手〉が息付いていて，これが〈語り手〉と複数人物の登場人物の関係に表出している。したがって，小説を読むにはその他者性を抽出することが必須である。その際，注意したいのは小説によってさまざまな〈語り手〉が違ったかたちで機能していることである。例えば，登場人物と一体化した移動する〈語り手〉，登場人物を批評する〈語り手〉，登場人物を抱え込む〈語り手〉などである。また小説によっては，語り，語られる関係を越えて，全体を統括する機能が考えられる場合が少なくない。これらを〈語り手を越えるもの〉と呼んでいる。これは〈語り手〉を対象化し，〈語り〉の向こう側を推測することで開けてくる。こうした読みの作業が小説本来の立体空間として構造化する。(注11)

「語り手」を過小評価すれば，それは，田中のいう「主人公の出来事だけしか読まない読み方」，「主人公主義とかプロット主義」といったレベルの読みに止まり，メタプロットの読みに高まっていかない。メタプロットは，総合プロ

第4章 教師が読むということ——「語り手」のリード，メタプロットを読む

デューサーである「作者（implied author）」と，その意を物語内で実行する「語り手（narrator）」が，「読者をどこにリードしようとしているのか」という観点から読んでいくことで，見えやすくなる。

さらに，作品は，登場人物の台詞と地の文で構成されているが，この点で，田中が「〈語り手〉は，複数の登場人物に成り代わり，登場人物の直接話法を行使する」と述べているところにも注目すべきである。地の文と会話文によって「語り手」を見分けるという一般的な理解は，不十分なものである。

文学批評理論の立場に立てば，一見登場人物の直接話法で語られている台詞ですら，「その裏には一人の〈語り手〉が息付いて」いると考えられる。地の文は，「語り手」が直接に統括するところである。しかし「語り手」は，自らが「語り手」であることを明かすこともあれば，明かさないこともある。現れたり，現れなかったりして，読者の読みを前景化し，リードする。

教師は，メタプロットを読み切るためにも，「語り手」の姿を射程に入れることが要である。これが，メタプロット（「プロットを支え，プロットをプロットたらしめる内的必然性」(注12)）という，プロットのもつ因果関係の根源的なものに目を向け，テクストの大きな仕掛けを読むための力となる。

再度ポイントをまとめておこう。

---
① 「空所」や「否定」を探すつもりで読む
② 「語り手」のリードを見きわめるつもりで読む
③ メタプロットを読もうとする

読者をリードしようとするテクストのストラテジー（戦略）(注13)は，映画に例えるなら，観客を誘導しようとする作品のさまざまな仕掛けにあたる。「空所」や「否定」は，その代表的なものである。

そこで，「空所」や「否定」を見つけるために，教師という読者は，「自らの『一貫した解釈』を阻むところはどこになるのか」を見つけようとして，テクストを読むべきである。教師にとっての「空所」や「否定」が，子どもたちにとっての「空所」や「否定」になる可能性は高い。そのうえで，子どもたちの

第4節 メタプロットを読もうとする

実態を勘案し，子どもたちが交流する意味のある，子どもたちにとっての「空所」や「否定」を決めていく。

また，「空所」や「否定」を探すためには，「語り手」のリードを見きわめるつもりでテクストを読むことである。テクストが「作者，テクストのストラテジー〈戦略〉→語り手→登場人物の台詞や地の文」の順に具現化，文字化されることを，本章では述べてきた。「作者」は作品内にその実体がない。とらえやすい登場人物だけを観ていては，田中の批判するプロット主義に陥る。教師という読者がとらえようとするべきなのは「語り手」である。

プロット主義に陥らず，メタプロットを読もうとするためには，「ストーリーがプロットに置きかえられた理由を明らかにしようとして読む」とともに，本文からその動きを見きわめることができる「『語り手（narrator）』のリードに着目して読む」ことが大切になる。

注 ▶▶▶▶▶

(注1) 浜本純逸『文学を学ぶ・文学で学ぶ』東洋館出版社，1996.8，pp.194-195
(注2) 田中実・須貝千里編『文学の力×教材の力　理論編』教育出版，2001.6，p.63
(注3) 川口喬一・岡本靖正編『最新文学批評用語辞典』研究社，1998.8，p.53
(注4) ジェラルド・プリンス著，遠藤健一訳『物語論辞典』松柏社，1991.5，p.130
(注5) 上掲書，p.130
(注6) 上掲書，1991.5
(注7) 上掲書，p.131
(注8) 森田良行が「話し手が観念内でB（到達点：鎌田）やC地点（現在地でも到達点でもない話題のその場所：鎌田）側に一時的に立った気持ちになり，観念的に送り，また迎える立場である」ときに「来る」を使うと分析していることがこれに当たる。森田良行『基礎日本語辞典』角川書店，1989.6，p.116
(注9)「遠近法の組合せをする代表格は物語文学であるが，そこで用いられる遠近法は，選択要素を大まかに分類し，レパートリイの第1段階の結合を行っている。この遠近法は，基本的に四種類あり，語り手，登場人物，筋，そして読者の創造にゆだねられる部分（虚構の読者）に分かれる。」ヴォルフガング・イーザー著，轡田収訳『行為としての読書／美的作用の理論』岩波書店，2005.7，p.168
(注10) 田中実「〈原文〉という第三項――プレ〈本文〉を求めて」田中実　須貝千里編『文学の力×教材の力　理論編』教育出版，2001.6，p.61

(注11) 上掲書, p.62
(注12) 上掲書, p.61
(注13) 「虚構テクストは物語技法という, 読者を誘導する潜在的な力をそなえている。この力は, テクストのストラテジーと名づけることができよう。」ヴォルフガング・イーザー著, 轡田收訳『行為としての読書／美的作用の理論』岩波書店, 2005.7, pp.100－101

目標分析による単元指導計画づくり

第5章

「小学校国語科・読む能力目標分析試案」を基に

第5章　目標分析による単元指導計画づくり──「小学校国語科・読む能力目標分析試案」を基に

第❶節　目標分析

　第3章では，第2章を踏まえ，目標分析の手法を活用して認知面と情意面が絡み合った複雑な「読む能力」を，いくつかの観点を設けることで解明した。それが，「小学校国語科・読む能力目標分析試案」（P.98，以下「試案」）である。本章では，それを実際の単元指導計画づくりに生かした具体化について述べるが，ここでも目標分析が重要な役割を果たす。読解力を高める授業づくりのために，まずは目標分析による単元指導計画づくりについて必要な説明から入り，単元指導計画づくりの方法について述べる。

1　目標分析とは何か

　本章では，第3章で作成した試案に基づき，目標分析を行う。そこで，目標分析とは何かについて説明する。
　教育評価の理論によれば，「目標分析（analysis of objectives）」とは，

> 「目標を能力と内容の観点から分析し，その構造を明確化すること」(注1)

である。その単元で獲得すべき「言葉の力」(注2)を明確にしようとすれば，教材の内容に即して目標を具体化していく作業が不可欠となる。その作業が「目標分析」である。
　「目標分析」は，能力を横軸に，内容を縦軸に置いたマトリックスの形で目標を吟味する。「読む能力」のように認知面と情意面が絡み合った複雑な対象を，いきなり解明することはむずかしい。そこで，いくつかの能力観点を設定し，それらの観点から複雑な対象を総合的にとらえようとするのが目標分析の目的である。

しかしそれは設定した観点で対象を腑分けし，それらの関係性を断ち切ったり，バラバラにとらえたりするものでは決してない。あくまでも，複雑な対象を総合的にとらえるために，いくつかの観点を設けている。第3章で，いくつかの観点を設けて「読む能力」を解明し，「試案」にまとめた方法論は，目標分析のこの本質部分を活用している。

目標分析の手法は，「タイラー（Tyler, R. W.）においてすでにみられるが，これを一般化したのはブルーム（Bloom, B. S.）」(注3)である。梶田叡一は，この目標分析の手法を授業づくりのシステマティックな方法として，茨城県下館市立下館小学校をはじめとする日本の学校現場に具体的に適応させ，指導した(注4)。また，国語教育学においては，田近洵一と井上尚美が，この目標分析に先駆的に取り組んできた。

2 梶田叡一の目標分析の手順

梶田叡一は，目標分析は「我々が20年以上前から提唱してきた」手法であり，「目標の明確化」を「具体化，現実化」するためのものであるとしている(注5)。梶田は，目標分析の具体的な進め方を，

> 「単元目標分析」⇒「単元目標構造図」⇒「指導順路案」⇒「単元指導計画」⇒「各授業時限の指導略案」という手順

であると定式化している。この定式化された手順をまとめたものが，図1である。

この目標分析によって，単元の各目標は，「『単元目標構造図』の中に位置づけられるべき数個の『中核目標』」と，「中核目標」を支える「基礎目標」群，さらにそれらを乗り越えて発展していくべき可能性をもつ「発展目標」として掲げられる(注6)。

中核目標(注7)の設定は，目標分析において最も重要な作業である。中核目標が明確になっていないということは，エベレストに登ることは決まったのに，登頂成功のために，どうしても通らなければならないポイントはわかっていな

第5章 目標分析による単元指導計画づくり——「小学校国語科・読む能力目標分析試案」を基に

```
┌─────────────────────────────────────────────────────┐
│  ┌──────────┐                    ┌──────────┐       │
│  │ 単元目標 │───────────────────→│ 評価規準 │       │
│  └──────────┘                    └──────────┘       │
│        │        ↗                                    │
│  ┌──────────┐  ┌──────────┐  ┌──────────┐           │
│  │目標分析表│→│目標構造図│→│指導順路案│           │
│  │:目標の  │  │:中核目標 │  │:指導順路 │           │
│  │ 洗い出し│  │ の設定  │  │ の明確化 │           │
│  └──────────┘  └──────────┘  └──────────┘           │
│                      │                               │
│                      ↓                               │
│               ┌──────────────┐                      │
│               │ 単元指導計画 │                      │
│               └──────────────┘                      │
└─────────────────────────────────────────────────────┘
```

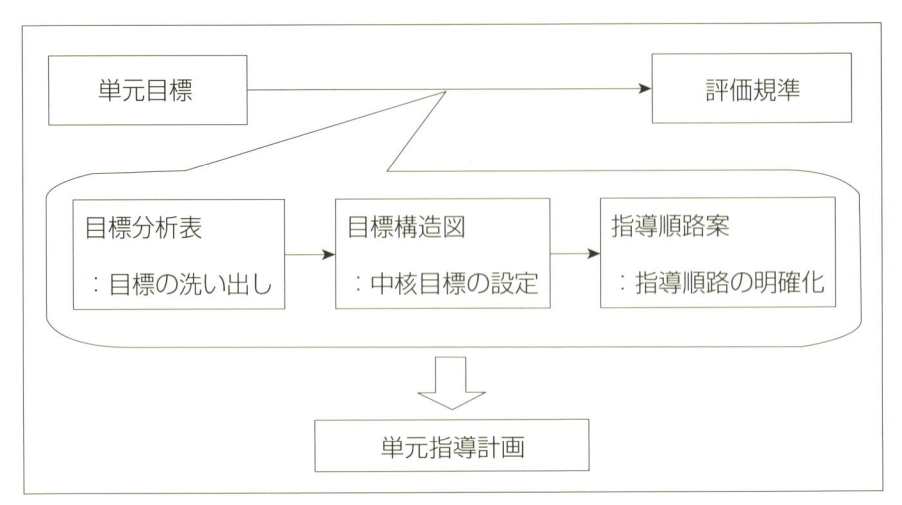

〈図1　目標分析の手順〉

い，つまり登頂ルートが明確になっていないことに等しい。そのままの状態で登り始めれば，遭難することになる。登頂するための道筋が明確になっていない登山の成功は期待できない。それは，現実的ではなく空想的である。

　同様に，中核目標が設定されていない単元指導計画も，現実的ではなく空想的である。中核目標の設定なしには，単元の構造を語ることはできない。目標分析の核心ともいえる中核目標設定の作業は，単元指導計画そのものの成否を握る作業といえる。

　目標分析は，図1でわかるように，はじめに単元目標が設定されている場合には，単元の入り口にある「単元目標」を分析することで，「中核目標」と単元の構造を明確にする作業ともいえる。この目標分析を通して，単元の出口での「評価規準」も明確になる。指導者は，さまざまなレベルの「評価規準」——指導案に記載するレベルのものから，学習モデルや「おおむね満足できると判断される」B規準例のような具体的なレベルのものまで（具体例は後述）——を目標分析を通して明確にすることで，単元終了時のゴールを具体化することができる。ゴールを明確にできれば，そのゴールからさかのぼって単元指導計画を設計することができ，出来上がった単元指導計画を推敲することもできる。

このように目標分析と単元指導計画を往復して思考したうえで練り上げた単元指導計画は，かなり確かなものとなる。

「指導と評価の一体化」，「目標と指導と評価の一体化」が叫ばれて久しいが，この「一体化」という関係は，「単元目標」「中核目標」「評価規準」の間にも成立する。

「目標」を達成するために「指導」があり，その「指導」によって「『目標』とした力がどれだけ子どもたちについたのか」を「評価」する。同様に，単元の目標として「単元目標」があり，それを達成する指導のために「中核目標」があり，その指導によってほんとうに子どもたちに「『目標』としていた力がついたかどうか」を評価するために「評価規準」がある。いわば，「単元目標と中核目標と評価規準の一体化」である。

3 小学校国語科における目標分析の手順

「2」の図1を踏まえたうえで，本書では，図2の手順で目標分析に取り組むことを提案する。その目的は，多忙を極める教育現場の中で，中核目標の明確化を効果的に必ず行うことと，そこから単元の構造と時間ごとの目標を明確にするためである。

中核目標設定の作業は図1では「目標構造図」で設定していたが，作業の効率化を図るために，図2では「目標分析表」でまとめて行うことにする。図1の「目標構造図」の役割を，図2の「目標分析表」に含めるのである。また図1の「指導順路案」は，図2では「目標分析表」を踏まえ単元指導計画の中で具体化することにする。これらの効率化によって，図1では

○「目標分析表」→「目標構造図」→「指導順路案」→「単元指導計画作成」

と4つの手順で行っていた作業を，図2では

○「目標分析表」と「単元指導計画作成」

の2つにまとめることができる。

第5章　目標分析による単元指導計画づくり──「小学校国語科・読む能力目標分析試案」を基に

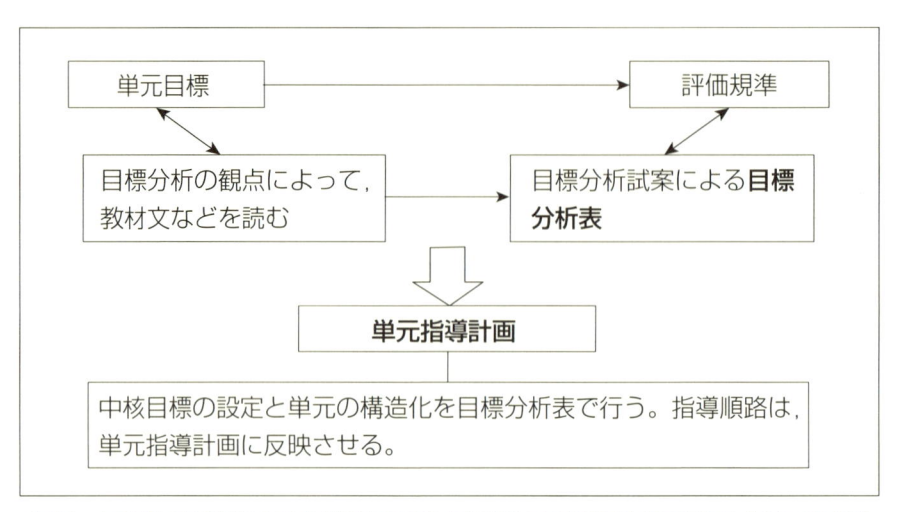

```
┌─────────────────────────────────────────────────────┐
│  ┌──────────┐                    ┌──────────┐       │
│  │  単元目標  │ ─────────────────→ │  評価規準  │       │
│  └──────────┘                    └──────────┘       │
│       ↕                               ↕              │
│  ┌──────────────┐              ┌──────────────┐     │
│  │目標分析の観点によって,│ ──────→ │目標分析試案による**目標**│  │
│  │教材文などを読む  │              │**分析表**      │     │
│  └──────────────┘              └──────────────┘     │
│                                       ↓              │
│                            ┌──────────────┐          │
│                            │  単元指導計画  │          │
│                            └──────────────┘          │
│  ┌─────────────────────────────────────────────┐   │
│  │中核目標の設定と単元の構造化を目標分析表で行う。指導順路は,│   │
│  │単元指導計画に反映させる。                       │   │
│  └─────────────────────────────────────────────┘   │
└─────────────────────────────────────────────────────┘
```

〈図2　目標分析試案による小学校国語科・読む能力目標分析,単元計画づくりの手順〉

第2節 目標分析表の作り方

　ここでは，第3章の「試案」（P.98）を使って，「読むこと」領域の教材「ごんぎつね」（『新編　新しい国語　四年下』東京書籍，2004.2検定済）を対象に目標分析の実際を述べる。「ごんぎつね」を選んだ理由は，この作品が小学校の国語科教科書全社に掲載されている有名な作品であると同時に，「読者の読みを能動的にする『空所』，『否定』を読者に起こすことができるすぐれた作品」（第2章第4節）だからである。

　「読むこととは何か」「読む能力とは何か」「読解力とは何か」を解明しようとする本書は，その実践編も「読むこと」領域にしている。そのため，本書では，すべての領域に対応する目標分析の観点や実際を論じているとはいえない。それでも，すべての領域に適用可能な内容に近づけるよう留意している。

　それでは，「ごんぎつね」（『新編　新しい国語　四年下』東京書籍，2004.2検定済）を対象教材にして，試案の観点による，本章「第1節3」の図2に沿った目標分析を述べることにする。

1 目標分析表に入る前に

■■■ 4つ目の観点 ■■■

　目標分析（analysis of objectives）は，能力を横軸に，内容を縦軸に置いたマトリックスの形で，目標を吟味する。そのため，横軸の能力観点を設定する必要がある。本書では，第3章の「試案」（P.98）を基に，4つの観点を用いて「読むこと」の能力を育てようとしている。

　4つのうち3つは，「試案」で示した「読む能力」観点の，

> 「正確に読む能力」,「一貫した解釈を構成する能力」,「読書力」

である。第3章の「試案」は,これら3つの観点の下位観点をさらに詳細に設定している。しかし,観点の数が多くなればなるほど,肝心の単元全体の構造が見えにくく,目標分析はわかりにくいものとなる。それは現場では使えない目標分析である。本書では3つの上位観点を活用することで,単元全体の構造が見えやすく,現場で活用できる目標分析をめざす。

目標分析の4つ目の観点は,

> 「獲得すべき言葉の力」

である。

■■ 単元構想にあたって考えられる「獲得すべき言葉の力」■■

国語科の場合,教科書に単元目標を噛みくだいた単元名がついていることが多い。教師に教科書を読む力があれば,教科書を読んだ段階で「獲得すべき言葉の力」をおおよそ明らかにできる。

しかし,本単元では,国語科の単元指導計画の作り方を目標分析を軸に伝えるため,単元名と単元目標は,目標分析を通して「本節5■単元名,単元目標■」(P.171)で明らかとなる。そこで,単元名と単元目標がまだ定まっていない現段階で明らかにできる「獲得すべき言葉の力」について述べることにする。

まず,名作「ごんぎつね」を教材文とするのであるから,その作品世界を子どもたちには十分に読み味わわせたい。

次に,そこで育てるべき読みの力は,「本節5■獲得すべき言葉の力■」(P.158)で述べる系統性を考えれば,場面の様子や登場人物の言動(書かれてあること)を読み,そこから登場人物の気持ちを想像して(書かれていないことも)読むことになる。それは,書かれてあることから書かれていないことを読むことといえ,その最終的な目的は「一貫した解釈を構成する能力」を育てることといえる。

以上から,作品とじっくり向き合い,一貫した解釈を構成する能力を育てる

ために，場面の様子や登場人物の気持ちを想像して読むということが，獲得すべき言葉の力として意識されなければならないことになる。

■■ **実施時期，授業時間数** ■■

○実施時期……２，３月実施
○授業時間数……16時間扱い

現行の各社教科書によれば，教材「ごんぎつね」の実施時期は，大きく２つに分かれる。Ａ社は「学習したことを生かす」ために，Ｂ社は「人物の気持ちの移り変わりを考え」るために，共に２，３月に実施する。Ｃ社，Ｄ社は，共に「読みを深める」ために10，11月に実施する。ここでは，東京書籍版「ごんぎつね」（『新編　新しい国語　四年下』東京書籍，2004.2検定済）を使い，２，３月実施とする。

授業時間数は，単元全体では10時間から22時間と，教科書会社によって大きな開きが生じている。中でも，Ａ社の22時間は例外的に多い時間数となっている。これは，単元名を「学んだことを生かして」として，１年間に学んだ言語活動を活用して教材文を読もうとさせているためである。Ａ社を除くと各社は，10時間から16時間の幅になる。そのうち，教材「ごんぎつね」を読むために当てている授業時間数は，５時間から10時間となっている。これらを参考にしながら，本単元の授業時間数は，16時間扱いとした。

2 目標分析の手順

目標分析の作業に入って，全体の流れを見失うことがないように，先に目標分析の手順を以下に見ておくことにする。

○手順１──教材文に対する教師の読みを固める
○手順２──マトリックスをつくり，分析的に思考する
　〔思考のポイント〕
　　①　単元の出口は明確か
　　②　２次の言語活動の設定

第5章　目標分析による単元指導計画づくり──「小学校国語科・読む能力目標分析試案」を基に

○手順3──目標分析表から全体的に思考する（中核目標の設定）
　〔思考のポイント〕
　①　これなしでは単元が成立しない重要な目標は何か
　②　単元の途中で目標の達成を見届けるのに最も適したタイミングはどこなのか

3　手順1──教材文（教科書，指導書）を読み込む

■■ ごんぎつねを読む ■■

　目標分析表をつくる前に，指導者は教材文，教科書と指導書をしっかり読み込むことが必要になる。とくに文学教材や説明文教材の場合は，教師の作品に対する読みが決定的に重要になる。そのため本書では，第4章を「教師が読むということ」とし，「『空所』や『否定』を探すつもりで読む」「語り手のリードを見きわめるつもりで読む」「メタプロットを読もうとする」の3つの読み方を提案している。教師は，この第4章にそって指導書と教科書を読み，その中で気づいたことや考えたこと，わからないことなどはメモや付箋紙に書き込み，残しておくようにしたい。

　また，本書では，第2章「第4節2　5場面での発問」（p.92）で，5場面で「ごんは，なぜ『兵十のかげぼうしをふみふみ』ついて行ったのか」と発問することによって，「ごんぎつね」というテクストが，読者に「空所」と「否定」を発生させることを述べた。

　そのときに読者である子どもたちが，「一貫した解釈を構成する」要素には，第2章「第3節2　文脈」（p.88）で述べた単元に入ってからの子どもたちの読み，つまり文脈がある。また，子どもたちの内面世界の育ちとかかわって，子どもたちが自分の読みにどれだけ拘泥するかといったつまずきの問題も存在する。これらを踏まえて，第4章で提案した教師の読みの具体例を「ごんぎつね」で述べてみることにする。

　各場面は，「主発問（指示）」→「教師の読み」の順で述べている。作品を場面ごとに分けて指導する単元展開は，いまも国語科指導のスタンダードとして

存在している。教師の読みの具体例だけでなく、そこから導き出す主発問（指示）例も併せて述べるほうが、先生方にとっては参考になると考えてのことである。

■■ 教師の読み ■■

01 | 1場面前半の主発問

ごんは，なぜ「いたずらばかり」するのでしょうか

🔑 教師の読み

「中山から、少しはなれた山の中」、「ひとりぼっち」、「しだのいっぱいしげった森の中」、「あな」といった表現から、語り手はごんの寂しい環境を語る。「中山」という村人の住む領地から、「はなれた山の中」ではなく「少しはなれた山の中」（傍点：鎌田）に住むごん。人間とすぐそこの距離に住みながらも、決して人間とは同質になれないごんの位置を、語り手は語る。湿気の多いところを好む「しだ」のいっぱいしげった森の中に、「ひとりぼっち」で「あなをほってすんで」いるごんの寂しさを子どもたちに読ませたい。

寂しいからこそ、夜行性のきつねの活動時間である「夜」だけでなく、見つかりやすい「昼でも」いたずらをするごんがいる。語り手は、ごんが、寂しいからいたずらをしたとは語らない。語るのは、ごんの「ひとりぼっち」の環境であり、「夜でも、昼でも、辺りの村へ出てきて、いたずらばかり」（傍点・鎌田）するということである。

「いたずら」と「寂しさ」をつなぐか、つながないかは、読書においては読者に任されている。しかし、授業においては、それは教師の取り上げ方に任されている。

ごんのするいたずらは、弁護のしようがないほど酷い。語り手はその内容を、「畑へ入っていもをほり散らしたり、菜種がらのほしてあるのへ火をつけたり、ひゃくしょう家のうら手につるしてあるとんがらしをむしり取っていったり」と語る。物語は、「おとの様」がいる封建時代の話である。村人は、年貢に苦しんでいるかもしれない時代であり、精魂込めて育てた作物も、その多くを年貢

に取られ、自分たちのところにはあまり残らないかもしれない。

　その精魂込めて育てたいもをごんに「ほり散ら」されては、村人はたまらない。「ほり散ら」すのだから、ごんは、空腹に耐えかねて食べるのではなく、ただ大事ないもを「散ら」して駄目にするわけである。精魂込めていもを育ててきた村人の怒りは、いかばかりか。

　唐辛子は長期保存をするために干しているものである。せっかく干して、出来上がりを楽しみにしていたものを、ごんに「むしり取」られたときの村人の怒りや失望は大きいであろう。

　「菜種がら」は、火種に使う。火をつけやすくするためにほしてあるだけに、「菜種がら」は簡単に火がつく。「菜種がらのほしてあるのへ火をつけ」る行為は、放火そのものである。昔の火事は、いま以上に大きな被害を生む恐ろしい災害であった。ごんのいたずらは、村人の家や、かけがえのない村人の命すら、燃やしてしまう恐れのある行為である。もはやそれは、いたずらの域を超えた許されない行為ともいえる。そのため、ここを取り上げて、ごんを「ひどいきつねである」とおさえる授業もある。しかし、それだけのおさえでよいとは考えられない。

　村人にとっての大迷惑を、そして放火という犯罪を、ごんは村人とかかわりたいために、ちょっかいをかけるような気持ちで「いたずら」としてやってしまう。語り手が語るごんの３つのいたずらは、村人への思慮が欠けたものばかりである。そこには、村人がそのいたずらをどれだけ迷惑に思い、どれほど怒るのかということを想像できないごんがいる。

　そう、ごんは、村人と「ずれ」ているのである。

　１場面前半から、ごんは、村人の気持ちを洞察することがきわめて不得手なきつねであることがわかる。さらに、３場面のいわし事件でわかるように、ごんの善悪の判断力は、相当、当てにならない。

　ごんが、「いたずら」でかかわりをもとうとすればするほど、村人たちはごんのことを怒り、ごんのことを嫌ったり、憎んだりする。相手を思えば思うほど、相手からは嫌われる。だからこそ、「ごんぎつね」は哀しい。村人から嫌われ

る，憎まれるような行為でしか，村人とかかわりをもてないことに，ごんの哀しさがある。

　これらを，子どもたちはどのように読むのであろうか。これは大切なことである。なぜなら，筆者は，小学校の各クラスに，このごんのような子どもがいるのではないかと考えているからである。自分のクラスにはいなくとも，学校全体で見たときには，必ずこのような子どもがいるのではないか。「ごんぎつね」という作品のもつ生命力は，ここにもある。新美南吉という作家の，人を見つめる眼差しの深さ，優しさを感じるところでもある。

　「特別支援教育」という言葉などない昔でも，新美南吉の目には，ごんのような人の存在が見えていたのであろう。人を善悪で判断することは間違いではない。否定はできない。むしろ，ときにそれは，きわめて重要な場合がある。しかし，善悪だけですべてを判断しようとすると，人を理解できなくなるときがあることも，また確かである。目に見えやすい行動だけでなく，見えにくいその人の思いとは何なのか。「読む」ということは，人の思いを「読む」ことでもある。場面の様子を読み，登場人物の気持ちを想像して読む力は，相手の気持ちを読み，相手を理解する力につながる。

　「ごんぎつね」は，人を理解することのむずかしさ，理解する側の人間の役割の大切さを感じさせる作品である。6場面の悲劇とつながるごんの不器用さ，周りの怒りをかうような行動でしか人とかかわりをもてないごんの姿を，子どもたちにどう思うかと問いかけることは，子どもたちがこの作品と出会う意義のひとつである。

02 ｜ 1場面後半の主発問

やっと外に出たことと兵十へのいたずらとは，どう関係しているのでしょうか

☞ 教師の読み

　毎日，毎日，「夜でも，昼でも，辺りの村へ」出かけていた人恋しいごんが，

雨のせいで「あなの中にしゃがんで」いるしかなかった。もともと湿気の多いところを好む「しだのいっぱいしげった森の中」にあるあなは、雨のせいで余計にじめじめしていたことであろう。

「雨が上がると」、ごんは「ほっとしてあなからはい出」る。じめじめしたあなから離れ、村人に会いにいける。あなを出たごんの目の前には、そのときのごんの気持ちを表すように、素晴らしい景色が広がる。「からっと晴れ」ている空に「もずの声がきんきんひびいて」いる。光る「雨のしずく」。川下の方へと歩くごんは、村人のだれと出会えるのか、だれにかかわり（いたずらになるのだが……）をもてるのかと、期待に胸を膨らませて歩いていったことであろう。

そして、ごんは、運命の出会いをする。既知の村人とはいえ、その後の自分の運命を大きく変えることになる兵十との出会いである。ごんは、またもや村人にかかわってしまう。それは、「ちょいと、いたずらがしたくなった」という、いつものごんのかかわり方である。ごんは、いたずらというかかわり方以外に、村人とかかわる術をもたないきつねである。

03 ｜ 2場面・3場面前半の主発問

「おれと同じ、ひとりぼっちの兵十か」の後に続くごんの言葉は何でしょうか

2場面・3場面前半（p.72の3行目まで）を通して、「『おれと同じ、ひとりぼっちの兵十か』の後に続くごんの言葉を考えて書いてください」と指示する。2場面のごんの深い後悔と「おれと同じ、ひとりぼっちの兵十か」に込められたごんの思いを、子どもたちはどう読むか。

◯▷ 教師の読み

2場面で、ごんは自分のしたいたずらを深く後悔する。2場面終わりのごんの独白の部分である。しかし、ごんは、なぜ自分で深く反省し、後悔できたのであろうか。考えてみれば、それは不思議な話である。「菜種がらのほしてあ

るのへ火をつけ」るという放火のような大きないたずらをしておきながら，そのことへの後悔の言葉は，「ごんぎつね」のどこにもない。ごんの後悔が，善悪の判断からだけによるものとは考えにくい。というより，ひょっとすると，いたずらへの後悔や反省は，ごんにとって生まれて初めてのことかもしれない。

　ごんの後悔の台詞には，「(おっかあは)うなぎが食べたいと言ったにちがいない」「うなぎが食べたい，うなぎが食べたいと思いながら，死んだんだろう」(下線：鎌田。以下同様)と，兵十のおっかあの台詞とおっかあの内心を表す表現が出てくる。ごんは，おっかあの言葉を聞いていたわけでも，兵十とおっかあの隣にいたわけでもないのに，どうしてこれだけ，兵十とおっかあの会話や関係を想像することができたのであろうか。そこには，善悪の判断だけでは見えてこない，ごんというきつねの心根の優しさが感じられる。

　「ところが，わしがいたずらをして，うなぎを取ってきてしまった」，「だから，兵十は，おっかあにうなぎを食べさせることができなかった」，「そのまま，おっかあは，死んじゃったにちがいない」と，ごんが自分のいたずらを自分で責める表現が，この台詞部分には多い。

　「取ってきた」ではなく「取ってきてしまった」とごんが語るのは，「しまう」に取り返しのつかないという意味がある。接続詞の「だから」は，「取ってきてしまった」ことが「おっかあにうなぎを食べさせることができなかった」ことの原因であることを示し，「そのまま」は，状態の変化がないことを意味する。「ちがいない」は，自分のいたずらのせいで，おっかあは，うなぎを食べられないままの状態で死んでしまったと，ごんが自分で自分を責めているようにも響く。それだけに，「ちょっ，あんないたずらをしなけりゃよかった」と語るごんの後悔の深さが，伝わってくる。

　しかし，ごんが，自分の犯した過ちを，ここまで取り返しがつかないことをしてしまったと深く反省できるのはなぜなのか。ここには，村人の気持ちを考えられないごんの「ずれ」はなく，兵十とおっかあの気持ちをわかりすぎるごんがいる。

　ごんが，うなぎのいたずらだけに限って，こんなに深く後悔することができ

たのは、なぜなのか。確かに、おっかあが死ぬ間際に食べたかったうなぎを逃がしたことはいけない。しかし、善悪でいえば、「菜種がらのほしてあるのへ火をつけ」ることは、それ以上の悪である。片方には大きな後悔と反省、被害者を思う気持ちがあり、片方にはそれらがまったくない。そこには、このうなぎの一件だけがもつ、ごんにとっての特別な意味があると考えざるを得ない。うなぎの一件には、これまでごんがしてきたいたずらとは違う、ごんの心を突き動かす大きな違いがあった。

　では、それはいったい何か。それは、死んだ人物が「おっかあ」であり、そのために「兵十がひとりぼっちになる」ということにあるのではないか。

　考えてみれば、ごんが「ひとりぼっち」なのも、ごん自身が自分の父や母と別れたからである。「おれと同じ、ひとりぼっちの兵十か」（３場面）とあるように、ごんも、母と死別したのかもしれない。そう、ごんは、自分と自分の母との関係を、兵十と兵十のおっかあの境遇に、どこかでなぞらえているところがあるのかもしれない。

　だからこそ、ごんの心は大きく動かされ、ほかのいたずらでは見せなかった深い後悔が、そこに生まれる。ごんは、自分が子ぎつねのころに、住んでいた森に火をつけられたことはなかったかもしれない。しかし、おっかあとの別れは、ごんにもあった。どこかで自分と自分の母であるきつねとの関係に、兵十とおっかあをなぞらえているからこそ、ごんは、おっかあの台詞やおっかあの内心を、あれだけ活発に想像できたのではないだろうか。３場面の「おれと同じ、ひとりぼっちの兵十か」というごんの台詞でわかるように、ごんの心に強く働きかけるのは、自分と「同じ」兵十の境遇なのである。

　教師の発問によって現象化する「空所」や「否定」が、２場面のごんの独白にはある。だからこそ、子どもたちの読みも面白くなる。おっかあのことを詳しく想像できるのも、深く後悔したのも、「ごんが、ほんとうは優しいからやと思う」と、ごんの優しさをとらえたり、「初めてごんは、いたずらがあかんとわかったんやと思う」と、子どもたちなりに懸命に意味を考える。中には、「いたずらしていたのは、やっぱり寂しかったからや」、「悪いきつねと違って、寂し

がりのきつねやと思う」と，1場面の自分の読みに戻り，自分の読みに手ごたえを感じたり，気づいたことから修正をしたりして，自分の読みを進める子どももいる。

　2場面で，深く自分のいたずらを後悔したからこそ，ごんは兵十のことが気になる。3場面では，その兵十が「赤いいどの所で，麦をといで」いる。おっかあが元気なころは，それはおっかあの仕事だったのかもしれない。おっかあが病気になってからは，おっかあの無事を祈りながら，兵十がする仕事になっていたのであろう。

　しかし，いまの兵十には，そのおっかあはもういない。おっかあのためではなく，自分ひとりのために麦をとぐ兵十の寂しさ……。語り手はそれを，「おっかあが死んでしまっては，もうひとりぼっちでした」と語る。「おれと同じ，ひとりぼっちの兵十か」と語るごんには，兵十の寂しさがわかる。ごんは，兵十に自己を投影している。ごんが兵十の寂しさをよく理解できるのは，ごん自身が寂しいからである。

04　3場面後半の主発問
ごんの兵十への思いが変わったところがありますか

　3場面後半では，「ごんの兵十への思いが変わったところがありますか。あれば，それはどこか考えて書いてください」と指示する。

◯‍◯ 教師の読み
　自分のいたずらを深く後悔し，兵十の寂しさがわかるごんは，いわし事件を起こす。「かごの中から，五，六ぴきのいわしをつかみ出し」たごんは，「もと来た方へかけだ」す。兵十の「うちの中へいわしを投げこん」だ後，ごんは「あなへ向かってかけもど」る。「あなにもどる」のではなく，まるで一目散に駆け込むように「あなへ向かってかけもど」るごんの姿には，「もと来た方へかけだ」す姿と同様，いわし売りに見つかると大変なことになるという緊迫感が感じられる。

このような危険を冒してまで，兵十にいわしを贈ったごんは，「いいこと」をした満足感でいっぱいであっただろう。自分が相手を思い，良かれと思って一生懸命したことが，兵十に迷惑をかけるなどということは，ごんには想像できないことなのである。「盗むことは悪いこと」という判断は，これまでのいたずらと同様，ごんにはできない。この「ずれ」が，ごんなのである。だからごんは，「ごんは，うなぎのつぐないに，まず一つ，いいことをしたと」（下線：鎌田。以下同様）思う。

いわし事件の実際の顛末を知ったごんは，「これはしまった」，「かわいそうに，兵十は，いわし屋にぶんなぐられて，あんなきずまで付けられたのか」と思い，「そっと物置の方へ回って，その入り口に，くりを置いて帰」る。このくりは，ごんが山で拾ったくりである。山で落ちているくりには毬がある。ごんは，毬がついたくりを兵十のために「どっさり拾って」「かかえて」兵十のうちに持っていった。盗難したいわしが，盗まれたいわし売りに痛みを与えるものとすれば，山で拾ったくりは，それをかかえるごんに痛みを与える。

いわし事件以降，ごんが兵十に贈る贈り物は，すべて山で拾ったり，山から持ってきたりしたものとなる。ごんは，人の物を盗って兵十に贈ることはしなくなった。「これはしまった」と思ったごんの思いは，自分の行動を変えるほど強いものだったともいえる。そこには，兵十を通して変わっていくごんがいる。

「次の日も，その次の日も，ごんは」自分の腕の痛みをいとわず，山に落ちている毬のついた「くりを拾っては，兵十のうちへ持って」いく。「その次の日には，くりばかりでなく，松たけも二，三本，持って」いく。

ここでは，「持ってきてやりました」と「持っていきました」の問題を，第4章「第3節5　詳細な読みの中で」（P.125）ですでに取り上げた。そこでは，「行きます」と「来ます」，「やりました」と「ました」の問題を取り上げ，それを語り手の意志とのかかわりで読んだ。それ以外にも，「次の日も，その次の日も」，「次の日には」の問題もある。

第2節　目標分析表の作り方

> ①　次の日も，その次の日も，ごんは，くりを拾っては，兵十のうちへ持ってきてやりました。
> ②　その次の日には，くりばかりでなく，松たけも二，三本，持っていきました。

　第4章「第3節5」で，「『やる』という授受にかかわる補助動詞もある。『持ってきてやりました』は，ごんが兵十のために行動していることを表している」と述べたように，①の「やる」は，動詞の連用形に助詞「て」を介して，恩恵を与える意味を表す。「あの人を助けてやりました」，「あの人を目的地まで乗せてやりました」，「あの人に機会を与えてやりました」の「やる」である。
　しかし，②では，その「やる」が消える。代わりに，「次の日に」に「は」がつき，「次の日には」となる。「は」がつくことで，「次の日に」が，強調され，焦点化される。
　①では，ごんは，「次の日も，その次の日も」，兵十にくりという恩恵を与える存在であった。しかし，その次の一文では，その関係は変わる。語り手は，「くりを拾っては兵十のうちへ持ってきて」やったその次の日なのに，「くりばかりでなく，松たけも二，三本」持っていってやりましたではなく，「持っていきました」と，恩恵を与える表現を使わないで客観的に語る。そこには，ごんと距離を取り，ごんの気持ちを語らない語り手がいる。そのため，そのときのごんの気持ちは読者の想像に委ねられる。
　わずか一文で，兵十に恩恵を与えているというごんの気持ちを表す語り手の表現は消える。あたかもごんが，そうすることを自ら望んでいたかのように。語り手は，その献身さをただただ伝えているように。ここの解釈は，読者に任せますといわんばかりに。こうして語り手は，ごんと兵十の関係が，ごんの中で変わってしまったことを表しているようでもある。ごんの兵十への思いは，より深いものになってしまったようにもとれる。しかし，語り手が，そのことを明言することはない。
　この2文を「つぐない」の視点から読んでいる読者は，②を「兵十に申し訳

ないことをしたと深く反省するごんは，その思いを表すために『その次の日には，くりばかりでなく，松たけも二，三本，持って』いった。お詫びの気持ちなのだから，『持ってきてやりました』という恩恵の表現にはならない」と読む。

　解釈は，読者に委ねられる。本文からどんな意味を補充し，加工するかは，読者に任されている。だからこそ，「ごんぎつね」は面白い。だからこそ，読者は自らの読みを他者と交流する必然性をもつ。

| 05 | 4場面・5場面の主発問 |

ごんは，なぜ「兵十のかげぼうしをふみふみ」ついていったのでしょうか

　ここでの主発問は，「ごんは，なぜ『兵十のかげぼうしをふみふみ』ついていったのでしょうか」である。

　この部分については，第2章「第4節2　5場面での発問」(P.92)に詳しく述べているので，その部分は割愛する。いくつかの「空所」，「否定」を読者に発生させてきた「ごんぎつね」の中でも，お互いの読みを交流しがいのある学習場面であり，2次の終わりに近い時間でもある。ここで，子どもたちがどのような読みを展開するのか，指導者としては大いに楽しみなところである。

　そこで，子どもたちの「一貫した解釈を構成する能力」を見るうえで，4場面・5場面のねらいを，

○主発問「ごんは，なぜ『兵十のかげぼうしをふみふみ』ついていったのか」

　に対する自分の読みを，理由とともに述べることができる。

とする。

◯→ 教師の読み

　5場面の終わりで，ごんは「おれが，くりや松たけを持っていってやるのに，そのおれにはお礼を言わないで，神様にお礼を言うんじゃあ，おれは，引き合わないなあ」と語る部分がある。「引き合わない」，割が合わないと，ごんがこぼすのはなぜなのか。それなのに6場面でまた，「その明くる日も」「くりを持

って，兵十のうちへ出かけ」るのはなぜなのか。

　兵十は一連の行為を，ごんがしていることとは知らない。ごんが，兵十に気づかれないように行動しているからである。これでは，兵十がごんに気づかないことも，ごんに「お礼を言わない」ことも当然のことである。そもそも「つぐない」は，相手に与えた損失を埋め合わすことができたならば終了する。「ごんぎつね」であれば，ごんが「つぐなえた」と思ったら，終わるものである。「つぐない」とは，そういうものであり，自分がつぐなっている立場であれば，相手からの見返りは基本的に期待しない。

　しかし，ごんは兵十からの反応を期待している。それが，「引き合わないなあ」という表現に表れている。「引き合わないなあ」と，兵十からの見返りを期待している時点で，すでにそれは，「つぐない」だけの気持ちとはいえない。

　ごんは，自分は身を隠して一連の行為をしていながらも，兵十の反応を期待している。兵十が，「くりや松たけを持っていってやる」「そのおれに」「お礼を」言ってくれることを心のどこかで期待している。それは，まるで自分の思いが，相手に届くことを願っている片思いの人のようである。少しでも，あの人が自分の方をふり向いてくれないかと恋い焦がれている人のように。ごんは，兵十と仲よくなりたいのである。

　だからごんは，「引き合わないなあ」と言った後でも，「その明くる日も」「くりを持って，兵十のうちへ出かけ」る。兵十のところに行くという行為の先にしか，自分のことを気づいてくれる兵十の存在はない。いや，ごんにとっては，自分が兵十のところへ行かないということを考えることのほうがむずかしい。ごんは兵十のところへ行きたい。「兵十のうちへ出かけ」ないことなど，ごんには想像だにできないことなのであろう。

　ごんにとって兵十は，それほど大事な相手になっていた。それは「つぐない」の域を超えた，兵十へのごんの思いのふくらみである。

| **06** | 6場面の主発問 |

兵十はごんをうったショックを乗り越えた後，どうしたと想像しますか

6場面では，「兵十はごんをうったショックを乗り越えた後，どうしたと想像しますか。考えて書いてください。」と指示する。

教師の読み

6場面の4行目（p.79の1行目）から，語り手は一転して，視点をごんから兵十の側に移す。そのことで，語り手は，

○「きつねがうちの中へ入ったではありませんか」
○「こないだ，うなぎをぬすみやがったあのごんぎつねめが，またいたずらをしに来たな」
○「『ごん，おまえだったのか』」（下線：鎌田。以下同様）

と，兵十のごんへの思いとその移り変わりを次から次へと語る。

初め，語り手は固有名詞を使わず，「そのとき，兵十は，ふと顔を上げました。と，きつねがうちの中へ入ったではありませんか」と語る。このとき，語り手はごんを「きつね」と語っている。兵十は，「ふと顔を上げ」ただけであったため，目にした侵入者が「きつね」であることしかわからなかったということも，語り手は語っているのかもしれない。

しかし，その次の文では，語り手は兵十になって，「こないだ，うなぎをぬすみやがったあのごんぎつねめが，またいたずらをしに来たな」と語る。「ふと顔を上げ」ただけの兵十なのに，「きつね」は「あのごんぎつねめ」に変わる。「ふと顔を上げ」ただけの兵十が，なぜ，侵入した「きつね」を「こないだ，うなぎをぬすみやがったあのごんぎつね」だと確信をもって語ることができるのか。考えてみれば，これも不思議なことである。

ごんには，一目でそれが「ごんぎつね」であると判別できる身体的な特徴，例えば他のきつねとは違う耳や尾の形，体の模様があるわけではない。しかも，1場面後半では兵十は，「うわあ，ぬすとぎつねめ」（下線：鎌田）と言ってい

る。兵十は，うなぎを盗まれた瞬間には，それがごんの仕業であるとはわからなかった可能性も残されているのである。にもかかわらず，６場面では「こないだ，うなぎをぬすみやがったあのごんぎつね」と断定している。

　では，それらがなぜごんの仕業であると，兵十はわかったのか。そこには，村人のごんに対する悪評があったのではなかろうか。村人の気持ちを読むことができないごんは，その「ずれ」ゆえに，村人から疎まれていた。兵十の村でそんなひどいいたずらをするきつねといえば，ごんに違いないというごんへの悪評が村にはあった。何かあれば，それはごんの仕業だ，あのごんぎつねの仕業だというように。

　だから兵十も，うなぎ事件の盗人はごんであると思った。「うちへ入」るきつねは，「いたずらをしに来た」「ごんぎつね」に違いない。これが，兵十の暮らす村でのごんに対する評判なのである。

　「あのごんぎつねめ」の「め」は，「あいつめ」，「犯人め」の「め（奴）」である。相手を見下す「め（奴）」に，うなぎ事件以来の兵十のごんへの怒りや恨みが感じられる。「ようし」と火なわじゅうを取りに立ち上がる兵十。ごんの村人との「ずれ」，村人のごんへの悪評，兵十の怒りと恨み，「こないだ，うなぎをぬすみやがったあのごんぎつねめ」と兵十が思ったことが，火なわじゅうでごんを撃つ悲劇へとつながる。

　かたやごんは，「おれと同じ，ひとりぼっちの兵十か」と思ってからは，「その次の日には，くりばかりでなく，松たけも二，三本，持っていきました」，「兵十のかげぼうしをふみふみ行きました」と行動するほど，兵十への思いを募らせてきた。

　しかし，それに比べて，「こないだ，うなぎをぬすみやがったあのごんぎつねめが，またいたずらをしに来たな」と語り手が語る兵十の気持ちは，「うなぎをぬすんだきつねめ」という思いのまま，何も変わっていない。残酷なほどのごんと兵十との思いのすれ違い，思いの「ずれ」。ごんの思いが，このときには少しも兵十に届いていないことが，兵十の台詞を通して痛いほど伝わってくる。

　「ようし」と言って，火なわじゅうを取って，火薬をつめる兵十……。「土間

に，くりがかためて置いてあるのが」兵十の「目に」ついたのは，「戸口を出ようとするごんを，ドンと」兵十が撃ち，ごんが「ばたりとたおれ」た後であった。取り返しのつかない悲劇は，こうして起きた。

　「土間に，くりがかためて置いてあるのが目につ」いてからの兵十は，あっという間に事態を飲み込む。そこには，聡明と表現してもよいような兵十の姿がある。「おや」と，「兵十は，びっくりして，ごんに目を落と」す。その後，兵十の口をついて出た台詞は，「ごん，おまえだったのか。いつも，くりをくれたのは」である。このとき初めて，ごんは，兵十から声をかけてもらう。

　兵十の言葉に，「ごんは，ぐったりと目をつぶったまま，うなず」く。いたずらと，くりや松たけを届けることでしか，自分の思いを伝える術をもたなかったごんは，最後まで，兵十に何かを語ることはなかった。しかし，最後に，兵十の問いかけにうなずくことはできた。しかも，これまでで最も兵十と近い距離で。これが，ごんの最期の瞬間である。

　こうしてごんは，最後に，最も近くで，兵十に自分の思いを受け止めてもらうことができた。そして兵十から，「ごん」と自分の名前を呼んでもらい，うなずくことで兵十と思いを伝え合うことができた。しかし，その代償のように，ごんは，その命を終える。

　すべてがわかり，取り返しのつかないことをしてしまったと悟った兵十は，その衝撃から「火なわじゅうをばたりと，取り落と」す。「青いけむりが，まだ，つつ口から細く出てい」る。ごんの命は絶えても，その命を奪った火なわじゅうからは「まだ」けむりが出ている……。それは，兵十の誤解から起きてしまった悲劇が，取り返しのつかないことであるということを，余韻をもって読者に伝える。時間の針は，元へは戻せない。

　「円いはぎの葉が」「大きなほくろみたいにへばりついて」いても気づかないほど，おっかあのことを思ってうなぎを獲っていた優しい兵十である。「土間に，くりがかためて置いてあるの」を見てから，あっという間に事態を飲み込んだ賢い兵十でもある。

　その兵十が，ごんが優しい心根をもち，ずっと自分のことを思ってくれてい

たことを悟ったとき，自らの犯した取り返しのつかない出来事に，どれほど苦しみ，傷ついたことであろうか。何日も何日も，兵十は苦しんだかもしれない。何日も何日も，自分の行動を悔やみ，自分で自分を責めたかもしれない。ごんの思いがわかればわかるほど，兵十は自らを責め，自らを苦しめたであろう。

すべてを受け入れ，大きな大きなショックを乗り越えたあとの兵十は，いったいどのような行動をしたのであろうか。これを，子どもたちは，いったいどのように想像することができるのであろうか。

殿様の時代にあったごんと兵十の物語は，事件の遙か後の現代にまで語り継がれている。そのことは，物語の冒頭が「わたしが小さいときに，村の茂平というおじいさんから」この話を聞いたことからわかる。

■■ 基礎・基本の指導 ■■

目標分析表（P.180～181）の「診断」欄にあげてあるように，単元に入る前に，子どもたちにさせておく用意がある。そのうち「漢字の意味がわかり，読むことができる」，語彙，「本文をつまらず（吃音の子どもへの配慮を忘れない），間違わずに音読することができる」と，1次での「あらすじを読む」は，試案の「漢字能力」「語彙能力」「音読能力」「あらすじを読む能力」（第2章第2節）に対応している。これらは，「読むこと」の基礎・基本であることはもちろん，国語科指導の基礎・基本にあたる。新学習指導要領において「基礎的・基本的な知識及び技能」と表現されている内容といえる。

> 「漢字の意味がわかり，読むことができる」⇔「漢字能力，語彙能力」
> 「本文をつまらず（吃音の子どもへの配慮を忘れない），間違わずに音読することができる」⇔「音読能力」
> 「あらすじを読むことができる」⇔「あらすじを読む能力」

4 手順2──マトリックスをつくり，分析的に思考する

■■ マトリックスをつくる ■■

目標分析表（P.180～181）は，縦と横でできた長方形の表（マトリックス）であり，縦軸に内容，横軸に能力を入れる。本書は，中核目標設定のために4つの観点（P.139を参照）を横軸に用いる。

■■ 指導書の展開を記入する ■■

次に，教科書と指導書をよく読んだうえで，指導書に書いてある1時間ごとの授業の内容（目標やねらい）を目標分析表に記入する。この作業を通して，指導書が単元の構造をどうとらえているのかを把握し，指導者は，自分がどの程度指導書や教科書を読み込めているのかをチェックすることもできる。

この段階で，教科書や指導書を繰り返し読み，教材文の読みが深まるということも多い。指導書と教材文の読みの往復は，教師の読みに新たな発見を与えてくれる。国語科指導において，教師の読みは，あらゆる教材にとって決定的に重要な役割を果たすものである。

■■ 分析的に思考するポイント ■■

分析的に思考するためには，何をポイントにすればよいのか。筆者は，以下の点を大切にしている。

〔ポイント1〕単元の出口は明確か
〔ポイント2〕2次の言語活動は工夫されているか

この2つのポイントについて，次に詳しく述べることにする。

5 単元の出口

■■ 獲得すべき言葉の力 ■■

「内容・価値か形式か」，「人間形成か言語技術か」，「確かな読みか豊かな読みか」といった2項対立を乗り越え，子どもたちのために，バランスの取れた「獲得すべき言葉の力」を明確にしていきたい。

そのためには，本章で述べるように，単元の内容を目標分析を通して中核目標が見えるまで読み解く必要がある。そのため，学習指導要領と教科書の内容について精通することも求められる。「獲得すべき言葉の力」は，それらを通して明確になっていく。

例えば，読むこと単元のうち，文学作品を取り上げた教科書の単元名だけを列挙しても，そこには系統性が見えてくる。光村図書の場合であれば，以下のようになる（「　」単元名，（　）教材名）。

　1年：「みんなで　よもう」（大きな　かぶ）
　　　「おはなしを　たのしもう」（たぬきの　糸車）
　2年：「本と　友だちに　なろう」（スイミー）
　　　「お話を楽しもう」（スーホの白い馬）
　3年：「本と友だちになろう」（三年とうげ）
　　　「場面の様子をそうぞうしながら　読もう」（ちいちゃんのかげおくり）
　4年：「本と出会う，友達と出会う」（三つのお願い）
　　　「本と友達になろう」（白いぼうし）
　　　「場面をくらべて読もう」（一つの花）
　5年：「本に親しみ，人間を見つめよう」（新しい友達）
　　　「人物の考え方や生き方をとらえよう」（わらぐつの中の神様）
　6年：「本に親しみ，自分と対話しよう」（カレーライス）
　　　「表現を味わい，豊かに想像しよう」（やまなし）

1つは，「本と友達になろう」といった単元名で代表されるように，読書の楽しさを体験させ，読書生活へ子どもたちを誘うための単元が，全学年に設定されていることである。本書では，「本のプレゼント」として紹介しているようなおすすめの本の紹介を軸にした読書生活の活性化は，新学習指導要領ではなく，現行学習指導要領の基での教科書においても，年間計画の中に明確に位置づけられている。現場で教師をしていながら，この点での理解が弱い人が少なくない。

2つ目に，低学年では，「だれが」，「どうした」という簡単な文型や話型を軸

にしながら，話の順序をおさえて作品を読む力を育て，中学年では，登場人物の気持ちを想像しながら読むという「読む力」の系統性が，そこには見える。

なかでも，中学年で育てる「想像しながら読む力」は，登場人物の気持ちを想像して読むことであり，そのためには，

登場人物の気持ちを想像して読む
→そのためには，登場人物がおかれている場面の様子を読む
→そのためには，表現や言葉にこだわって読む

ことが大切になる。これは，書かれてあることを基に（登場人物がおかれている場面の様子，表現や言葉），書かれていないことを想像して読む力といえ，第2章で述べたように，「読むこととは何か」に沿った読む力である。また，「本節3」の「1場面前半の主発問」（P.143）で述べたように，想像して「読む」ということは，人の思いを「読む」ことでもある。場面の様子を読み，登場人物の気持ちを想像して読む力は，相手の気持ちを読み，相手を理解する力につながる。

3つ目に，2つ目の読む力のうえに高学年では，「人間を見つめよう」，「人物の考え方や生き方をとらえよう」，「自分と対話しよう」といった単元名の表現で明らかなように，発達段階にふさわしく自分の意見や考え方を明確にしたり，自己を見つめる力を問うたりする，本書でいう内面世界の育ちを国語科でも育てることを大切にしている。

これらを踏まえたうえで，「獲得すべき言葉の力」を考えるときには，それが他の単元や学年，他教科，領域，総合的な学習の時間や現実生活に転移でき，活用できる力であるよう留意したい。そのことにより，国語科で学んだ言語活動，言葉の力が，他教科，領域，総合的な学習の時間，現実生活につながりやすいからである。

■■「単元の出口」とは■■

前項の「獲得すべき言葉の力」は，単元指導計画作成においては，教科書の内容に即して単元目標を具体化し，中核目標と評価規準を明確にする作業の中

で明確化（具体化）される。ただし，国語科において中核目標と評価規準を明確にするためには，「単元の出口」を明らかにしなければならない。

「単元の出口」には，2つのレベルがある。1つは，学習過程上の3次で設定している言語活動を指す場合である。2つ目は，その言語活動を通して子どもたちに書かせたい文章，吹き出し，作らせたい壁新聞，話させたいスピーチ，発表させたい子どもの思いといった具体的なものである。本書では，このレベルの「単元の出口」を「学習モデル」と表現する。

「単元の出口」を「学習モデル」レベルまで具体化できると，教師にとっては，その単元で「おおむね満足できると判断される」B規準が，かなり明確になる（具体例は後述）。また，指導案には，本時の指導案でB規準例をあげるように薦めたい。このようにして，子どもたちに到達させたいゴールを明確に具体化できると，その教師の指導は，的確で，見通しのしっかりしたものとなる。

「獲得すべき言葉の力」にも，2つのレベルがある。1つは，目標分析を通して，中核目標として掲げられるものであり，指導者の言葉で表現されたものである。2つ目は，子どもたちが話したり，聞いたり，書いたり，読んだりする際の『めあて』になるレベルのものであり，子どもたちが自己評価や他者評価でも使えるように子どもたちの言葉に置きかえられたものである。このレベルのものは，子どもたちが言語活動をする際の羅針盤となり，主体的な学習を進めるうえで最も大きな力の1つになる。そして，この2つ目は，「単元の出口」を「学習モデル」レベルにまで明確化（具体化）してこそ，見えてくるものである。

教科書を使った指導の場合，「獲得すべき言葉の力」を明らかにするためには，教科書が示す「単元の出口」を教師がどう読むことができるかということが，何よりもまず重要になってくる。そこで，教師は教科書の示す「単元の出口」をどのように読めばよいのか，その読み方を以下に述べておく。

① 第1に重要なポイントは，単元目標をしっかりと意識したうえで，教材文を含む単元の該当ページ全体を，目標分析の4つの観点，「正確に読む能

力」,「一貫した解釈を構成する能力」,「読書力」,「獲得すべき言葉の力」を羅針盤にしながら,繰り返し読むことである。
② 次に重要なポイントは,教科書が示す「単元の出口」を見つけ,それを分析的に読むことである。教科書は3次の言語活動をどのように設定しているか「学習モデル」が掲載されていないかを読む。そのため,教科書の単元該当頁の終わりに掲載されていることの多い例文（壁新聞例,本の紹介例,作品例など）やスピーチ例がないかどうかを確認することから始める。それがある場合は,その作品例を,

ア 字 数
イ 使用している話型・文型
ウ 構 成
エ 内容・価値

などから具体的に読み,到達すべきゴールをできるだけ具体的にする。（具体例をP.166,「② 教科書に出口がある場合」で述べる。）
　ゴールが具体的になったら,次にゴールを実現するために必要な要素が何かを思考する。
③ 「学習モデル」が教科書にない場合は,教師がそれを自ら用意したり,作成したりすることになる。（具体例を次項で述べる。）ゴールを具体的にするには,子どもたちに書かせたい文,話させたい内容を,教師自らが自分で書いてみることが最も効果的である。それが,単元の「おおむね満足できると判断される」B規準の評価規準になる。このように具体化されたゴールが出来上がると,そこに到達するために必要な要素が具体的に見えてくる。

■■「単元の出口」の設定■■

① 教科書に「単元の出口」がない場合は,教師が作る

　「単元の出口」の設定については,教科書会社や単元によって,作業が異なる。例えば光村図書の場合,文学教材を使った「単元の出口」は,かなりの部分

を教師に任せている。こういう場合は，教師が単元目標の特質を考慮し，「単元の出口」となる言語活動を自らが工夫して作る必要がある。その際の方向性としては，

> A　いつの間にか子どもたちが単元目標に接近していた，というような言語活動の設定
> B　どうしても体験させたい言語活動の設定

の2つがある。それぞれの例をあげよう。

〈Aの例〉

> 光村図書3年（下）
> ○単元名「場面の様子をそうぞうしながら読もう」
> ○教材名「ちいちゃんのかげおくり」

を例にとって考える。

　教材文「ちいちゃんのかげおくり」を「場面の様子をそうぞうしながら読」むために，3次の「単元の出口」となる言語活動を次のように設定する工夫が考えられる。

　○「伝えたい相手（できるだけ1，2年生の設定のほうがよい）を決め，その相手にちいちゃんのおかれている様子や気持ちがよくわかるような音読劇の台本作りをしよう」と提案し，こうつけ加える。「この音読劇はね，教室のスピーカーから流すような，耳だけで聞く音読劇なんですよ」と。

　こうすることで，子どもたちは，自然と「ちいちゃんのかげおくり」の行間や，体言止めやダッシュの後に，自分が想像して読んだことを説明のために加え書きしていく (注8)。このとき，本文からかけ離れた想像が起きないように，ちいちゃんの気持ちを想像するためにはちいちゃんのおかれている様子を読まなければならないことを子どもたちに指導しておく。

〈Bの例〉

> 光村図書 4 年（下）
> ○単元名「場面をくらべて読もう」
> ○教材名「一つの花」

を例にとって考える。

　読書生活を振り返り，読書力を豊かにするため，どうしても体験させたい言語活動として「読書感想文」を設定したとする。また，子どもたちの実態から，「読書感想文」の書き方についても，指導する必要があるとする。しかし，教科書には「読書感想文」の例はない。このような場合には，教師が，求められる「読書感想文」を用意するか，作らなければならない。

　学校の中にあるすぐれた「読書感想文」を取り上げてもよい。他校のものでもよい。しかし，その読書感想文は，以下の2つの条件を満たしていなければならない。

　　ⅰ　「おおむね満足できると判断される」B規準以上であること
　　ⅱ　「獲得すべき言葉の力」のモデルになるものであること

　今回は，用意できるふさわしい「読書感想文」がなかった場合を例にして説明しよう。

　この場合，教師が代わりのモデルとなる「読書感想文」を作らなければならない。そこで，インターネットから「青少年読書感想文全国コンクール」（http://www.dokusyokansoubun.jp/index2.html）の入選作品を参考にしてモデル文を作ることにする。すぐれた「読書感想文」は，作品に書かれてあることを自分の生活に引き寄せて読んでいるもの，いわば作品と自分との往復があるものといえる。これが，ⅱにあたる。そこで，モデル文を作る際には，そのことが子どもたちにわかりやすくなるように手を加える。結果として，以下のようなポイントでモデル文を作る。

　　○コンクールで1200字以内となっている4年生の字数は，800字以内とする。
　　○作品に書かれてあることを自分の生活に引き寄せて読んでいる文章の形式

第2節　目標分析表の作り方

を子どもたちが見つけやすくなるように，作品に書いてあることを取り上げている段落と，自分に引き寄せて読んだ意見や感想を述べている段落というように段落ごとに内容を整理する。
その結果，出来上がった作品が以下のものである。

モデル文（第53回青少年読書感想文全国コンクール小学校中学年の部最優秀・内閣総理大臣賞受賞作品改：題名，氏名，本文で20字×39行＝780字程度）

　　　「やさしい心」

　　　　　　　　　　　　　　　　　　　　四年　〇〇　〇〇

　本屋さんで「スペインの子どもたちに熱狂的にしじされているベストセラー！」という本のおびを見つけた。それがどんな本なのか気になって読んでみた。
　重い病気にかかったピトゥスを助けるために，なかよし五人組のタネットが考えたあんは動物園を作ろうだった。動物園を作って，お客さんをよんで，お金を集めようというのだ。
　タネットのていあんを聞いて，初めは，私もピトゥスの仲間と同じように，「えーっ，むりだよ。それはよいあんだけど，小学生にはできっこないよ。」と思った。しかし，読んでいくうちに，登場人物みんなが元気で，生き生きしているので，もしかしたら動物園作りは成功するのではないかと思えるようになり，わくわくしてきた。今までいろんな本を読んだけれど，こんなに元気をもらった本は初めてだった。
　初めは，空き地に動物を集めようという計画であったが，動物園ができ，集まったのは動物たちだけではなかった。みんなの気持ちや知えや幸せがいっぱい集まった。いつの間にか町の人たちみんなが実行委員で，町の人みんながお客さんになっていた。
　私には「ピトゥスの動物園」は，動物園につめかけたピトゥスを思う仲間たちや町の人たちみんなの「やさしいすがた」に見えた。「私の住んでい

> る町もこんな町にしたい」と強く思った。
> 　この本を読んで，私の心の中にも，友だちといろんなことを，どんどんやっていきたいという気持ちがわいてきた。私も友だちによびかけ，仲間をふやし，自分の未来や社会の未来を明るくしていきたい。大切なことは，「やろう」という前向きな考え方と，心を一つにして力を合わせることだ。

　子どもたちに，このモデル文に青色，赤色の線（青色は，作品に書かれていることやそれを紹介したり引用したりしているところ，赤色は，書き手が作品を自分の経験に引き寄せ，自分の思いや感想を書いているところ）を引かせる。そうすると，青色の段落と赤色の段落が交互になっていることがわかり，子どもたちは，段落の役割や「読書感想文」の書き方に気づきやすくなる。
　段落の役割に気づかせ，
　○「本に書いてあること⇔自分の経験や感想，思い」
という読書感想文の書き方を学ばせる。
　そして，「一つの花」の各場面を読む学習では，読んだことを
　○「本文⇔自分の経験や感想，思い」
という書き方で発表し，みんなと交流する。交流によって気づいたことを基に，自分の書いたものを修正することを繰り返す。
　そのようにして各場面を読んだうえで，2次の終わりには「一つの花」の感想文を書き，
　○「本に書いてあること⇔自分の経験や感想，思い」
という書き方が獲得できているかをさらに教師は見る。
　そうした螺旋的反復的学習のうえに，3次では，教師が紹介していた本の中から選んで読んだ本の読書感想文を，子どもたちが書くという展開である。

② **教科書に出口がある場合**
　教科書に「単元の出口」が示されている場合は，本章「本節5■『単元の出口』とは■」（P.160）の①〜③で示したように，教師が，教科書を分析的に読み，単元設計を行えばよい。

> 光村図書1年（下）
> ○単元名「本と　ともだちに　なろう」
> ○教材名「ずうっと，ずっと，大すきだよ」

を例にあげて説明する。

　教科書の36ページでは，
　○「おはなしを　よんで　おもった　ことを，はなしましょう」
という言語活動が設定されていることがすぐにわかるので，分析的に読む。すると設定された言語活動は，
　○「すきな　本や，おもしろかった　本」を「ともだちに　しらせましょう」
　　という1年生なりの本の紹介
　○絵と本文から，子どもが持った紙の表には「おはなしに　出てくる　人や　どうぶつ」の絵を描き，その裏に「しらせたいこと」を書く
というものであることが読める。

　大事なことは，「しらせたいこと」の要素であり，それは，
　○「本のだいめい」「出てくるどうぶつ」「あったこと」
であることが読める。次に大事にすべきことは，教科書に示された
　○「あったこと」
の一文である。37ページに掲載されている「本のだいめい」，「出てくるどうぶつ」，「あったこと」で構成された作品例は，本書が「学習モデル」と表現するレベルのものである。このくらいのレベルのことを子どもたちが書ければ，この単元ではB規準になることが教科書から読める。

　「あったこと」では，

・本のだいめい
　どろんこハリー
・出てくるどうぶつ
　犬のハリー
・あったこと
　おふろのきらいなハリーが、そとに出てどろんこになります。

○「おふろのきらいなハリーが、そとに出て、どろんこになります」
という一文が掲載されていることから、「あったこと」は、
　　○「だれが、何をしています」
という話型・文型を求めていることがわかる。あとは、その学級の学びの履歴に合わせて、
　　○「おふろのきらいなハリーが、そとに出て、どろんこになるところをしょうかいします。なぜかというと……だからです」
という理由〔根拠〕をつけ足すかどうかを判断すればよい。

　そういう力を子どもたちにたしかに獲得させるためには、国語科の学習に螺旋的反復的学習が必要となる。そこで、2次は、
　　○「ずうっと、ずっと、大すきだよ」の各場面を読んで、子どもたちが友達に紹介したいところを「しょうかいしたいところ」としてワークシートに書かせて発表し、交流する
言語活動にする。

③　3次の言語活動（「単元の出口」）を理解していない実践

　2次で取り上げる教材文と3次の言語活動の組合せによってバリエーションはあるものの、基本的には、①も、②も、教科書を活用し、3次の言語活動「単元の出口」に向かって教材文を使い、螺旋的反復的な言語活動を通して目指す言葉の力を確実に子どもたちに獲得させていこうという方向性である。

　学校によっては当たり前になっているこのことを、一部ではあるがまだ理解できていない実態もある。それでは、求められる国語科指導は実現しない。

　例えば、

教育出版の6年（下）
○単元名「二　本の世界を深めよう」
○教材名「きつねの窓」、「『読書座談会』をしよう」

の場合、10時間の配当時間のうち、「きつねの窓」が4時間、「『読書座談会』をしよう」が6時間となっている。しかし、このことを見落とし、「きつねの窓」

の読み取りに多くの時間を費やし，肝心の「本の世界を深め」るための「読書座談会」をやらないで終わるレベルの実践が，現場にはまだまだ残っている。これは，早急に改善しなければならない実態である。

④ 「単元の出口」にこだわる――単元目標，評価規準，指導案

　単元目標，評価規準にこだわっている教師は，多いように見えて，期待するほどには多くない。掲げた評価規準が，「単元目標を内容に即して具体化して明確化したもの」でもなく，単元目標の文末表現を少し変えただけで素通りして終わっている場合もある。

　一般的に指導案では，単元目標も評価規準も，あまり多くない字数で簡潔に書き，具体的に書かない場合が多い。そのために，単元目標と評価規準を具体化していないことの綻びが見えにくい。しかし，もし長文で具体的に表現するとなれば，「単元の出口」を明らかにできている教師と，そうでない教師の差は歴然となる。

　仮に，指導案の単元目標と評価規準の表記では綻びが見えにくくとも，指導案の「教材観」「児童観」「指導観」や，「単元の出口」を具体化していない単元指導計画から，教師の綻びは見える人には見える。「単元の出口」を明らかにできていない教師のそれらは，指導書のコピーの域を出ていなかったり，指導書を十分に読んでいないレベルであったりする。それでいて，自分のやりたいことにかかわる部分だけは，自己流で「自由に」書くため，指導案の整合性が欠けたものになってしまう。

　ここで，関連して「児童観」，「教材観」，「指導観」についても少し述べておく。この点での不理解を目にすることがあるからである。

〈児童観〉
　「児童観」は，これから指導する単元目標や単元内容と関係する「言葉の力」を中心に述べなければならないところである。しかし，それとは関係のない表記や，生徒指導の学級実態報告のような表記が，一部にはまだある。

> 〈教材観〉
>   「教材観」は，前学年，自学年，次学年の3年間の縦の系統性と，自学年の1年間の横の系統性を書くべきところである。しかし，自学年の教材についての表記だけに留まっている「教材観」もある。
> 〈指導観〉
>   児童観と教材観の上に成立する「指導観」は，指導者の単元構想が明確に述べられる箇所である。しかし，「指導観」に該当する表記のない指導案が中にはある。逆にいえばそれは，いかに指導者の単元構想が明確になりえていないかを示している。「指導観」を省略することがあってはならない。

　また，「略案」ではなく「指導案」と位置づけながら，「単元指導計画」そのものを省略し，「本時の展開」しか書かれていないものも，中には存在する。これも先の「指導観」同様，指導者の単元構想が不明確で，そのため本時だけを重視する本時中心主義に陥っていることを示す事例である。これらは，学校現場や教師にとっての目標分析の重要性を逆に示している。
　こういうことのないように，教師は，機会あるごとに地元の国語研究会などに参加し，指導案の形式についても学んでおきたい。

■■「ごんぎつね」の単元の出口■■

　「ごんぎつね」学習後に子どもたちを読書に誘うことは，国語科にとって当たり前のことである。国語科であるかぎり，読むことの単元では，どの単元においても，最後には子どもたちを読書へと導かねばならない。単元終了後の読書への誘いは当然の前提である。したがって，読むこと単元の「単元の出口」では，読書に導く手前の言語活動や，読書量を確実に増やす言語活動を明確にすることが求められる。本単元では，「本節1」の「獲得すべき言葉の力」で「名作『ごんぎつね』を教材文とするのであるから，その作品世界を子どもたちには是非十分に読み味わわせたい」（P.140）としている。そこで，「単元の出口」として，読書感想文を書くことを設定する。

すぐれた読書感想文は、すでに「本節5■『単元の出口』の設定■」のBの例（P.164）で述べたように、「作品に書かれてあることを自分の生活に引き寄せて読んでいるもの、いわば作品と自分との往復があるもの」である。よい読書感想文は、子どもたちのよい読みからしか生まれない。そのためには、子どもたちが作品世界を十分に読み味わっていることが求められるのである。しかも、子どもたちに、思考力、判断力、表現力を育てる書くことを仕組むことができる。

■■ 単元名，単元目標 ■■

　前項で「単元の出口」が決まったので、本単元の単元名と単元目標を以下のように設定する。

> ○単元名
>   「場面の様子や登場人物の気持ちを想像して読み、読書感想文を書こう」
> ○単元目標
>   ・一貫した解釈を構成する能力を育てるために、場面の様子や登場人物の言動を読み、それを基に登場人物の気持ちを想像して読むことができる。
>   ・読んだことを自分に引き寄せた読書感想文を書くことができる。

6　2次の言語活動

■■ 2次の言語活動に求められる要素 ■■

　2次の言語活動に求められる要素は以下の点である。

> ①　単元の出口に向かって、螺旋的反復的学習を保障し、確実に子どもたちの言葉の力を育てられる仕掛けになっている。
> ②　予測できるつまずきに対応している。

■■ 螺旋的反復的な言語活動 ■■

　子どもたちが、単元の出口で求められる言語活動のレベルに達するためには、2次で螺旋的で反復的な言語活動を組むことが最も効果的である。学習が進む

につれて，初めは先生に教えてもらい，次には先生と一緒にやり，次には自分の力で挑戦をし，最後にはいくつかのポイントをもち自信をもって言語活動に取り組めるという言語活動の仕掛けが必要である。

■■ **予測できるつまずきに対応する①** ■■

　残念な話であるが，「『ごんぎつね』を子どもたちが読めない」という教師の声をときおり耳にする。子どもたちが，本文としっかり向き合えないため，主発問を用意しても，書いてあることを理解しないまま，浅い読みで思考し，発言しているというのである。「子どもたちが変わったから……」と，かなり深刻な顔で話をされる。そういう現実が増えてきているのかもしれない。しかし，それはそのまま，教師の国語科指導力，単元計画づくりや授業づくりの能力や工夫を求めているということである。

　悩んでいる教師には，「私ならこうしますよ……」と，なるべく具体的な打開策を話すように心がけている。それは，2次で螺旋的反復的な言語活動をどう単元指導計画に仕組んでいくかという具体的な話になる。例えば，本単元なら以下のような話をすることになる。

　なるほど，子どもたちに任せていては，読みは浅くなるかもしれません。それを乗り越えるポイントは2つあります。

　1つは，1次で行う音読や漢字・語彙，あらすじといった基礎・基本の指導をていねいにすることです。

　音読のときにも，子どもたちの読みを左右する言葉や表現の意味や理解を確かめる問いをしたり，説明をしたりしてください。「ごんぎつね」には，いまの子どもたちが知らない言葉も多くあります。その意味を指導する機会も1次のこのときです。

　もう1つは，2次の言語活動の仕掛けを工夫することです。

　場面に分けて同じ濃さで指導をしても子どもたちが読めないのならば，場面を分けずに指導してみませんか。いつもいつも「場面に分けなければ子どもたちが作品を読めない」と決めてかかる必要はありません。全体を

テーマに沿って読む読み方です。それは、子どもたちに「一貫した解釈を構成する能力」を求める意義のある読み方です。それに、読書感想文はそもそも1つの作品を初めから終わりまで読み通して書くものです。そこで、次のようなテーマを設けて、全体を通して子どもたちの読みを問いませんか。

　A　「いたずらばかりするごん」を読もう
　B　「ひとりぼっちのごん」を読もう
　C　「兵十への思いをふくらませるごん」を読もう

　そこに、螺旋的反復的な指導を仕組みます。次のような話を子どもたちにしましょう。その話は、1次の学習計画を立てるときにするのがよいと思います。

　「この単元は、読書感想文を書きます。読書感想文は、作品をしっかり読んでいないと書けません。だから、『ごんぎつね』をしっかりと読まないといけませんね。そこで、先生は考えました。『ホップ、ステップ、ジャンプ読み』です。

　まず、『A「いたずらばかりするごん」を読もう』では、先生と一緒にしっかり本文を読む勉強をしましょう。ここでは、まだ読書感想文を書くわけではありませんから安心してください。読書感想文の書き方は、先生がちゃんと教えますからね。

　『B「ひとりぼっちのごん」を読もう』では、学んだ読書感想文の書き方を使って、先生と一緒にミニ感想文（2段落構成。初めの段落は、本文から引用し、次の段落は、自分ならどうするか、自分ならどういうことになるかというように、自分に引き寄せて書く。初めの段落が根拠、次の段落が意見という論理的な構成にもなっている）を書きます。Bでも2時間を使って、初めの1時間で本文をしっかり読めているかを確かめながら学習しますから安心してください。ミニ感想文は、その次の時間に書きます。

　『C「兵十への思いをふくらませるごん」を読もう』は、みなさんが中心になって本文を読んで書き、それを交流します。Cも2時間使います。B

でしっかり学んでくれたら，Cは自信をもって取り組めるようになります。Cでは，友達の書いたミニ感想文が，先生のような大事な存在になりますから，友達の発表を大事にしてくださいね。」

　先生，もうおわかりですか。A，B，Cと進むにつれて，初めは教師主体の学習であったものが，子ども主体へと変わっていく仕掛けなのです。それだけではありません。Aでは，「いたずらばかりするごん」を書いているところに線を引き，それを発表し合う学習をします。このときに，子どもたちの読みが構成されるうえでポイントになる表現を子どもたちが読み落としていないかどうか，発問や観察を通して子どもたちの読みをこちらは確かめ，読めていない弱いところがあれば，指導するのです。「本文に書いてあること→自分の意見（読み）」です。こういうふうに単元を組めば，子どもたちに確かな読みを保障しやすくなるでしょう？
　初めの1時間目の使い方がわかりにくい？　わかりました。それも説明しましょう。Aの場合なら次のようにします。

　　　　　　　　15分〈一人学び〉
　いたずらをするごんについて，本文のどこに書かれているか，線を引いて見つける。
　　　　　　　　15分〈みんな学び〉
　自分が線を引いたところを発表し合う。
　　※「ハンドサイン」による話し合いを指導していれば，子どもたちだけで発表し合える。
　　　例：発表者「～のところに線を引きました。どうですか。」と
　　　　　呼びかける。
　　　　これに反応して聞き手は，
　　　　・賛成ならば　　　　　　「三本指」
　　　　・違うならば　　　　　　「グー」

> ・つけ足しがある場合は「チョキ」
> ・判断はつけられないが，しっかり聞いているなら「アロハ」（親指，小指を立て，残りを折る。）ただし，「アロハ」は，手をあげて「1・2・3でおろす」ようにする。
> 　発表者は，「パー」で挙手している友達を指名する。
> 　担任は，あらかじめ自分が用意した箇所を，子どもたちがすべて発表できるかをチェックしながら聞く。
> 　　　　　　　15分〈考えよう〉
> 　主発問「どうしてごんは，こんにいたずらをするのでしょうか。」を考えて発表し合う。

> （2時間目の授業展開については，本章「本節8■1時間の授業構成■」(P.187)で述べている。）
> 　この展開には，もう1つ仕掛けがあります。Aの学習がBの学習を刺激し，促進するのです。Aでいたずらをするのは，ひとりぼっちで村人が恋しいからだという視点をもった子どもたちは，その視点からBの「ひとりぼっちのごん」の気持ちを読み味わったり，読み深めたりします。そして，A，Bの学習が，Cでの学習に生きて働きます。学習が，次の学習に生きるのです。

上記の話を図にイメージ化してみよう。

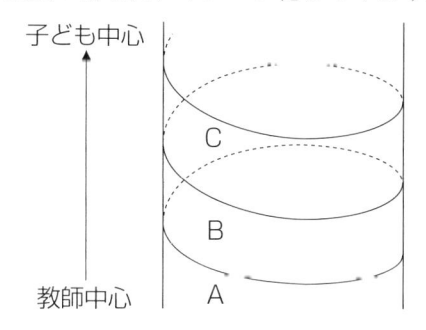

なお，本単元の展開は，この「ホップ，ステップ，ジャンプ読み」の形を基に述べていく。

■■ 予測できるつまずきに対応する② ■■

ほかにも，「ごんぎつね」での予測できるつまずきに対応する例を紹介しておこう。

「子どもたちが，ごんの兵十への思いのふくらみに目を向けにくいのです。つぐないの視点ばかり強くて……」と嘆いておられた教師に紹介した方法である。

本書第2章「第3節2　文脈」（P.88）で述べた，「自分の読みを修正することが苦手で，自分の読みに拘泥しがちな現代の子どもの姿がある。いまの子どもたちは，いったん構成した読みのフレームに縛られる傾向がある」ということを踏まえ，「4年生にとっては，全体を，一貫性をもって解釈することは簡単なことではない。しかし，自分の文脈を修正することは，子どもによっては，それ以上に大変なことになる場合がある」と述べた。いまの子どもたちの中には，自分の読みを修正できない読みの硬直性が強くなっている子どももいることは確かである。しかし，だから何の手も打てないのかといえば，決してそんなことはない。

例えば，ごんの兵十への思いのふくらみを子どもたちに意識させるために，こんな方法がある。「ごんぎつね」の単元に入る前に，新美南吉の「木の祭り」（注9）と「去年の木」（注10）を読ませるのである。「木の祭り」は，「ごんぎつね」とは対照的な作品で，ちょうちょとほたるが互いに心を通わせ，なかよくするお話である。「去年の木」は，「木の祭り」と「ごんぎつね」の間にあり，「木の祭り」よりも「ごんぎつね」寄りといってよい。

〈「去年の木」あらすじ〉
　なかよしだった1本の木と小鳥は，冬が来たため来年の再会を約束して別れる。しかし，翌年小鳥が木に会いに行くと，その木は切られていた。木が運ばれた大きな工場へ小鳥が飛んでゆくと，木はこまかくきざまれ，マッチ

にされ，村へ売られてしまっていたことがわかる。小鳥は村の方へ飛んでいき，ランプのそばにいた女の子にマッチのことを聞く。女の子の話から小鳥は，マッチは燃えてしまったが，マッチのともした火がランプにともっていることを知る。

「小鳥はランプの火をじっとみつめておりました。／それから，去年の歌をうたって火にきかせてやりました。火はゆらゆらとゆらめいて，こころからよろこんでいるようにみえました。／歌をうたってしまうと，小鳥はまたじっとランプの火をみていました。それから，どこかへとんでいってしまいました」(注11)で終わるこの作品は，読む者に思わず小鳥の胸の内を想像させる力がある。

　この２つの作品を，
　○「『ちょうちょ』と『ほたる』，『小鳥』と『木』は，それぞれ相手のことをどのように好きなのかを考えながら読もう」
と呼びかけて，読ませる。クラスを２つに分け，１つずつ作品を分担して読み，それを交流し合ってもよい。その結果，お互いのことを好きな「ちょうちょ」と「ほたる」，お互いが好きでありながら切り離されてしまった「小鳥」と「木」という読みの構図が，子どもたちの中に生まれる。

　これらの読みが，「ごんぎつね」を読むときの遠近法を読者に形作る。初めに読んだ作品が，次に読む作品の読みの視点を与えることをねらった読ませ方といえる。教材文を読むために，複数の補助教材を子どもたちに与える読ませ方は，いまの子どもたちにとって効果的である。

　例えば，光村図書の４年生単元「本とともだちになろう／白いぼうし」の教材文「白いぼうし」は，あまんきみこのファンタジー作品として有名である。この作品には，タクシー運転手の松井さんが登場するが，「白いぼうし」を読む前に，同じ松井さんの登場するあまんきみこの作品を読ませておく。そうすることで，松井さんの優しさだけで終わらず，このシリーズには不思議なこと(例えば，「山ねこおことわり」(注12)では，「わかい男の人」が山ねこに変わるとこ

ろ,「やさしいてんき雨」(注13)では「およめさん」「おかあさん」「なこうどのおくさん」の顔がきつねに変わるところ)が起こることに気づき,松井さんと生き物との関係に,子どもたちは目を向けやすくなる。

その結果,松井さんの優しさにもふくらみが生まれる(「山ねこおことわり」では,「小さな紙を,ぱりぱりとやぶってみせ」『また,いつでも,どうぞ』」と大声で呼びかける松井さん,「やさしいてんき雨」では,きつねの勘違いに話を合わせて,なかまに間違われたことを喜ぶ松井さん)。これらの読みが文脈をつくり,「白いぼうし」では,「よかったね。」「よかったよ。」「よかったね。」「よかったよ。」というちょうの声が,松井さんにだけ聞こえる意味についても子どもたちは進んでいける。

逆に,これらの補助教材文がない場合,「白いぼうし」の本文から松井さんの優しさに目を向けることはできても,その優しさが男の子に向けられたものだけで終わることも多い。ファンタジーの不思議さを受け入れるのに手間取ったり,ちょうの声が聞こえるほど優しい松井さんにまで読みが進むことは,なかなかむずかしくなる。中には「おかっぱのかわいい女の子はちょうなのかどうなのか」で,授業が錯綜してしまう場合もある。

7 手順3——目標分析表から全体的に思考する(中核目標の設定)

■ 中核目標の設定——全体的な思考 ■

これまでの作業から,単元16時間のおおよその内容は次頁の表のようになる。

手順2での思考を経て,各時間ごとの内容が見え,そこで求められる能力が見え,目標分析表(P180〜181)がおおよそ出来上がる。そこで,全体的な構造を見て,どうしても単元成功のためにはずしてはならない目標の選択,決定へと進む。中核目標の設定である。

中核目標を設定するということは,分析的な思考を経て単元の構造をとらえ,全体の中で最も重要といえる目標を決める全体的な思考である。その思考のポイントは,「本節2 目標分析の手順」(P.141)で示したように,以下のとおりである。

学習過程	時	主な内容
1次	1	全文通読，初発の感想
	2	学習計画を立てる
	3	読書感想文の書き方を学ぶ
	4	全文音読，難語句，あらすじを読む
	5	
2次	6	「ひとりぼっちのごん」を読む
	7	「いたずらばかりするごん」を読む
	8	「ひとりぼっちのごん」，「いたずらばかりするごん」でミニ感想文を書き，交流する
	9	「兵十への思いをふくらませるごん」を読む（「ごんは，なぜかげぼうしをふみふみしたのか」）
	10	「兵十への思いをふくらませるごん」でミニ感想文を書き，交流する
	11	「兵十はごんをうったショックを乗り越えた後，どうしたと思いますか」に対する自分の読みをミニ感想文で書き，交流する
3次	12	新美南吉の本を読む
	13	
	14	読書感想文を書く
	15	
	16	読書感想文発表会

第5章　目標分析による単元指導計画づくり──「小学校国語科・読む能力目標分析試案」を基に

表1			目標分析試案による目標分析表		「場面の様子や登場人物の気持ちを想像して読み，
内容	能力		指導書	各時間の主な内容	正確に読む能力	一貫した解釈を構成する能力

内容	能力		指導書	各時間の主な内容	正確に読む能力	一貫した解釈を構成する能力
診断			（1）漢字は，毎日の新出漢字指導を通して学習済みであること。（2）音読練習は，単元に入る前に子どもが多いこと。（3）語彙についてクラスの子どもたちがどの程度の理解があるか調べること。「はぎのかぶ」，「しばの根」，「はえ（欄外の注）」，「びく」，「家内」，「かみをすく」，「赤いいど」，「かま栗では当然ない。毬の付いた栗）」，「火なわじゅう」，「土間」など。（4）新美南吉の作品については，				
1次	1	1次	全文通読，初発の感想	全文通読，初発の感想	つまらず，間違わず音読する	
	2	2次	あらすじを読み，課題をもつ	学習計画を立てる		
	3			読書感想文の書き方		
	4		1場面を読む	全文音読，難語句確認あらすじを読む	・作品に出てくる言葉の意味を理解する・あらすじを読む	
	5		2場面を読む			
2次	6	3次	3場面を読む	「ひとりぼっちのごん」を読む	ひとりぼっちのごんの様子を読み，ごんの気持ちを想像して読む	
	7		4・5場面を読む	「いたずらばかりするごん」を読む	いたずらばかりするごんの様子を読み，6時間目の学習とつなげて，ごんの気持ちを想像して読む	
	8		6場面を読む	「ひとりぼっちのごん」，「いたずらばかりするごん」でミニ感想文を書き，交流する		
	9	4次	自分の取り組みたい学習方法を選択し，グループを作り，学習計画を立てる	「兵十への思いをふくらませるごん」を読む（「ごんは，なぜかげぼうしをふみふみついていったのでしょうか」）	兵十への思いをふくらませるごんの様子を読み，ごんの気持ちを想像して読む	
	10			「兵十への思いをふくらませるごん」でミニ感想文を書き，交流する		
	11		選択した学習方法に合わせて伝えたいことを明確にして発表できるようにする	「兵十はごんをうったショックを乗り越えた後，どうしたと思いますか」に対する自分の読みをミニ感想文で書き，交流する	書かれてあることを基に，書かれていないことを想像して読む	
3次	12	5次	新美南吉の作品を選んで読む	新美南吉の作品を読む		
	13					
	14		発表会をする	読書感想文を書く		
	15					
	16			読書感想文発表会		

読書感想文を書こう／ごんぎつね」		鎌田
	読書力	獲得すべき言葉の力
家庭学習，朝学習などを活用し，すでに取り組み始めていること。間違わずに，つまらずに本文を音読できる（「しだ」，「菜種がら」，「ひゃくしょう家のうら手につるしてあるとんがらし」，「小川のつつみ」，「ただのとき」，ど」，「ひがんばな」，「かみしも」，「いはい」，「顔が……しおれ」る，「麦をと」ぐ，「つぐない」，「くり（剥き多くの作品を揃え，多くの子どもが読んでいること。		
	新美南吉の作品を3次で読むことを知る	学習計画を考える中で，単元の学習の見通しをもつ
		読書感想文の書き方を理解する
中核目標		・読書感想文を基にミニ感想文の書き方を理解し，ごんの気持ちを自分と重ねて書く ・交流の目的と役割を理解し，交流を通して自分の意見を深めようとしている ・単元の中で展開する授業形式を知る
		・ミニ感想文で，兵十への思いをふくらませるごんの気持ちを自分と重ねて書く
		・交流の目的と役割を理解し，交流を通して自分の意見を深めようとしている
		・感想文で，兵十のその後を自分と重ねて書く
	新美南吉の作品を読む	
		読書感想文の書き方を生かして，選んだ本の読書感想文を書く
		友だちの読書感想文の良いところを見つけ，自分に取り入れる

引き続き，日常生活で他の新美南吉作品を読む。

> 〔思考のポイント1〕　これなしでは単元が成立しない重要な目標は何か
> 〔思考のポイント2〕　単元の途中で目標の達成を見届けるのに最も適したタイミングはどこなのか

〈これなしでは単元が成立しない重要な目標は何か〉

　単元全体を考えれば，読書感想文の書き方を子どもたちが理解できなければ，「単元の出口」は成立しない。子どもたちは，途中の感想文も書けないことになる。「これなしでは単元が成立しない重要な目標」として，「読書感想文の書き方を理解する」があげられる。

　また，交流における「目的と役割を理解し，自分と異なる意見から学ぼうとしている」姿勢は，この単元はもちろん，さまざまな単元で重要となる。本来は，年間を通して育てるべき力であることを踏まえて，指導の内容についてこの後の「8」で述べる。

〈単元の途中で目標の達成を見届けるのに最も適したタイミングはどこなのか〉

　「兵十へのごんの思いと兵十の思いとのずれ」，「兵十への思いをふくらませていくごん」は，この作品の大きなテーマである。「思いをふくらませていくごんをどう読むか」ということが，この作品を読んだ価値にもつながっていく。これは，単元においては9時間目の学習となる。

　また，それは，「ひとりぽっちのごん」や「人恋しいためにいたずらばかりするごん」というものを読んでこそ接近していけるものである。これは，6～8時間目の学習を指す。つまり，9時間目は，6～8時間目の学習がつながって成立するものといえる。さらに，この9時間目なしに，10時間目の感想文交流は成立しない。このように，各授業の結節点ともいえるこの9時間目は，内容からみても，単元全体の位置からみても，「単元の途中で目標の達成を見届けるのに最も適したタイミング」であるといえる。

　以上のように考え，中核目標は，目標分析表に示したように以下の3つにする。

> 〈中核目標〉
> (1) 読書感想文の書き方を理解する（3時間目）
> (2) 兵十への思いをふくらませるごんの様子を読み，ごんの気持ちを想像して読む（9時間目）
> (3) 交流の目的と役割を理解し，交流を通して自分の意見を深めようとしている（10時間目）

〈読書感想文の書き方を理解する（3時間目）〉

　読書感想文の書き方（P.164で述べている）がわからなければ，この単元の言語活動を子どもたちができるようにはならない。

8 単元計画上のその他の問題

■ 交流の人数 ■

　この単元では，自分の読みの理由〔根拠〕を述べることができるようにするため，1時間の授業の中に，読みや書いたものを交流する言語活動を必ず入れる。この場合の交流は，主に2人組で行う。

　交流は，形式的なものであってはならない。交流は，その目的と交流し合う子どもたち一人一人の役割を明確にしてこそ，意味のある言語活動になる。国語科における交流は，クラス全体での学びをのぞけば2人組，3人組，4人組のどれかである。5人組，6人組は，役割のない子ども，学習していない子どもをつくりやすく，効率的，効果的ではない。また，2人組の交流が上手にできない学級が，3人組，4人組の交流を上手にすることも考えにくい。

■ 特別活動での話し合い（学級会など）との異なり ■

　国語科における交流の目的は，特別活動での話し合い（学級会など）のそれとは異なる。特別活動での話し合い（学級会など）には，解決すべき問題やテーマがあり，最終的には多数決を使っても集団的な結論を出さなければならないことが多い。「よりよい生活を築くために集団としての意見をまとめるなどの話合い活動」（『新学習指導要領』「第6章特別活動」の「第3　指導計画の

作成と内容の取扱い」の2(1)）という新学習指導要領の表現は，それを端的に示している。

「集団としての意見をまとめる」（傍点：鎌田）ことが求められる特別活動での話し合い（学級会など）に対して，国語科ではまとめない。集団のために個人が働く特別活動での話し合い（学級会など）に対して，国語科は，個人のために集団（小集団）を使う。国語科における交流の目的は，個人の読みを読み深めたり，多様な視点を知って自らの意見・理由〔根拠〕を広げたりするために行うものである。それは，最終的には，個人の学習をより質の高いものにするためにある。

しかし，子どもたちの変化の中にある言葉の力の低下，コミュニケーション能力の低下，集団の構成員がもつ意見の異なりを調整する能力の低下を前にして，確かな学力を基にした生きる力を育てるためには，国語科が，特別活動での話し合い（学級会など）との異なりだけを指摘して終わっていてはいけない。

むしろ，今後求められていることは，特別活動での話し合い（学級会など）もふくめ，他教科，領域，総合的な学習の時間において求められる言語活動を洗い出し，それを国語科で指導していこうとする姿勢である。意見をまとめる話し合いと意見を深める話し合いの違いは何か，またその2つはどんな目的と場面によって使い分けるのかを適切に指導することが求められている。そのようにして，国語科で指導する言語活動が，段差なしに他教科，領域，総合的な学習の時間で活用され，現実生活で活用されることが求められているのである。そのためにも，ここでは交流の指導をしっかりしておかなければならない。国語科において交流の指導を十分にできない教師が，他教科，領域，総合的な学習の時間での言語活動を国語科に引き寄せて指導できるとは考えにくいからである。

■ 交流の目的と役割 ■

ここでは国語科における交流の指導のスタンダード，2人組の交流の仕方を述べる。子どもたちに指導すべきことは，交流の目的と，そのときの学習者の役割である。

〈交流の目的〉
① 自分の意見・理由〔根拠〕をよりよいものにするために行う。
→「交流が終わったら，自分の意見・理由〔根拠〕はよくなったか」を子どもたちとの合い言葉にする。「よくなった」には，交流をした結果，自分の意見・理由〔根拠〕がよいと自信をもつことが当然ふくまれる。

〈自分が聞き手(読み手)のときの役割〉
② 自分の意見・理由〔根拠〕との違いを聞きのがさない。
→「自分との違いは何か」を子どもたちとの合い言葉にする。
③ 相手の意見・理由〔根拠〕は，筋が通っているかを評価する。
→「理由〔根拠〕はあるか」,「意見と理由〔根拠〕の組合せはおかしくないか」,「自分の意見・理由〔根拠〕に取り入れたいか」を子どもたちとの合い言葉にする。

〈子どもたちとの合い言葉〉
　上記の合い言葉を
①「よくなったか」
②「違いは何か」
③「理由〔根拠〕はあるか」
　「組合せはおかしくないか」
　「自分に取り入れたいか」
と，さらに短くし，それらを並び替え，それぞれの頭文字をとって，「ち・り・く・と・よ」（地陸豊：交流は，我々を大地である陸地に豊かに根づかせ，豊かに育ててくれるといった内容の語呂合わせ）として指導する。
ち：違いは何か
り：理由〔根拠〕はあるか
く：組合せはおかしくないか
と：自分に取り入れたいか
よ：よくなったか
　「ち」は，聞き手のめあて，「り・く・と」はより具体的な聞き手のめあてであり，評価の視点，「よ」は交流の目的となる。

教師が子どもたちに「自分の読みの理由を述べよう」と何回言っても，それだけでは子どもたちは，なかなか動けない。子どもたちの言語活動の羅針盤となる具体的な規準がないからである。子どもたちが，意見と理由〔根拠〕を当たり前のようにセットにして述べるようになるには，螺旋的反復的指導とともに，「なるほど，この点に目をつければよいのか」と子どもたちがわかる規準が必要になる。それが，「り・く・と」の3点である。

> り：理由〔根拠〕はあるか
> く：組合せはおかしくないか
> と：自分に取り入れたいか

〈り：理由〔根拠〕はあるか〉
　「論理的思考」とは，「判断と根拠」，「原因と結果」のことである(注14)。子どもたちに論理的思考力を育てるためには，自分の意見（読み）を述べるときに，本文から根拠を示させたり，自分がそのように読んだ理由を説明させたりすることが大切である。理由〔根拠〕がなければ，論理的思考力の育成は躓く。逆に，理由〔根拠〕を求めていくことは，日本の子どもたちに思考力と判断力を育てていくことになる。

〈く：組合せはおかしくないか〉
　次に，論理的思考力を育てるためには，意見（読み）とその理由〔根拠〕の組合せに，矛盾や飛躍，辻褄の合わないところはないかを，子どもたちに考えさせなければならない。

〈と：自分に取り入れたいか〉
　最後に，他者との交流を通して知った多くの意見（読み）の中から，「自分の意見・理由〔根拠〕に取り入れたい」と思うすぐれた意見（読み）を子どもたちに自分で判断させる。そして，自分に必要なものを取り入れ，意見（読み）を深めていくようにさせる。自らの意見（読み）を構成すること，自分が学びたいと思う意見（読み）を決めること，そこから自分の意見（読み）を修正していくこと，これらは交流の目的であり，これらを通して子どもたちの思考力，

判断力，表現力は鍛えられていく。

　常に自分の意見と理由〔根拠〕を明確にしようとする。常に周りの意見と理由〔根拠〕に謙虚に耳を傾ける。そして，常により妥当な意見と理由〔根拠〕から謙虚に学ぼうとする。このような姿勢は，学習者として子どもたちにいま最も求められている姿勢である。

　ただし，これは，本来第6章で述べるべき交流の指導の基礎・基本である。これを基にして，単元と，何よりも発達段階に合わせて指導していくことになる。本単元では，どうするかについて，次に述べる。

■■ 1時間の授業構成 ■■

　1時間（45分）の授業（ここでは，3つのテーマを2時間まとまり（P.172～175）のうちミニ感想文を書く2時間目を例にして）は，おおよそ，以下のように組み立てる。

---

① 毎時間のめあての確認——5分
② 「一人学び」——15分
　学習課題を受け，教科書を各自が微音読し，自分の意見を感想文にして書く。
　子どもの出来上がりには時間差が生じるが，その時間を有効に使い，できた子ども同士で「交流」を行う。この時間は，感想文の交流なので，その内容と目的に合わせて，以下のような話型での交流を指導する。
　まず，交流するものが感想文であるため，お互いに相手のミニ感想文を読み合う形をとる。そのうえで，

○（わからないところがないようにするため）
　「ここが，わからないので教えてください。」
○（心が動いたところは相手に必ず伝えるため）
　「ここが，～なのでよかったです。」

という簡単な交流にする。そうしないと，多くの子どもの感想文を読めな

いからである。
③ 「みんな学び」——20分
　②の感想文をクラスのみんなに発表する。
　このときの聞き手のめあては，「り・く・と」（P.186）である。
④ 「まとめ」——5分
　「まとめ」は，以下の2つの内容で行う。
　○教師は子どもたちに「自分が取り入れたいと思ったミニ感想文は何で
　　すか」と問う。
　ここには，子どもたちの評価の力を高める目的がある。子どもたちがよ
い感想文を評価できていれば，それを教師はほめ，評価しそこねていたら，
「まだ，大事な感想文を忘れていますよ」と子どもたちに投げかける。
　○「自分が取り入れたいと思った感想文を基に，自分の感想文を書き直
　　してください」と指示する。
　書いたものを消したりしなくてよいように，ワークシートを工夫する。
自分の感想文のままでよいと考える子どもは，自分以外のだれの感想文が
よいと思ったかを書く。

　この授業構成は，単元の学習が進んできた段階での時間配分であり，初めは
①，②の比重が高く，③，④も要領がわかるまで時間がかかる。初めは教師の
指導が多く，子どもたちの活動が少ないが，単元の学習が進むにつれて，要領
をつかんだ子どもたちの活動がどんどん自主的なものになっていけばよい。こ
れが，螺旋的反復的言語活動である。
　その時間の学習内容やねらいによって一律にはいかないが，できるだけ15分
程度の「一人学び」と，その内容を交流する20分程度の「みんな学び」を組み
込みたい。いつでも教師が一斉授業をし，発問をつなげないと授業ができない
と漠然ととらえ，旧態依然と自分が受けてきた国語科授業を再生産している傾
向がまだある。それでは，子どもたちが自分で読み，自分で考え，友達の意見
から学ぶ力が，育っていかない。

■■ 語彙指導 ■■

　2次が終われば，次の言葉を教えたい。「不器用」「わかる」「ずれ」「伝え合い」である。

○不器用……「ごんのように，兵十への思いを上手に伝えられず，いたずらをしたり，いわしを投げこんだりして，よけい話をややこしくしてしまう。このようなことを日本語で『不器用』というのですね。」

○わかる……「周りの怒りをかうような方法でしか，ごんは，人とかかわりをもてません。でも，作者は，そのごんのほんとうの気持ちを私たちに教えてくれます。表面上の善悪だけで人を見ることなく，その人の奥にあるものを発見できること，これを『わかる』といいます。」(「作者」のところは，学習の中で生まれた子どもたちの発言を取り上げ，「○○さんの発言のように」と代えたいところである。)

○ずれ……「ごんは，村人の気持ちが理解できない『ずれ』をもっていました。そのため，村人も，ごんというきつねは，善悪の判断力が弱く，人恋しいきつねであり，優しい心根をもっていることを知らないという『ずれ』をもってしまいました。その『ずれ』が，ごんの命を奪った一番の犯人かもしれません。相手がどんな人なのかということを，自分の気持ちだけで決めつけてはなりません。簡単に相手をわかった気になってはいけません。間違っても，相手の『悪い評判』を周りに話したりしないことです。そうでないと，悲劇が起きます。」

○伝え合い……「最後の最後に，ごんと兵十の気持ちはつながります。ごんの思いは伝わったのですね。ごんのように，相手に自分の思いを伝えるということは，簡単なことではありません。お互いの気持ちが，ほんとうにわかり合えること，それが『伝え合い』ですね。」

「私たちは，『伝え合う』ということを，簡単に考えすぎなのではないでしょうか。人間と人間だから，同じ言葉を使っているのだから伝え合えると，簡単に考えすぎてはいないでしょうか。私たちの伝え合いも，ごんと兵十のように，きつねと人間のように，自分の言葉が相手にちゃんと届いていないか

第5章 目標分析による単元指導計画づくり――「小学校国語科・読む能力目標分析試案」を基に

もしれません。私たち自身は，相手の言葉をちゃんと理解できているのでしょうか。相手に自分の思いを懸命に伝えようとしないかぎり，相手の思いを自分から理解しようと思わないかぎり，人間同士も，伝え合いはできないのではないでしょうか。」

注▶▶▶▶▶

（注１）東洋・梅本堯夫・芝祐順・梶田叡一編『現代教育評価事典』金子書房，1988.3，p.566
（注２）「言葉の力」は，現行学習指導要領の「言語事項」や，人間形成か言語技術かで２項対立的に使われる「言語技術」だけを指すものではない。筆者は平成16年2月3日に出された文化審議会答申における「国語力」や，言語力育成協力者会議での「言語力」といった表現を総称して「言葉の力」と表現する。
（注３）東洋・梅本堯夫・芝祐順・梶田叡一編『現代教育評価事典』金子書房，1988.3，p.566
（注４）梶田叡一指導・茨城県下館市立下館小学校『形成的評価の目標分析と授業設計』明治図書，1986.1，同『形成的評価による学力保障と成長保障』明治図書，1986.1
（注５）梶田叡一「授業力を磨く」人間教育研究協議会編『教育フォーラム37号／授業力を磨く』金子書房，2006.2，p.10
（注６）上掲書，p.10
（注７）「中核目標」とは，「単元においてこれだけは絶対にはずせないという本質的な意義を持つ目標」である。（梶田叡一『教育における評価の理論Ⅰ／学力観・評価観の転換』金子書房，1994，p.212）
（注８）拙論「国語科の授業づくりと評価の実際」梶田叡一・加藤明編著『実践教育評価事典』文溪堂，2004.12参照のこと。
（注９）新美南吉童話傑作選『がちょうのたんじょうび』小峰書店，2004.7，pp.21-32
（注10）上掲書，pp.33-42
（注11）上掲書，pp.41-42
（注12）あまんきみこ「山ねこおことわり」『車のいろは空のいろ／白いぼうし』ポプラ社，2000.4，pp.57-68
（注13）あまんきみこ「やさしいてんき雨」『車のいろは空のいろ／春のお客さん』ポプラ社，2000.4，pp.41-55
（注14）言語力育成協力者会議「言語力の育成方策について（報告書案）【修正案・反映版】」(http://www.mext.go.jp/b_menu/shingi/chousa/shotou/036/shiryo/07081717/004.htm)「2.-(4) 指導方法」（第８回配付資料５）では，「論理的思考は，例えば，『事実と意見との区別』や『判断と根拠』，『原因と結果』，『比較・対照』という観点から考えることができる」とある。

「読むこと」指導の基礎・基本

第6章

習得・活用・探究は，確かな習得から

第6章 「読むこと」指導の基礎・基本——習得・活用・探究は，確かな習得から

　新学習指導要領では，総則の「第1　教育課程編成の一般方針」の1において，「生きる力」，「確かな学力」，言葉の力の育成のために「基礎的・基本的な知識及び技能」の確実な習得とその活用を重視することの重要性が以下のように述べられている。

　　学校の教育活動を進めるに当たっては，各学校において，児童に<u>生きる力</u>をはぐくむことを目指し，創意工夫を生かした特色ある教育活動を展開する中で，<u>基礎的・基本的な知識及び技能を確実に習得させ，これらを活用して課題を解決するために必要な思考力，判断力，表現力</u>その他の能力をはぐくむとともに，主体的に学習に取り組む態度を養い，個性を生かす教育の充実に努めなければならない。その際，児童の発達の段階を考慮して，児童の<u>言語活動</u>を充実するとともに，家庭との連携を図りながら，<u>児童の学習習慣が確立</u>するよう配慮しなければならない。（下線：鎌田）（注1）

　「基礎・基本」は，学習指導要領全体を指すというのが文部科学省の立場である。そこで，各教科，領域にとっての基礎・基本に当たる学習内容を示すために，新学習指導要領では「基礎的・基本的な知識及び技能」という表現が用いられている。
　「思考力，判断力，表現力」といった高次な認知面と情意面の能力は，「基礎的・基本的な知識及び技能を確実に習得させ，これらを活用して」（傍点：鎌田）育てることが述べられ，その際に「児童の言語活動を充実」させることの重要性が，明確に述べられている。
　新学習指導要領のキーワードの1つでもある「習得・活用・探究」は，「基礎的・基本的な知識及び技能」の確かな習得から始まるものである。「習得・活用・探究」をそれぞれ別個のもののようにバラバラにし，そのうちの1つだけを「活用がこれからは大事だ」，「探究がこれからは大事だ」と，特別扱いにし，焦点化してしまっては，かえって「習得・活用・探究」の意義を失わせることになる。
　例えば，「活用とは何か」ということを論じれば，それは各教科によって当然

のように異なりを生むであろう。いわゆる応用問題を「活用」とイメージしやすい教科もあれば，もっと日常的な「活用」をイメージしたい教科もあろう。つまり，「活用」にはさまざまなレベルがあるということである。

「習得・活用・探究」に関して，いま，確認しておかねばならないことが3つあると考える。

1つ目は，各教科には，習得すべき「基礎的・基本的な知識及び技能」があるということ。

2つ目は，「探究」には，「生きる力」という日本の教育の大目標があるということ。つまり，「探究」には，教室の中や学校の中だけで閉じられた学びのイメージではなく，現実生活や人生での学びのイメージが含まれなければならない。現実生活での探究をめざすから習得・活用がある。

本書では簡単に指摘をすることしかできないが，この「探究」に関して，各教科は，その単元指導計画の設計方法を，これまでの実践研究を継承しながら，目標レベルから発展させる必要がある。

例えば，国語科においては，単元目標を思考するときには，学習指導要領から6年間→2年間まとまり→その学年と，順に具体化し，その後年間計画の中での位置づけをよく考えながら単元指導計画の目標を思考していた。今後はここに，現実生活では単元目標がどういう意味や関連性をもつのかという〈現実生活の視点〉を組み入れていく必要がある。

そして，3つ目に，「習得・活用・探究」を有機的に，統合的にとらえることである。「習得・活用・探究」は，ここまでが「活用」で，ここからが「探究」であるといった単純な分け方のできる無機的なものではない。相互が密接に絡み合い，作用し合う，有機的な関係にある。国語科においても，習得しながら活用し，活用しながら習得するということが多々ある。「習得・活用・探究」の議論では，学校現場は，何かを特化して議論したり，「活用とは何か」の議論に終始したりせず，「習得・活用・探究」を〈授業，学校（教室），現実生活〉というステージに置きかえ，つけたい言葉の力が，どうすれば確かに子どもたちに獲得され，活用され，探究されていくか，その道筋や手立て，仕掛けを思考

第6章 「読むこと」指導の基礎・基本——習得・活用・探究は，確かな習得から

することである。

　つけたい言葉の力はこれで，そのために〈授業〉をどう仕組むのか，〈学校（教室）〉ではそれがどういう力や姿につながり，〈現実生活〉においてはそれがどのように生かされ，子どもたちが生かしていく姿を求めているか，これらを目標分析段階で思考することである。思考の流れは，〈授業〉→〈学校（教室）〉→〈現実生活〉だけではない。〈現実生活〉→〈学校（教室）〉→〈授業〉という流れで，目標を立てたり，吟味したりすることが重要になっていくし，単元指導計画を設計する際には，〈現実生活〉→〈学校（教室）〉→〈授業〉の流れで思考することは，効果的であろう。

　そして，これらのことが，「基礎的・基本的な知識及び技能」の確かな習得からしかスタートし得ないことを，ここでは明確に述べておきたい。

　では，国語科「読むこと」指導における「基礎的・基本的な知識及び技能」とは何か。これも簡単な問題ではない。この難問を解く参考になるものとして，第2章，第3章で述べた「試案」の「漢字能力」「語彙能力」「音読能力」「あらすじを読む能力」がある。

　確かな習得は，確かな習得を可能にする教師の指導を求める。国語科指導の基礎・基本である。教師が，この基礎・基本の指導をよくわかっていなければ，「習得・活用・探究」は躓き，確かな学力を育てる事業は，うまく進まない。そこで，本書は，第6章「『読むこと』指導の基礎・基本」を設け，国語科「読むこと」指導における基礎・基本について，詳しく述べることにする。

第❶節
基礎的基本的な知識および技能の指導法

1　漢字指導──ホップ，ステップ，ジャンプで

　日本語は，平仮名，片仮名と漢字で構成され，学年が上がるにつれて文章中に占める漢字の割合は高くなる。したがって，日本語の場合，文章中の言葉や漢字が読めない，その意味がわからないという状態では，子どもたちは，書かれていることを理解できなくなる。

　そのために，漢字の苦手な子どもは，読書だけでなくすべての教科の音読と学習そのものを嫌がりだす。これは当然といえば当然の負の連鎖である。学年が上がるにつれ，それは自己否定，自暴自棄にもつながり，自己肯定観は著しく低下していく。

　さらに，漢字を書くことが苦手な子どもたちは，書くこと自体に抵抗感をもち，書くことを嫌がるようになる。子どもたちは，学びから遠ざかり，その思考力は衰え，判断力は低下し，理性的な力は働きにくくなる。漢字の遅れは，低学力への道の１つである。

　漢字の読み書きがこれほど重要であるにもかかわらず，各種調査に表れる漢字の書き取り正答率は決して高くない。「平成19年度　全国学力・学習状況調査」でいえば，国語Ａの問題，全18問中４番目に正答率が低かったのは，「そうだん」を「相談」と書く問題であった(注2)。

　「相談」の反応率（正答率のこと：鎌田）は，58.3％。「相」，「談」ともに３年生の新出漢字である。反応率を見ると，

　　○「相」と解答しているが「談」と解答していない子ども……4.4％
　　○「相」，「談」ともに解答していない子ども……7.3％
　　○「相」と解答していないが「談」と解答している子ども……22.3％

となっている。つまり，「相」を解答していない子どもが，29.6％もいる。

3年生の新出漢字「相」が6年生で書けていない。これは驚きである。

「相」は，「木」をじっくりと「目」で眺めている様子から生まれている。「きへん」と「目」を合わせただけの字であり，語源からの意味もわかりやすい。にもかかわらず，書けていない。それでも，前回調査よりは正答率が上がっていると報告書は述べているのだから，事態は深刻である。漢字の意味指導が弱いと感じざるをえない。

実際，教室を回らせてもらうと，漢字の意味指導を省いた漢字指導に出会うことが少なくない。新出漢字は，音読みや訓読みを教えたら，筆順を指導して終わり。中には，部首指導がない場合もある。そして，その後は，ひたすらドリルやプリントで練習をさせる。その練習についていけない子どもは，置いてきぼりになる。かつて，学習の「習」を10回練習している子どもの書き方を見たら，ノートに，先に「羽（はね）」の部分だけ10回書いていた。学習の「習」を間違えて練習しているとは，笑えない話であった。

漢字能力は，順を追って指導し，練習をさせれば，どの子もその力を伸ばすことができる。そしてそれを通して，子どもたちが自信をもって，学習に意欲的に取り組むようになるのである。

「学期末の新出漢字50問を書くテストで，クラスの3分の2は90％以上を正解する。70％未満の子どもは1人も出さない。」——これが，筆者が担任時代に自分に課していた評価規準である。筆者は，下記の方法で指導し，その評価規準を毎年クリアしていた。もちろん，あらかじめテストと同じ問題と答えを配って子どもたちに練習させたことは，一度もない。そういう方法に頼らずとも，可能であった。年度によっては，全員が90％以上を正解したこともあった。

PISA調査結果などに表れた日本の無答率の高さは，漢字を正しく書けない子どもたちが低学力の層として存在していることを示している。そして，それは教師の漢字指導のあり方を問うている。

■■ 新出漢字は，分解，意味，空書き（合成）で指導する（ホップ） ■■

それでは，どのように漢字指導をするか。具体例を紹介しよう。指導記録は，

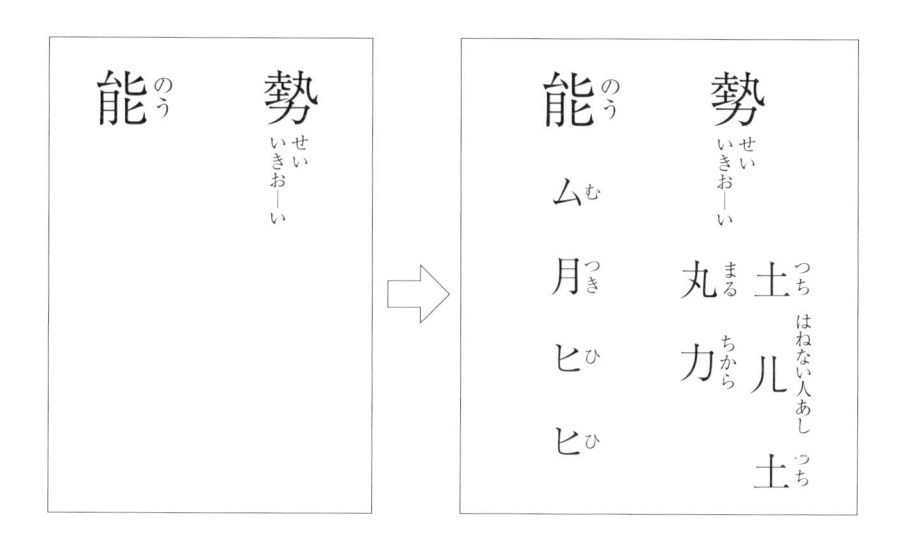

第1節　基礎的基本的な知識および技能の指導法

筆者が5年生男子13人，女子20人，計33人に行ったものである。

① **分解する**

　まず，左側のように板書をする。ここでは，説明上，2つの漢字を取り上げる。

　では，「勢」の指導をしてみよう。まず，「勢」の音読み，訓読みを全体で確認する。漢字ドリルなどを見れば，読み方はすぐわかる。このようなレベルのことは，クラス全体で確認する。

　板書のあとは，漢字の分解を行う。

　分解とは，部品となる漢字（既習・未習），カタカナ，部首とそれ以外のものに分けるということである。「それ以外のもの」には，正式な呼び名がないので子どもたちと相談して名前をつける。例えば「儿」を「はねない人あし」としたり，「冖」を「かぎ」と呼んだりする。漢字を部品となる漢字（既習・未習）と部首で分解することを通して，子どもたちは，自然と部首や部品となる漢字（既習・未習）を繰り返し学習する。

　分解が板書できたら，子どもたちに既習漢字や部首について発問する。「つち」とか「ちから」とか簡単なものは全員に答えさせる。「人あし」や「にくづき」といった部首は，知っている子に答えさせる。そのほうが子どもたちの知

的な刺激になる。

　部品となる漢字（既習・未習）といったが，例えば３年生の新出漢字「球」の「求」は，４年生の新出漢字である。こういう場合は，３年生の子どもたちに，遠慮せず「求」の読み方，分解の仕方を指導する。そうすることで，３年生で習う漢字を分解し，学びながら，子どもたちは４年生の漢字を学ぶことができる。既習漢字の復習だけでなく，新出漢字も学習できる。

② **意味を指導する**

　次は，意味の指導である。意味の指導は，その漢字の語源を調べたうえで，

---
① 語源どおりに指導する漢字
② 語源だけではわかりにくいので，子ども向きに手を加えた意味を指導する漢字
③ 子ども向きに手を加えた意味を指導する漢字

の３つに分ける。その漢字が①から③のどれになるかは，漢字の語源が子どもたちにわかりやすいかどうかで判断する。そのためには，教師が事前に，漢字の語源を調べておかなければならない。そのために便利なものとして，漢字辞典が入った電子辞書と，下村式の辞書(注3)をお薦めする。この２つは，忙しい教師にでも活用しやすいものである。

　紹介している漢字「勢」と「能」は，どちらも①のタイプになる。例えば，「勢」は，次のように話せる。

T「『勢い』という漢字は，『つち，はねない人あし，つち，まる，ちから』でできているのです。『土』と『土』に人（『儿』）がはさまれて，『丸』いかたまりになって流されてしまうような強い『力』，つまり，土砂崩れのようなもの凄い力という意味が『勢い』にはあります。
　だから，『姿勢』という熟語はね（と言いながら『姿勢』と板書），背筋がピンと立つ（と教師が言うと，途端に子どもたちがピンと背筋を伸ばす。），そういう強い力が背筋に入っていないと駄目な字なのですよ。」

「能」の場合は、次のように話せる。筆者が指導した場合を例にあげて説明する。

T「ムは、ムッと力を込めている様子、月は『にくづき』と言って、体を表しています。この場合は筋肉です。体の筋肉にムッと力を入れているわけです。
　だれが、でしょうか。それは、みんながよく知っているある生き物です。
　（ヒを指さしながら、）『ヒ』は、ある生き物の足を表しています。
　さて、その生き物は。」
（子どもたちから「犬」、「猫」、「うさぎ」などの生き物の名前が出てくるが、教師は首を横に振っている。）
T「能力に深い関係がある生き物です。」
（子どもたちはいろいろな生き物を言うが、教師は首を横に振る。）
T「それでは、答えを言いましょう。
　それは、カメです。
　ヒは、カメの足なんです。」
（「うさぎとカメや。」と反応する子どもたち）
T「『能』という漢字はね、カメがムッと力を込めて、一歩、一歩前に進もうとしている字です。歩くのが速くないカメが、一歩、一歩、歩こうと努力している様子を表した漢字が、できるという意味の漢字になるなんて。先生はこれを発見したときに、『凄い！』と心の中で叫びました。漢字って凄い、昔の人の知恵がつまっているんだ、いまの我々に、ものの見方を教えてくれているんだと思いました。みなさんもそう思いませんか。」

このような漢字指導には先行研究がある。1つは、岸本裕史の「漢字は有機的に教える」指導法（注4）、もう1つは下村式である。筆者は、岸本裕史の実践から、漢字の意味指導の重要性を学んだ。それをどのようにして日常の教師の仕事に敷衍できるかを工夫し、自分なりの漢字指導法に至った。その後、下村

式漢字指導の存在を知った。

③ 空書きで練習する

　新出漢字を書くことへの抵抗感をできるだけ取り除きたい。漢字の苦手な子どもたちでも，家で練習をしやすくしてやりたいからである。そのための手段として空書きがある。画数の多い漢字でも，学校で4回の空書きをすれば，だいたい書けるようになる。

　空書きは，利き腕をしっかり伸ばし，分解をクラス全員で唱えながら，以下のように宙で新出漢字を指書きするものである。次のように進める。

T「利き腕を上げてください。
　それでは，分解を唱えながら空書きをしましょう。
　さん，はい。」
C（「つち」と唱えながら「土」を宙に書く。）
　（「はねない人あし」と唱えながら「儿」を宙に書く。以下，「つち」，「まる」，「ちから」と唱えながら宙に書く。）
T「もう1回やりましょう。」
C（繰り返す。）
T「3回目は，目を閉じてできそうな人は，目を閉じてやってみてください。
　わからないときは，すぐ目を開けて黒板を見ていいですよ。」
C（3回目を行う。）
T「4回目は，全員目を閉じてやりましょう。」
C（4回目を行う。）

　ここまで指導したら，分解の板書をノートに写させる。家で漢字を練習するときに，子どもたちが分解を唱えながら練習できるためである。
　子どもたちの読める漢字を増やし，漢字に慣れるために，板書のときに未習漢字でもふりがなを打って使うことを薦める。「汚水」の「汚」が未習の場合，これまでの学校では，「お水」と書いて「おすい」と読ませる。しかし，これに

は無理がある。「お水」は,「おみず」と読むのが自然だからである。

　子どもたちは,習っていない漢字でも,前後の文脈から読み方を想像する。漢字の横にふりがなを打つことで,子どもたちは自分が想像した読み方が正しいかどうかを自分で判別し,その結果,子どもたちの読める漢字が増えていく。もちろん,ふりがなを打って漢字を使う場合にも,子どもたちの実態を無視してはならない。

■■ ていねいな字を書ける子にする指導法（ステップ）■■

　次に,漢字指導の第2段階について述べる。ていねいな字を書ける子に育てることが,この段階の目標である。

　市販の漢字学習ノートを購入し,家庭学習で使わせる。

　ていねいな字は,始筆から終筆まで同じ集中力で字を書く練習になる。それは,正確で集中した作業能力を育て,根気を育てる。ていねいな字を書くことで集中力と根気を育てた子どもたちは,話を聞くことにも,本を読むことにも,文章を書くことにも集中して取り組むようになる。

　そして,それらを通して,子どもたちは,自分で集中力と根気をより確かに育てていくのである。ていねいな字を書くことができるようになると,少々の課題にはへこたれない学習者に育つ。

　子どもには,

　「美しい字は,だれにでも書けるものではありません。でも,ていねいな字は,書こうと思ったらだれにでも書けます」

　「だれでも,ていねいな字を書けるようになります。そうなったら,いっぱい勉強で得をします。その証拠に,ていねいな字を書ける友達を思い浮かべてごらんなさい。勉強で先生からほめられることが多いと思いませんか」

と話す。そして,家で練習してきた漢字学習ノートの字には,教師が点数をつけることを知らせる。「80点が合格ライン,先生と同じぐらい上手な人には90点」という規準を子どもたちに示し,習った新出漢字を漢字学習ノートにていねいな字で書く宿題を子どもたちに出す。子どもたちは,「90点より上は,先生より上手なの？」など,活発に反応する。翌日,教師は,宣言したとおりに

ノートに点数をつける。

〈初めの2週間〉

　初めの2週間は，連日子どもたちを班ごとに呼んで，子どもたち一人一人のノートを子どもたちの目の前で採点する。みんなに聞こえる声で，子どもたちのよいところをほめるためである。子どもたちは，教師の話を聞きながら，何を教師はほめるのか，そのポイントを吸収する。80点未満の子どもには，どうすれば80点になるかを端的に話す。

〈点数のつけ方〉

　点数のつけ方は，まず，子どもたちのノートの全体的なていねいさを見て，把握する。この時点で，教師は，大体の点数を心の中で決めておく。そのうえで，漢字を間違って書いていないか，なぞるところはていねいになぞっているか，書き残しはないかを見て，点数に反映させる。字の雑な子には，なぞることを意識させることが大切である。

　子どもたちが漢字の形をとることができるように，くっつくところや離すところ，はね方，はらい方などをその際に指導する。字の雑な子には，赤ペンでノートに大きくお手本を書いてやり，場合によってはそれを数回書いてやって，なぞらせる。

　子どもによっては，筆圧や鉛筆の持ち方によって，なかなか形がとれない子がいる。ノートを斜めに置かないと字が書けない子もいる。そういう場合は，その子なりに時間をかけて集中して取り組んでいるかを見ながら，励まし，その子どものがんばりを点数に反映していく。毎日，毎日，いくらがんばっても同じ点数では，子どもはやる気をなくしてしまう。

〈自学自習が最終目標〉

　新出漢字を10個，または20個指導したら，市販の漢字ドリルを宿題に出す。
　最終的な目標は，子どもたちの自学自習である。自分で丸つけと間違い直しができる子どもたちに育てなければ，中学校，高校での自学自習など成立しない。漢字ドリルは，計算ドリルなどとともに，自学自習の指導の機会である。
　以下の〈漢字ドリルの使い方（家庭学習）〉，〈丸つけで×をつけるときの規準〉，

第1節　基礎的基本的な知識および技能の指導法

〈間違い直しの仕方〉を指導し，丸つけ，間違い直しを確実にできる子どもたちに育てることを目標にする。

〈漢字ドリルの使い方（家庭学習）〉

> ①　ていねいな字で書く。
> ②　練習したページは，解答を見ながら自分で丸つけをする。（学年の実態にもよるが，3年生以上）
> ③　間違った字は，自分で間違い直しをする。

②をするためには丸つけの規準を，③をするためには間違い直しの仕方を，子どもたちに指導する必要がある。その指導内容を〈丸つけで×をつけるときの規準〉，〈間違い直しの仕方〉として次に示す。

〈丸つけで×をつけるときの規準〉

> ①　部品の数が違う場合
> 　「補」の「ころもへん」が「しめすへん」，「王」と「玉」，「今」と「令」，「達」と「横棒の足りない達」，「機」と「点のない機」
> ②　長短で違う字になる場合
> 　「未」と「末」，「士」と「土」
> ③　部品の違いによって違う字になる場合
> 　「永」と「氷」，「建」と「『えんにょう』を『しんにょう』にした誤字」，「規」と「見が貝になった誤字」
> 　「分」と「刀が力になった誤字」
> 　要は，違う意味の漢字や存在しない漢字になったら間違いになることを指導する。

〈間違い直しの仕方〉

間違えたら，必ず以下のことをするように，子どもたちに指導する。

> ①　間違えた問題は，それがわかるように問題番号に／を入れる。

> ②　間違えた問題は，覚えるまで練習する。
> ③　①の問題は翌日復習し，できるようになっているかを確かめる。

　できなかった問題を繰り返し練習して，できるようになるから，学力は高まるのである。初めから全問正解できる人間など，この世には存在しない。90年代以降の誤りの１つは，「できない問題をできるようになるまで練習すること」を指導しきらなかったことにある。

　その結果，問題をやったらやりっぱなしという子どもが増えた。正解を赤で書き写しただけで間違い直しをしたと勘違いしている子どももいる。中には，せっかく解いた答えを，間違えたからといって消しゴムで消し，鉛筆で正解を写す子もいる。これでは，どの問題を間違えたのかが，復習のときにわからなくなる。

　そういうことをする子どもは，本人は一切不都合を感じていない。間違えた問題をできるようになるまで繰り返して練習することをしないからである。間違い直しの方法を間違えている子どもが増え，間違い直しをしない子どもが増えてきたのである。一時の日本の教育が，そういう子どもたちを増やしてきた。これは，低学力への道である。

　自学自習の力を育てるためには，間違えた問題を理解し，できるまで練習することが大切である。同時に，間違えた理由を以下の３つの「○○不足」によって自分なりに分類できるように，子どもたちに指導する。

> 〈間違いの分類〉
> ①　読み間違いや勘違い，計算間違いといった〈注意不足〉
> ②　覚えていない，手順を身につけていないといった〈練習不足〉
> ③　わかっていない，間違って理解しているという〈理解不足〉

　間違いの理由をつかんで，正しい理解と練習を行い，その問題ができるようになるまで，繰り返し練習をする。これが勉強のコツであることを，子どもたちに指導したい。

ていねいな字を書いたかどうかの点検は，特別の課題や事情がある子どもを除いたクラス全員が，80点を越えるようになるまで毎日行いたいものである。しかし，いまの現場の忙しさを考えれば，2週間毎日がんばったなら，3週間目は週2回，火曜日と金曜日にする形がよい（ただし，努力を要する子どもは，焦点化して毎日評価する）。金曜日に火，水，木の3日間分をまとめて点数づけするのである。

　間をおいて評価することで，子どもたちはその間の自分の力を試すことができる。毎日の点検より，自分自身の実力が試される，それは1ランク，レベルが高い学習であることを子どもたちに伝えておく。週2回の評価で子どもたちができるようになれば，次は週1回の評価にする。

　このようにして，教師が数か月がんばることができれば，子どもたちの力は確実に伸びる。

■■ 習熟の指導（ジャンプ）■■

　漢字の学習を通して，ていねいな字を書く習慣，間違い直しをする習慣が育っていけば，ジャンプの習熟学習はいたって簡単である。と同時に，このジャンプの指導をするかどうかで，漢字能力の伸び方は大きく変わる。

　教師は，学期はじめに注文した漢字ドリルが届いたら，すぐに漢字に番号をつけておく。学年の初めに指導する漢字が，①になる。

　5年生の初めに習う漢字は，光村図書の教科書では「勢」である。漢字ドリルの「勢」の下に，次のように書いてあったとする。

　勢　いい姿勢

　この場合，習熟の出題は，教師が
「①　いい姿勢の勢」
と口頭で出題する。紙に問題を印刷する必要はない。口頭でよい。子どもたちは，教師の出題を，耳をそばだて，理解して聞こうとしなければ，正解は書けない。これは，教師の話を聞く練習にもなる。

　「①　いい姿勢の勢」という教師の出題を聞いたら，子どもたちは漢字の

ノート（方眼ノートがよい）にその答えを書く。答えの字は大きめに，方眼4ますを1字の大きさにして書かせる。これを「4ます1字」と呼ぶ。

これを①から順に，10問から20問ぐらい出題し，練習方法に子どもたちを慣れさせていく。慣れてくると，子どもたちの漢字を書く力が伸びてくる。教師が出題するやいなや，「書けました！」「できました！」といった元気な声が，教室中に響くようになる。45分の授業時間いっぱいを使って教師が出題しても，子どもたちは喜々としてついてくるようになるのである。

教師の出題に答えたあとは，隣同士交換して丸つけをする。隣の友達の丸つけをすることは，子どもにとって丸つけ，間違い直しの学習として位置づけられる。「丸つけも，友達の字とお手本の字を見比べる，大事な大事な勉強です」と話しておく。

基本的にいまの子どもたちは，自分に甘く，人に厳しい。中には友達の答えに情け容赦のない丸つけをする子どもがいる。そこで，子どもたちには，「友達の丸つけが厳しすぎると思ったら先生に言いにきてください」と伝えておく。「駆け込み寺」である。相談しにきたら，明確に「これは〇です」，「これは，はねが見えにくいから，惜しいですが△です」と述べる。教師による，丸つけの規準指導である。

丸つけは，×，△，〇で行う。×は，漢字ドリルのお手本の字と違う字を指す。その条件は，前述の〈丸つけで×をつけるときの規準〉（P.203）で示したとおりである。そして，×は，漢字ノートに10回練習するよう指導する。

はねのあるなし，くっついている，いないなどは，「惜しい。お手本どおりに練習しよう」と△にする。△は，漢字ノートに5回練習するよう指導する。

この小テスト形式に子どもたちが慣れてきたということは，それだけ小テストと丸つけ，間違い直しにも慣れてきたということになる。しだいに正答率は上がり，作業も早くなる。ジャンプの指導に慣れた子どもたちは，新出漢字の順番まで覚える。これはかなりしっかり覚えたということである。こちらが出題する前に，「書けました」と反応する子どもが出てくる。

このような練習をして，市販テストにある学期末に新出漢字を書く50問テス

トで，90％以上正解する力を子どもたちに育てたい。

2 語彙，話型・文型指導

■■ 子どもたちの発言から見つける ■■

　話せない，書けないという子どもの中には，読めない子どもと同様，語彙の弱さや表現の基本型，話型や文型の未定着という問題がある。語彙，話型・文型指導は，基礎的・基本的な知識および技能を確実に習得させるために取り組まなければならない重要な指導である。

　指導を効果的に行うために，担任になったら四つ切り画用紙を縦長に切ってフラッシュカードを作り，マジックと一緒に机上に置いておくとよい。子どもたちの発表，作品，子どもたちが発するよい表現や語彙，話型に出会ったら，すかさず手書きで縦長のフラッシュカードに書き出し，それを子どもたちが見えやすいように掲示する。

　例えば，子どもたちの中で「私は，鎌田君に賛成です。なぜかというと……」という発表をする子がいたら，その子の発表をほめ，理由〔根拠〕を話す話型として「私は……です。なぜかというと……だからです」というフラッシュカードとして教室に掲示する。

　このようにして，よい語彙，話型・文型を授業や学校生活の中から見つけ，年間を通して掲示物として蓄積させる。そして，書く活動や話す活動をするとき，この掲示物を活用する。

　こういう指導をしていると，理由を述べる「〜は〜だからです」，「理由は〜です」といった話型・文型の指導が，しやすくなる。同じ生活や体験から生まれた語彙や話型・文型は，子どもたちに馴染みやすく，使いやすい。また，同じ体験を基にして生まれてきているため，子どもたちにとっては文脈がわかりやすく，納得しやすく，実感しやすい。

　また，これらのフラッシュ・カードは，語彙や話型を子どもたちが覚えられるように活用する。例えば，評価する表現として掲示してある「息が止まりそうなぐらい」というフラッシュ・カードがあるとすると，その裏側に「息が」を

書いておく。「息が」とだけ書いてある面を子どもたちに見せ，「評価する言葉は，何ですか」とたずねる。子どもたちが「息が止まりそうなぐらい」と自信をもって答えられるようになるまで練習をするという調子である。

学校全体で取り組むときには，低・中・高学年で，以下のような語彙指導の重点テーマを話し合って決めておくとよい。

低学年：A　順番を表す語彙，擬音語
　　　　　例：はじめに，つぎに，終わりに，1つめ，2つめ，3つめ
中学年：B　つなぎ言葉
　　　　　例：しかし，そのため，だから，なぜなら
高学年：C　評価する言葉
　　　　　例：わくわく，どきっと，びくっと，ぽかんと，息がとまりそ
　　　　　　　うに，がまんできずに，心細くて

重点テーマを設定したからといって，低学年ではB，Cを取り上げないという扱いはしない。低学年には，低学年の人物や作品を評価する言葉がある。子どもたちの中から素敵なB，Cの言葉が出てくれば，低学年であっても，B，Cの語彙を掲示する。

言葉は，表したい対象を表すためにある。表したいものと表す言葉との組み合わせのない言葉は，本来言葉とは言えない。この点で語彙指導は，「体験・経験→それを表す言葉」とボトムアップで進むべきものである。ここで述べている方法もその方向にある。

そして，単元の終わりには，その単元で共に学んできた重要な内容，価値を例にあげながら，「……ということを，日本語では『〇〇』と言うのですね」などと語りかけて，大事な語彙「〇〇」を，学習体験の裏づけをもたせて全員のものにしたい。このようなボトムアップの指導を重ねていってこそ，辞書で言葉の意味を調べる学習や，トップダウンで教師が指導する語彙指導も効果があがっていく。

■■ お手本から抽出する ■■

　例えば、子どもたちに批評力を育てるために書評を書かせたいと考えたならば、書かせたいお手本になるような書評を探すことから始める。そして、そのお手本が見つかったら、今度は、そのお手本にある語彙や文型を抽出し、子どもたちに学ばせる。このようにして、お手本を無駄なく活用する。これは教科書の説明文教材の場合も同様である。子どもたちに覚えておいてほしい、覚えさせておきたい表現は、学習で使った教材やお手本を通して覚えさせる。

　これらの語彙や話型・文型も、授業の中で子どもたちの発言を通して見つけた形をとるように心がける。そのほうが子どもたちに活用させやすい。そのためにも、前項「子どもたちの発言から見つける」と同様、フラッシュカードに書き上げ、掲示する。教材文を学習し終えたら、子どもたちに自分が好きな文を選ばせて暗記させ、それを書き集めたお気に入りの「一文集」を年間を通して作り上げる取組もお薦めである。

3 音読指導

■■ 目的を鮮明に ■■

　音読能力は、漢字能力、語彙能力とともに、読むことの基礎・基本の能力である。教材文を間違わず、詰まらず（吃音の子どもへの配慮を忘れてはならない）音読できるまで、子どもたちには何度も音読練習させる必要がある。そうでないと、子どもたちは、文章を読んで理解することができない。

　授業においては、音読の目的を鮮明にして、さまざまな音読方法から目的に合った指導法を選ぶことが、教師に求められる。いつでも、学園ドラマや映画の一場面のように、1人の子どもに指名読みをさせているのはもったいない。指名された子は音読をしていても、周りの子は聞き役であり、その中には、聞いていないし、読んでもいない子どももいるからである。

　子どもたちの言葉の力を育てる授業時間は、基本的には45分しかない。多くの子どもたちにとって、その学習方法、形態が、ほんとうに子どもたちの音読のお稽古になり得ているのか、見直しや点検をすることが求められる。

さまざまな音読方法と目的

〈微音読と黙読〉

　通常,「読むこと」の学習のために授業の初めに本文を読むのであれば,「微音読」がよい。自分の声が自分に聞こえる音量で読む読み方である。声は自分に聞こえる音量でも,口はしっかり母音を意識して開け,明瞭な発音を心がけさせる。その際,例えば,「あらすじをまとめられるように読みましょう」,「この場面のちいちゃんの気持ちを想像しながら読みましょう」などと,本時のめあてやねらいに即した音読の目的を,子どもたちに明確に伝えておく。

　学習場面を微音読し終えたら,「黙読」に入るよう子どもたちに教えておく。そうすると,全員が学習場面を読み終われば,教室は自然に静かになる。教師が「読めましたか」などと聞く必要はない。

〈問いかけ読みから示し読み〉

　低学年の子どもたちが説明文を学習する際には,「問いかけ読み」を勧める。初めに教師が「問い」を発し,子どもたちはその問いを聞いてから,該当する１文を読むという音読法である。全員が,順に１文ずつ音読するので「１文一斉読み」もしくは「１文読み」なのだが,教師の問いかけを聞いてから,それに答えるように読むところがポイントである。

　一見すると音読ができているように見える子どもなのに,実は内容を理解できていなかったという場合がある。そういう子は,語彙能力が低く,言葉を自在には扱えないことが多い。言葉や文を音読するだけで頭がいっぱいになり,文章の意味を自分の中で構成する余裕がないのである。そのような言葉の力の弱い子や低学年の子どもたちには,書いてあることの意味をつかませるためにも「問いかけ読み」は効果的である。

　「問いかけ読み」の進め方を,光村図書１年(下)「ちがいをかんがえてよもう」から紹介しよう。本文に,

>「①ライオンの　赤ちゃんは,生まれた　ときは,子ねこぐらいの　大きさです。
>　②目や　耳は,とじた　ままです」(注5)

という2文がある。この場合であれば，以下のように進める。

T 「ライオンの赤ちゃんは，生まれたときには，どんな大きさですか。」
Cs「ライオンの　赤ちゃんは，生まれた　ときは，子ねこぐらいの　大きさです。」
T 「生まれたときにライオンの赤ちゃんの目や耳はどうなっていますか。」
Cs「目や　耳は，とじた　ままです。」

　言葉の力が弱く，音読するだけで精一杯の子どもには，ほんとうは「いま読んだところには，何が書いてありましたか」と，教師が尋ねてやらねばならない。音読はしたものの，意味は理解できずにいるかもしれないからである。言葉の力が弱い子は，音読と理解が必ずしもつながらないのである。
　「問いかけ読み」は，その点をある程度補うことができる。子どもたちも慣れてくると，「一番大事な文章は」という教師の問いかけに応じて，本文を音読することもできるようになる。そうなると，段落の中で子どもたちに気をつけてほしい文章を教師が指し示す，「示し読み」にもなる。
　特別な事情がないかぎり，文章全体を間違わず，詰まらず（吃音の子どもへの配慮を忘れてはならない）音読することができれば，子どもたちはその内容をおおよそ読めている。語彙，漢字とともに，音読はそれほど重要な役割をもつ。

〈完璧読み〉
　では，文章全体を間違わず，詰まらず読むことを子どもたちに意識させ，鍛える方法はないか。それが，「完璧読み」である。これは岸本裕史が生み出した読み方である (注6)。1度も詰まらず，間違った読み方をせずに読むことを「完璧読み」と名づけ，子どもたちに「間違わず，詰まらず音読する」ことを意識させ，鍛える。
　教科書1ページを音読し，間違いの回数だけそのページを繰り返し音読する。ただし，音読回数の上限は5回とする。筆者の経験では，5回以上間違えた子

どもには，たとえ12回間違えても，音読練習は5回にするほうがよい。
　国語科で「完璧読み」を指導したら，社会科の教科書音読にも活用する。社会科の教科書は，国語科でいえば説明文寄りの叙述であり，多くの語彙，漢字が出てくる。子どもたちにとっては，格好の練習になる。
　そして，高学年になれば新聞を活用する方法がある。「天声人語」や「編集手帳」など朝刊1面下のコラムから自分が気に入ったものを選ばせ，音読練習に活用し，発表し合わせる。さらに，それらを80字から100字程度の要約の練習としても活用する。

〈音読の目標とねらいを明確に〉

　教科書の音読の系統性を3，4年生で見てみよう。
　光村図書の場合は，3年生で「声の大きさ，はやさ，間をとるところをくふう」し，「大事だと思う言葉や文をつたえるには」，「ばめんの様子をあらわすには」，「登場人物の気もちをあらわすには」どう音読を工夫するのかを考える。それをもとに，4年生では地の文にも登場人物の気持ちが表れていることを押さえたうえで，「教科書に印を付けたり，書きこみをしたりして，気持ちや様子が表れるように」音読をする。
　そこには，3年生で身につけた音読技術の3要素(声の大きさ，速さ，間)を，3，4年生の2年間で，自分の読みに合わせて活用させようという音読指導の系統性が見える。そこで，こちらの音読指導も，教科書の系統性に合わせ，「登場人物の気持ちや場面の様子を表す」という音読のポイントを子どもたちに明確にする。さらに，それを子どもたちに示すため，音読に名前をつける。

　　○「なりきり読み」……登場人物の気持ちを考えるには登場人物になりきる
　　　ことが大切。ナレーターにもなりきる。
　　○「学芸会読み」……学芸会のときは，子どもは子どもなりにその役になり
　　　きる。

といった名前を音読につけることで，子どもたちに音読の目標やねらいを明確にし，自分の読みを基にした表現読みを求めていく。

4 物語文指導の基礎・基本——あらすじ指導

■■ 学習過程の１次では ■■

　学習過程の１次ですることとして，漢字指導（単元にかかわらず，毎日新出漢字の指導をしていくべき），難語句指導や音読指導があげられる。物語文教材指導では，それ以外に「物語のあらすじをつかみ，学習の見通しをもつ」ことが，１次の中心としてある。学習の見通しをもつためには，題名を手がかりに話し合ったり，初発の感想を交流したりする。このとき，子どもたちに何を発問し，子どもたちの発言の何を拾うか，引き出すか，評価するかは，目標と評価規準を明確にした単元計画づくりの問題とかかわっている。

　ここでは，あらすじ指導についてその指導法を述べる。

■■ 物語とは ■■

　物語は，出来事の時間どおりに構成されているわけではない。作者は読者のために，出来事の時間を意図的に並びかえて物語をつくる。教師という読者は，その意図を見破るように読んでいくことが大切になる。意図的に並びかえられてつくられる物語を，教師がある程度の構造の見通しをもって読んでいくことは，あらすじ指導の助けになるであろう。

　次頁図１は，物語の基本構造を表している。物語がこのように展開することを我々は自らの読書経験から知っている。しかし，物語の世界は広く，この展開に当てはまらない多くの例外があることも我々は了解しておかなければならない。

　「冒頭」では，登場人物の紹介を中心に，物語の場の設定が語られる。「展開」では，物語が動き出す。「問題発生」で，物語が解決すべき問題が発生する。「山場」は，その問題を解決するため，登場人物が活躍する。そこには，挑戦や問題発生，それに伴う登場人物の苦悩や葛藤といった内容が表れる。「クライマックス」で物語は最大の盛り上がりを見せ，その後問題の「解決」がある。そして「終焉」を迎え，物語は終わる。このような展開例を，子どもたちに知らせることは大切である。

第6章 「読むこと」指導の基礎・基本——習得・活用・探究は，確かな習得から

```
もりあがり ↑↓
はじめに  次に  その次に        最後に
冒頭  展開  問題発生  山場（苦悩　挑戦など）  クライマックス  解決  終焉
```

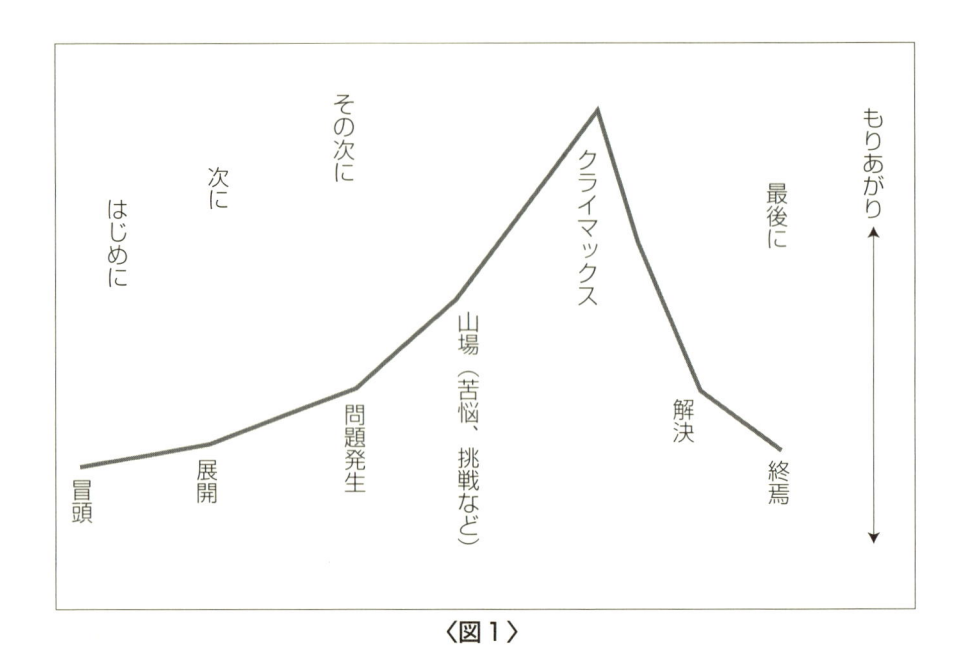

〈図1〉

　図1のような物語の基本構造については，ウラジーミル・プロップの研究（注7）がある。教師が扱いやすい先行研究としては，三森ゆりかの研究（注8）や二瓶弘行の研究（注9）があげられる。

■■ だれが，何をしたか——5W1Hの扱い ■■

　あらすじの指導について，学校現場は学年の発達段階を考慮してさまざまな工夫をしてきた。例えば，低学年では，「挿絵を基にして物語のだいたいを読む」というあらすじ指導が一般的である。あらすじ指導では，よく「5W1H」の話が出てくる。WHO（だれが），WHEN（いつ），WHERE（どこで），WHAT（何を），HOW（どのように），WHY（なぜ）の5つのWと1つのHで説明すると，聞いている人に情報がわかりやすいという話である。

　しかし，実際の物語の各場面で，常にこの5W1Hが揃うということは，考えにくい。そのため，子どもたちに5W1Hを強調したあらすじの読み方を指導してしまうと，子どもたちはそれに縛られ，本文に存在しない情報を前に立ち往生してしまうことがある。

指導すべきは、５Ｗ１Ｈを前面に出すことではなく、「だれが（何が）」「何をしたか（どうしたか）」の２つを軸に、あらすじをまとめる方法である。あらすじは、「だれが」「何をしたか」でまとめればよいということを子どもたちに指導し、それだけでは説明が足りないと感じたときには、必要だと思われる情報を「その他」の欄にまとめればよい、ということを指導する。これなら、子どもたちはわかりやすく、迷うこともない。これが、あらすじ指導の基本である。

○「だれが（何が）」「何をしたか（どうしたか）」
○説明が足りないときには「その他」の欄に情報をまとめる。

あらすじ指導の基本

これまでのことをまとめると、あらすじ指導の基本は以下のとおりとなる。

① **各場面ごとのあらすじをまとめる**

表１のようなワークシートに書き込ませ、「だれが」「何をしたか」（または、「何が」「どうしたか」）を明らかにしながら、あらすじを読む。

② **物語全体のあらすじをまとめる**

①を基に、物語の構造を活用し、

〈表１〉

場面	だれが	何をしたか	その他
一			
二			
…			

「『はじめに』どんなことが書いてありましたか」
「『次に』どうなりましたか」
「『その次に』どうなりましたか」
……
「『最後に』どうなりましたか」

と問う指導が有効である。これを子どもたちが自分でまとめる際には、「はじ

めに……になって」,「次に……になって」,「その次に……になって」,と続け,「最後に……となりました」とあらすじを自分で読むように指導する。ただしあらすじを書いてまとめるときには,「はじめに」,「次に」,「その次に」,……「最後に」を書かないことを指導する。そのほうが,自然なあらすじの文になるからである。

③ 繰り返す

　たった１回限りの指導では,子どもたちがその方法を習得することはとてもできない。習得のためには,あらすじを読む学習を繰り返すことが必要である。この絶好のお稽古になるのが,本章「本節7　読書力向上」（P.224）で述べる「本のプレゼント」である。

　「本のプレゼント」のあらすじ紹介では,「最後に」の部分を書いてしまうと聞いている人,読んでいる人が面白くないことを教え,代わりに「この続きは,どうなることでしょう。みなさんもぜひ読んでください」といったお誘いの言葉で締めることを指導する。

5 説明文指導の基礎・基本──段落指導

■ 説明文教材の系統性 ■

　「読むこと」指導の基礎・基本について述べる以上,説明文についても言及しておかなければならない。

　光村図書の場合,３年生の単元「まとまりに気をつけて読もう／ありの行列」（13時間扱い。ただし,「ありの行列」を読む時間は8時間）で子どもたちは「段落」という概念に出会う。４年生の単元「段落のつながりに気をつけて読もう／『かむ』ことの力」（10時間扱い。ただし,「『かむ』ことの力」を読む時間は8時間）で段落と段落のつながりを考える。５年生の単元「要旨をとらえよう／サクラソウとトラマルハナバチ（説明文）」（6時間扱い）で「要旨」,６年生の「文章を読んで,自分の考えをもとう／生きものはつながりの中に」（8時間扱い。ただし,「生きものはつながりの中に」を読む時間は6時間）で「要約」を学ぶ。

〈説明文教材の指導の系統性〉

学年	単元名	時間数 (教材を読む時間)	
3年生	「まとまりに気をつけて読もう／ありの行列」	13時間 (8時間)	段落という概念に出会う
4年生	「段落のつながりに気をつけて読もう／『かむ』ことの力」	10時間 (8時間)	段落と段落のつながりを考える
5年生	「要旨をとらえよう／サクラソウとトラマルハナバチ（説明文）」	6時間	要　旨
6年生	「文章を読んで，自分の考えをもとう／生きものはつながりの中に」	8時間 (6時間)	要　約

　各教科書会社共に，この傾向は共通する。つまり，高学年になると，説明文のたびに形式段落に丸数字を打ち，段落ごとの要点をまとめるという指導をしている時間はないということである。そこで，中学年での指導が問題になる。

■■ 要　点 ■■

　中学年では，一般的に，説明文の難語句指導，音読指導が終われば，教師は形式段落に丸数字を打たせ，その後は段落の要点をまとめる学習に入る。

　では，その要点はどのようにまとめればよいか。

　本来の要点は，段落の内容の大事なところをまとめたものである。したがって，形式段落を構成する複数の文をまとめることもある。しかし，初めて段落の学習をする3年生の子どもたちが，そのように本文を書きかえて段落の要点をまとめることはむずかしい。そこで，一般的に3年生には，次のような指導をする。

> ①　段落を構成する文章にア，イ，ウなどを順に打つ。
> ②　それらの文章から，最も大事な文章を，理由を明確にして選ぶ。

　しかし，この際に，教師が，段落の「内容と役割（形式）」の違いをわかっていないと，授業は混乱する。要点を指導する際に問題となるのは，「内容と役割

（形式）」である。

■ 段落の内容と役割（形式）■

　前項の「②」で述べたように，段落を構成する複数の文章から「最も大事な文章はどこですか」と問うと，子どもたちの答えが同じ文章に集中するとは限らない。書かれていることから，最も大事な文章を選ぶという条件だけでは，子どもたちは，いろいろな角度から自分が最も大事だと考える文章を選ぶからである。その例を，3年生「ありの行列」の場合で考える。

　3年生「ありの行列」の第1段落は，以下の4文から構成されている。

> ア　夏になると，庭のすみなどで，ありの行列をよく見かけます。
> イ　その行列は，ありの巣から，えさのある所まで，ずっとつづいています。
> ウ　ありは，ものがよく見えません。
> エ　それなのに，なぜ，ありの行列ができるのでしょうか。

「この段落からいちばん大事な文はどの文でしょう」と問うと，子どもたちの答えは，ある授業では次のように分かれた。

C1「イの文です。イの文は，『ありの行列』という題名に関係があるからです。」
C2「ウの文です。ウの文がないと，先が続かないからです。」
T　「先が続かないというのは，どういう意味ですか。」
C2「ウの文がないと，エの文に続かないということです。」
C3「いま，C2君が言った『ウの文がないとエの文に続かない』というのは，それぐらいエの文が大事ということだから，僕は，エの文が大事だと思います。」
C4「僕もC3君と同じ理由で，エの文が大事だと思います。」

　子どもたちは大変よく考えている。C3の子どもだけではない。C1の子ど

もの発言も，筋が通っている。「ありの行列」とは，「ありの巣から，えさのある所まで，ずっとつづいて」いるありの行列の謎解きをしている説明文である。そう考えるＣ１の子どもにとっては，イの文は大事な文になる。Ｃ２の子どもの発言は，不十分さはあるが，筋違いとまではいかない。しかも，Ｃ３の子どもの発言がそれを補っている。Ｃ３の子どもの意見に説得力があったために，Ｃ４の発言も生まれた。「みんな，しっかりと理由が言えたね。考える力があるね」と子どもたちをほめてやりたい場面である。

　子どもたちの思考力を育てるために，あえて幅広い答えができる問いを教師が用いたのなら，教師は，子どもたちが何故その文を選択したのかの理由に注意して，発言を聞くことである。上記の場合，そのねらいはほぼ達成されている。

　しかし，教師のほうは，Ｃ３の子どもの意見だけが正しいと考えている場合が少なくない。指導書には「問い」，「問いかけの文」，「問題提起」といった表現があり，それを教師が見ているためである。そこで，子どもたちの意見が問題提起文のエの文に集まらないと，子どもたちの意見をエの文に集めようとして指示的発問を連発してしまう。

　授業後に，「何故あそこで指示的発問をしたのですか」と授業者に尋ねると，「問題提起文だから」，「問いの文章に着目する力を育てたいから」といった答えが返ってくる。こういう授業を時折見かける。子どもたちの発言が散らばったのは，「内容で文章を読む」のか，「役割で文章を読む」のかという教師の指導が曖昧だったからである。

　説明文では，段落の「内容を読む」のか，「役割を読む」のか，「その両方を読む」のかを，指導者が明確にしておくことが求められる。そのときの指導の目標やねらいを明確にして，観点を明確にした指導をする必要がある。

　「内容を読む」と，子どもたちは「ありの行列」に書かれてあることを読む。読み終われば，面白い話だ，よくわかった，自分でも実験，観察をしてみたい，ありや虫に興味が出たといった反応をしたりする。ありの行列についての知識も増える。

対して，段落の「役割を読む」とはどういうことか。第1段落に問いの文があり，筆者が読者に問題を示し，それをこれから考えますよと，読者に呼びかけている，そういう役割が第1段落にはあると読むことである。「役割を読む」ということは，「形式を読む」ことであり，「段落の構成を読む」ことである。役割を読む中で学んだことは，子どもたちが書くことに転移しやすい。また，その後の説明文を読むときにも転移できる。

　しかし，そもそも子どもたちは，内容にひかれて書かれてあることを読むものである。そこで，教師の指導が必要になる。

　例えば，先ほどの第1段落で，子どもたちに着目させたいことが，エの文の役割であれば，「最も大事な文はどれですか」と問わず，「読んでいる人に，問いかけている文はどれですか」や「第1段落で『問いの文』はどれですか」と発問する必要がある。続けて，「筆者は，どうしてこのような呼びかけ（問い）の文を作ったのだと思いますか」と問い，課題や問題の提示，読者を引き込む書き手の工夫，技術に気づかせていく。このように，教師の指導があって成立するのが，段落の「役割（形式）を読む」読み方である。

　「内容」と「形式」は，どちらも大事な観点である。だからこそ，教師は，何を指導したいのかという指導の重点，軸足の置き方を，自分の中で明確にして授業に臨む必要がある。

■ はじめ（呼びかけ），中（理由〔根拠〕），終わり（結論）■

　3，4年生では，8時間扱いの中で，まず形式段落に丸数字を打ち，段落ごとの要点をまとめていくという「木から森を見る」方向の学習をさせる。その後に，全体を「はじめ」，「中」，「終わり」の段落部分に分ける指導をする（光村図書の場合は3年（下））。

　説明文全体を「はじめ，中，終わり」に分けてとらえる力は，文章の構造を読むうえで欠かせない。例えば光村図書の場合，高学年前期の説明文では，5，6年生ともにそれぞれ5，6時間しか教材文を読む時間がない中で要旨や要約の学習をすることになる。昔のように，説明文といえば形式段落に丸数字を打ち，段落ごとの要点まとめをするやり方では，「要旨」や「要約」を学習す

る時間は十分に取れなくなる。そこで，3，4年生で，文章全体を「はじめ，中，終わり」というまとまりに分け，「問いかけ（呼びかけ），理由〔根拠〕，結論」という役割を読むことができるようにしておかなければならない。

　全体の段落から，「問いかけ」の段落と「結論」の段落を見つけられれば，残りが「理由〔根拠〕」の段落となるため，これは文章の意味が読めれば比較的簡単に指導できる。すべての子どもたちが確実にできるように指導しておく。そして，「結論」に説得力やわかりやすさがあるかどうかは，「中」の「理由〔根拠〕」の書き方と，「終わり」の組み合わせ方次第であるということを学ばせる。つまりは，「結論」と「理由〔根拠〕」の組み合わせ方である。

　3，4年生のときにこれらの指導があってこそ，5，6年生の子どもたちの学習は進んでいける。また，結論と理由〔根拠〕を分けて考え，結論と理由〔根拠〕の組み合わせを評価する読み方は，論理的思考力を鍛えるために，いま最も求められている学習でもある。単に内容だけを読むのではなく，説明文の論の運び方，つまり「理由〔根拠〕」の書き方と，「理由〔根拠〕」と「結論」の組み合わせ方について考えることは，子どもたちの論理的思考力を高める学習になる。

　説明文の形式をうまく指導できる言語活動に，「説明文をまねて書こう」という学習がある。書くために説明文をまねようとすれば，どうしても「内容」だけでなく，「形式」についても子どもたちは学ぶことになるからである。

■■ 要　旨 ■■

　高学年で指導する「要旨」についても，若干の説明をしておきたい。

　「要旨」は，あらすじなどとともに「要約」の1つである。教科書で「その文章全体で，筆者が述べたいことの中心を要旨という」(注10)とあるため，「筆者が述べたいことを見つける学習」といった受け止めが一部にはある。しかし，肝心の筆者の意図に沿うか沿わないかは，書かれてある内容（この場合説明文）を基に筆者ではなく読者が，解釈し，判断して，決定している。筆者の意図であるかないかを決定するのは，書かれてある文字の配列ではなく，そこから生まれる読者の解釈である。

つまり，筆者の意図を読むということは，読者が書かれたものをどう読んでいるかということに行き着く。「その文章全体で，筆者が述べたいことの中心」とは，読者が，書かれたものからこれが筆者の意図であると解釈し，判断したものである。

6 話し合いの指導

校内研修で各校を回ると，「班での話し合い指導をどうすればよいですか」という質問を受けるときがある。また，読むことの授業において，子どもたちに簡単に「話し合いなさい」と教師が投げかけたり，子どもたちの意見を「班でまとめなさい」と指示したりする場面にもよく遭遇する。どうも話し合いの指導には混乱があるようである。そこで，読むことの指導とも切り離せないと考え，話し合いの指導について若干のことを述べる。

まず，小学校国語科のグループでの話し合いは，子どもたちの異なる意見を「グループでまとめなさい」とする筋合いのものではない。小学校国語科のグループでの話し合いは，「グループで話し合うことを通して，自分の意見を深める」ためのものである。この目的を子どもたちに明確に伝えることである。そのうえで，話し合った以上は，だれの意見と理由〔根拠〕が自分には参考になったのかを，必ず自分の中で決める習慣を子どもたちにつけておく。指導の実際は次のとおりである。

〈話し合い指導〉

(1) 必ず，司会をつくる。司会は，輪番制で順にみんながすることにする。
(2) 司会の仕事がむずかしすぎては，子どもたちは困る。そんなむずかしい役はやりたくないし，自分にはできないと考えるのがいまの子どもの傾向である。そこで，司会の仕事は，
　① 必ずグループの一人一人に意見を言ってもらうこと
　② グループのみんなが真剣にその意見を聞くように呼びかけること
　の２つであると指導する。

それができるように，司会は，次の２つのことをすると指導する。
　①　司会の仕事の合言葉……「みんなを順に指名」し，「疑問を解決」し，「自分のおすすめの意見」を発表してもらう。
　②　みんなに真剣に友達の意見を聞いてもらう。……「みんな，発表を真剣に聞くようにしてください」
(3) 聞き方のめあて（ち・り・く・と・よ）
　話し合いで友達の話を聞くときは，
　①　ち「違いはなにか」……友達の意見の理由〔根拠〕は，自分の理由〔根拠〕とどこがどう違うのかを聞く。
　②　り「理由〔根拠〕はあるか」
　③　く「組合せはおかしくないか」……友達の意見と理由〔根拠〕の組合せはわかるか，おかしくないか考えながら聞く。
　④　と「自分に取り入れたいか」……自分が取り入れたい意見と理由〔根拠〕かを考えながら聞く。
　⑤　よ「話し合いをしてよかったといえるように」……を全員のめあてにする。もちろん，意見・理由〔根拠〕を聞いた結果，自分のものが最も妥当であったという選択も成立する。
(4)「疑問を解決し，自分のおすすめの意見を発表してもらう」ために，司会は次のように進める。
　①　「質問や疑問はありませんか」と呼びかけ，質問や疑問がないかを確認する。
　②　「みなさんは，友達の意見を聞いて，だれの意見と理由〔根拠〕を自分に取り入れてみたいと考えましたか」と呼びかけ，挙手がなければ順に指名して，友達の発表に対する子どもたちの自分の意見を出させる。
(5) 話し合いの振り返り
　(4)で一通りみんなが意見を出せたら，「友達の意見，理由〔根拠〕から学んだことを生かして，自分の意見と理由〔根拠〕を，よりよくしましょ

う」と司会は言う。
(6) 話し合いの初めと終わりの挨拶は司会がする。

7 読書力向上

　第3章の「試案」では，読む能力を読書力からとらえている。子どもたちの豊かな心を育み，確かな学力を獲得していく事業は，読書にかかっているといっても過言ではない。読書力は，それほど重要な力である。したがって，教師と学校は，子どもたちを本好きにしなければならないのである。そこで，子どもたちの読書力を高める取組について述べる。

　読書力の向上については，すでに第3章の「第2節　読書力」（P.103）で多くのことを述べている。子どもたちが，自分にとってかけがえのない1冊の本と出会える（質的側面）ように，読書量を増やす（量的側面）取組を進めることになる。子どもたちがたくさんの本に囲まれる環境を学校ぐるみで整え，知らず知らずのうちに子どもたちが本を読むようになっていたという状況をめざしたい。

■ 本のプレゼント ■

　子どもたちは，案外本の情報をもっていない。図書室に多くの本が揃っていても，どんな本があるのかをあまり知らない。だから小学生は，本の背表紙，本のタイトルで自分の読む本を決めている。「『吸血鬼チャランポラン』，面白そう。借りよう」という具合である。

　その結果，子どもたちが読んでいるのは，なぞなぞ，クイズの類，歴史マンガといった学習マンガ，そして心霊，オカルト，怖い話の類が多い。歴史マンガは文脈が見えにくい歴史教科書を補充するうえで有効だし，子どもがなぞなぞ，クイズ好きなのは，発達段階からいえば当然である。解きたい，解決したいというこの年代の子どもたちの要求の表れである。心霊，オカルト，怖い話に興味があるのも，子どもなら当然である。

　しかし，学校で，この種の本がここまで闊歩していてよいのか，と疑問を感

第1節　基礎的基本的な知識および技能の指導法

```
📖 本のプレゼント

  題名（だいめい）「　　　　　」
  作家（さっか）（　　　　　）
  〈あらすじ〉



  〈プレゼントしたいところや言葉（ことば）〉



  名前（　　　　　）
```

　じるほどの人気がある。この種の本に対する子どもたちの興味の高まりには，一種の危惧すら感じる。子どもたちが獲得すべき知識，向上すべき論理的思考力が期待するほど育っていないため，この種の話に無批判に飲み込まれているのではないか，育つべき興味・関心が確かには育っていないのではないか，という危惧である。

　全否定はしないが，子どもたちが，かけがえのない1冊の本と出会えているようには見えない。そこには，テレビのバラエティ番組が本に変わっただけのレベルの低さが感じられ，知の向上が感じられない。その証拠に，そういう類の本を読む子どもは，その後名作にあまり進んでいかない。

　学校と教師は，子どもたちに本の情報をたくさん与えるべきである。この本はこういうあらすじで，読んだ人はここが面白いと言っている，そういう情報を子どもたちに多く与えたい。「本のプレゼント」は，そういう本の情報を，子どもたち相互がプレゼントし合う学習活動である。教科書によっては，各学年の冒頭に本との出会いを意識した単元がある。子どもたちを読書へ誘う単元を大切にし，春先から，この「本のプレゼント」に取り組み，子どもたちの読書力向上の取組とリンクさせたい。

「本のプレゼント」は，子どもたちがあらすじを読む練習になる。

さらに「本のプレゼント」を半分に折ってファイルに綴じれば，右開きからはあらすじのお稽古，左開きからは自分が読んだ本の「お気に入り表現集」になる。ここから，子どもたちにお気に入りの表現を暗唱させる。

いま，自分のお気に入りの文章を暗誦している子どもを，我々はどれだけ育てることができているのだろうか。「ごんは，二人の話を聞こうと思って，ついていきました。兵十のかげぼうしをふみふみ行きました」と，諳んじながら，月のきれいな夜に歩いている子どもたちを，我々はもっと育てていかなければいけない。

■ 読書ポイント制と読書集会 ■

ここでは，量的な読書力向上の取組を紹介する。

子どもたちの読書量を増やすうえで，学校の取組が果たす力は大きい。取組によって，学校全体に読書を楽しむ風を吹かせることができるからである。子どもたちに読書力をつける取組は，北風と太陽の両面で取り組みたい。太陽は「本のプレゼント」であり，ブック・トークであり，ストーリー・テリングであり，読み聞かせなどである。

では，北風は。

提案したいのは，最低年2回の読書集会とポイント制の導入である。年2回

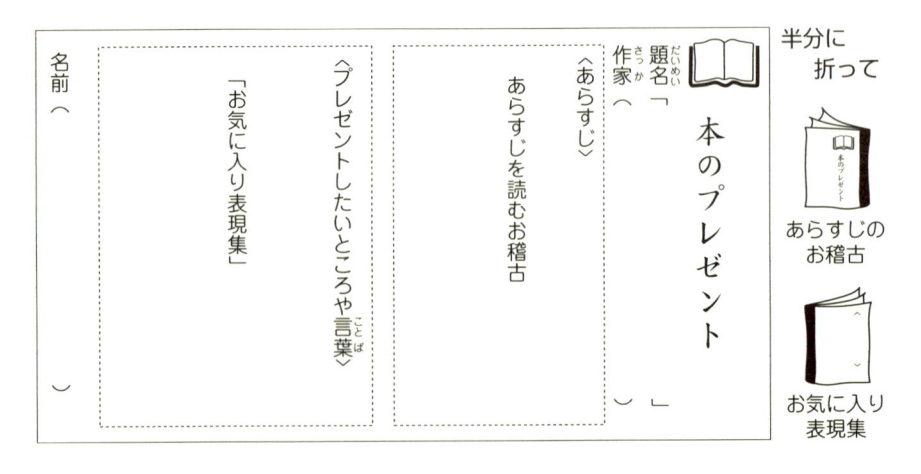

の読書集会で，学年単位，クラス単位の2つの読書量を各平均読書ポイントによって発表する。その後，学校全体の個人ベスト3を発表する。

　よく，「100冊読んだ子が○○人」という話を耳にするが，小学校の場合，絵本と歴史マンガと物語を同じ「1冊」としてカウントする。しかし，絵本，歴史マンガと物語が同じ扱いというのは無理がある。ページ数，字の大きさ，内容量，どの観点で見ても差があるからである。読み終える時間には，歴然とした差が出る。その差を正確に反映できる方法はなかなかないが，ある程度人為的に差を修正して反映させる方法の1つがポイント制である。

　歴史マンガ，なぞなぞ・クイズ，図鑑は1ポイント，絵本は2ポイント，物語は5ポイントにする。調べ学習で使う本については，指導する担当教員が子どもたちの読みの実態を考慮して決める。基本は，1ポイントにして対応すればよいであろう。低学年では200ポイント（絵本100冊），高学年では250ポイント（物語50冊）を子どもたち個人の目標にする。

　そして，子どもたちへの「おすすめの本」を学校ぐるみで用意する。この本を是非読ませたい，読めば子どもたちの心に大きな感動，体験が生まれると思う本を，全校の教職員で推薦し合い，低・中・高学年ごと，もしくは学年ごとの一覧にする。子どもたちの「かけがえのない1冊」の候補を学校として用意して，それらの本はポイントを倍にする。お薦めの絵本は4ポイント，お薦めの物語は10ポイントである。

　このようにして読書量をポイント数で集約する。集計は，個人の合計と学年（クラス）の平均の2つで行う。そして，それを読書集会で発表する。

　読書集会では，進行役の教師が各学年の平均読書ポイントを発表する。ポイント数の少ない学年は，その結果を受け止め，次の読書集会ではがんばった成果を発表できるように誓い，その後の読書への刺激とする。続いて学校全体のポイント数ベスト3を発表する。その後，各学年からお薦めの本を「本のプレゼント」で紹介し合う。よく本を読んだ学年（クラス）と子どもを知り，その姿を評価すること，友達によい本を紹介する子どもの姿を大切にして，それらに学ぼうとする姿勢を学校と子どもたちに育てることなどが，読書集会の目的

である。
　このポイント制と読書集会によって，学校と子どもたちは，量的な目標をもって本を読んでいく。その結果，「かけがえのない１冊」の本に出会う確率が高くなる。
　『国家の品格』で注目を浴びた藤原正彦は，「かけがえのない１冊」に関連し，次のように述べている。

　　私は小学校四年生か五年生の頃，デ・アミーチス作の『クオレ』を読んだ。イタリアの小学校の日常を通して，勇気，友情，惻隠，卑怯，家族愛，祖国愛などを描いた名作である。中に「母を尋ねて三千里」「難破船」など，感動の物語がいくつか挿入（読み仮名ママ）されている。私はこれを涙を流しながら何度も読み返し，大きく感化された。(注11)

藤原らしい鋭さが表れているのが次の一節である。

　　余談だが，三十代の頃，ある雑誌に「幼少時に読んでもっとも影響された本を再読し感想を書け」という原稿を依頼された。『クオレ』を取り出し読み直してみた。さほど感動しなかった。私はこの時，「小学生の時に読んでおいてよかった」とつくづく思った。
　　しばらく前のことだが，少年少女世界文学全集といったシリーズの広告に，「早く読まないと大人になっちゃう」という文句が添えてありほとほと感心したことがある。読むべき本を読むべき時に読む，というのが重要で，この時を逸し大人になってからではもう遅い。情緒を養ううえで，小中学生の頃までの読書がいかに大切かと言うことである。(注12)

まさに藤原の言うとおりである。
　小学校時代には，小学校時代に読むべき本があるということである。そして，小学校時代に読むべき本に出会えれば，その本を通して，子どもたちの心は豊

かに育まれる。

　藤原正彦の言葉を借りれば,「論理」は高次の情緒がないと自己の正当化にしか働かない。「『論理』は十全な情緒があってはじめて有効」に働く。この高次の情緒を「たっぷりと身につけるには,実体験だけでは決定的に足りない。実体験だけでは時空を越えた世界を知ることができない」,そしてこの高次の情緒を身につけるためには「読書に頼らざるを得ない」(注13)。

　この高次の情緒は,内面世界の情意面にあたるものである。「内面世界の形成にはまず読書が必要である」と考える筆者は,藤原の意見に全面的に賛同する。

8 確かな習得のために

■■ 言葉の力を育てるには,お稽古（螺旋的反復）が必要 ■■

　子どもたちは言語活動を通して言葉の力 (注14) を獲得していく。では,言葉の力を子どもたちが獲得するうえで重要なこととは何なのであろうか。

　その1つに,お稽古がある。言葉の力を獲得するには,獲得できるだけのお稽古が必要なのである。お稽古なしに,1回限りの言語活動で子どもたちに言葉の力を育てることができると期待するのは,無理がある。

　例えば,日本の子どもたちは,どうして「九九」を,その後の算数科学習で活用できるのか。その理由を指導者側に視点を当てて考えると,答えは2つ考えられる。1つは,算数科という教科が,九九ができなければ,かけ算もわり算も,少数や分数の計算もできない仕組みになっているからである。もう1つは,日本の教師が,九九を習得できていなければ今後の子どもたちの算数科学習に大変な困難が生じることを,自らの体験からよく理解しており,何としても子どもたちに九九を習得させるという決意と構えをもって指導しているからである。そういう決意と構えがあるから,教師は,子どもたちに徹底して九九を練習させる。だから,多くの子どもたちは,九九を当たり前のように活用できるようになっていく。

　しかし,九九と比べて,国語科指導の場合はどうであろうか。音読指導,漢

字指導，語彙指導，あらすじ指導や読書指導に，九九の習得のような教師の決意と構えはあるだろうか。日本の教師は，このことを一度真剣に考えてみる必要がある。最終的には暗記させることのできる九九に比べて，国語科で獲得させようとする言葉の力は，思考力や判断力，心の働きと関係する高次なものが多い。九九よりもむずかしい高次の学習を，言語活動を１回させただけで，子どもたちが獲得していくことができるとは考えにくい。それは，理に合わない，空想的な話といえる。

しかし，その一方で年間の授業時数は限られており，何でもかんでもお稽古できるという訳にはいかない。

では，いったいどのような能力を子どもたちに獲得させていかなければならないのか。

第３章で提案した「目標分析試案」（P.98）が，それをある程度示している。

漢字能力，語彙能力，音読能力は，自動化できるまで育てたい能力である。漢字，語彙，話型・文型などは，必要に応じて暗記させ，完全に子どもたちのものとさせたい。練習することで能力が高まる音読能力については，十分にお稽古を積ませたい。

また，物語文であらすじを読む能力，説明文におけるはじめ，中，終わりと段落の役割を読む読み方なども，「読むこと」の基礎・基本として螺旋的反復的に学習させたい。本章は，これらの指導法や育て方を述べるために設けた。

中でも，とくに読書力の向上は，読む能力を高めるうえでも，子どもたちの心と頭の両方を育ててくれるうえでも，最も重要な学習であり，教師が最もこだわらなければならない内容である。本章「第１節の７　読書力向上」（P.224）はもちろん，第３章「第２節　読書力」（P.103）も，そのために設けた。

どんなことがあっても，

○漢字・語彙指導
○音読指導
○学校ぐるみで行う読書力向上の取組

という3つは,進めたい。これらは,子どもたちを必ず育てる指導と取組である。

■ **学習過程2次,3次の役割——収束の2次,拡散は3次以降で** ■

　一般的に学習過程の2次は,子どもたちが言葉の力を獲得するためにおおいにお稽古をすべき時間である。それは,「単元の出口」に向かって,1つの基本形に子どもたちの言語活動を収束していく学習過程といえる。

　この2次で「子どもたち一人一人の読みを大切に」「その子らしさを」などといった美辞麗句に惑わされ,子どもたちの拡散的思考を追い求めては,子どもたちはかえって混乱する。どうしても拡散的思考をさせたいのであれば,その役割を担うべきは3次である。

　できれば3次も収束とし,その後の活用において拡散的思考をめざすことを薦めたい。子どもたちは,ほんとうに力を獲得していけば,自然にその子らしく歩む。それが千利休や川上不白の述べる「守・破・離」である。

　「守」,つまり作法の基本ができあがった者でなければ,「破」,基本の教えを自分なりに変えたり,「離」,その教えを踏まえて主体的に自分流を構築したりする成長は訪れない。このことは,逆に,しっかりとした「守」をつくっておけば,学習者は「破」の段階や「離」の段階に進むことを示している。自立は,自立できるだけの能力の伸長なしには実現しない。単元の中では螺旋的に繰り返し,終了後は,つないで,つないで,繰り返し,子どもたちに言語活動をさせようとする教師の姿勢が求められている。

　3次で国語科の単元は終わっても,他教科,領域,総合的な学習の時間などの学校生活と日常生活で,子どもたちに獲得した言葉の力を,使って,使って,使わせるべきである。それが,子どもたちの言葉の力を磨くことになり,本物の拡散的思考に子どもたちを進ませることになる。

■ **一人ずれ** ■

　45分の授業で簡単にお稽古を保障する方法があるので紹介する。「一人ずれ」である。

　○の子どもたちが発表し,△の子どもたちは,それを聞く。発表が終わると,

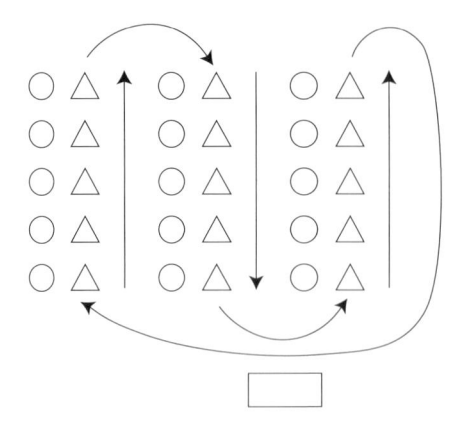

△の子どもたちは、矢印のように隣へ移動し、次の発表を聞く。この「一人ずれ」にかけられる時間が短時間（5～10分）しかとれない場合は、2列で行う。20分近くできる場合は、クラス全体で行う。また、それぞれの時間は、6分の時間なら、3分ずつで○と△の役割を交代する。20分であれば、10分ずつで○と△の役割を交代する。

　このとき、△の子どもが○の子どもに対して、発表の感想を述べる時間は取らない。発表の回数を重ねる中で、子どもたちは無駄な部分を削り、必要な説明をつけ足す。お互いに聞き合う中で、ヒントをもらったり、与えたりしながら、自分の発表に修正を加えていく。

第❷節 生きる力

　第2節，第3節は，国語科を指導する教師にとって参考となる，知っておくべきものの見方や考え方について述べる。

　まずは「生きる力」についてである。これについては，第1章「第6節2　求められる授業とは——生きる力から」（P.62）で多くのことを述べた。「生きる力」は，確かな学力と豊かな人間性と健康な体によって構成されている(注15)。

　「生きる力」は現在の日本の教育の大目標である。「生きる力」を考えたとき，自動車教習所のあり方は，教師にとって示唆に富んでいる。

　自動車教習所で学んだことを，教習所の中だけで使えればよいと考えている生徒や教官はいない。生徒は，全員が現実世界で車を運転したいという意欲と目標をもって入学し，教官は，それが安全に実現するための目標と評価規準をもって生徒を指導する。

　自動車教習所には，そこで何を絶対身につけておかなければならないのかという，目標から遡って設計されたカリキュラムがある。その大前提には，人と車が安全に調和する社会，日本の交通社会はどうあるべきか，そして，そのために現在の法体系はどのようになっていて，それで今後もよいのかという問題に対する一定の答えがある。

　「生きる力」というキーワードは，この自動車教習所のような姿勢を，学校に求めている。現実の生活で，いかに子どもたちが自分の言葉の力を活用できているか。探究へとつなげることができているか。そういう意識が，これまでの日本の学校，教師には，十分とはいえないところがあった。

　PISA調査には，そこを突かれたという見方もできる。求められている学力は，学校の中だけで通用していればよしとされる，閉じられたものではない。

第6章 「読むこと」指導の基礎・基本——習得・活用・探究は,確かな習得から

　学校の内側はもちろん,学校の外,現実社会においても通用する学力を子どもたちに育てていくことが求められている。したがって,国語科で学習したことは,子どもたちの日常生活の中で生きて働くことをめざす。
　4年生で壁新聞の作り方を学習したら,家庭や地域でも何かの伝え合いのためにそれを使っている。あるいは,目的に応じて,壁新聞をヒントに家庭や地域でB4判に印刷した新聞を作っている。それでこそ,確かな言葉の力の育ちであり,「生きる力」である。反対に,国語科の単元の中だけで終わってしまう学習は,子どもたちにお稽古不足を生み出すし,子どもたちのほんとうの力にはなりにくい。
　新しい学習指導要領は,教育活動全体を通して言葉の力を育成することを明確に述べている。新学習指導要領自体が,国語科で学習したことをそこで終わらせず,他教科,領域,総合的な学習の時間につなげて,確かな言葉の力を育てることを求めているわけである。
　いまほど,子どもたちに言葉の力を獲得させる好機はない。学校の中での学習に留めず,学校の外の現実生活に学びの場を広げ,螺旋的反復的にお稽古を重ねる。初めから現実生活で活用できる言葉の力の育成をめざす。現実生活で生きて働く確かな言語力を獲得した子どもたちの姿を明確にイメージし,つなげて,螺旋的に繰り返し,子どもたちの言葉の力を鍛えたいものである。「習得・活用・探究」は,確かな習得からである。できるだけ現実生活と段差がない設定のもとで,子どもたちに十分なお稽古（言語活動の螺旋的反復）を積ませたい。
　各学校,各教師が,自分たちでできる得意なことから取組を進め,現実生活で生きて働く力をめざしてがんばってほしい。そして,せっかく始めた取組は,子どもたちが変容するまで続けてほしい。せっかく温めだしたコンロの火を,水が沸騰する前に止めてしまってはいけない。
　水がお湯になるまで,指導を積み重ね,取組を積み重ね,子どもたちが明らかに変わるまで,粘り強く続けてほしい。そうして,たくさんの子どもたちに「自分は成長した」「賢くなった」「できるようになった」と,自分の変容と成長

の実感,そして成就感や達成感を体験させてほしい。

　「自分が変われた」という実感,体験は,子どもたちの次の意欲を生み出し,この意欲がさらなる子どもたちの成長を生み出す。こういう指導においては,本章「第1節の8　確かな習得のために」(P.229) で述べたように,活用するために習得しておくべきことを明確にし,「基礎的・基本的な知識及び技能を確実に習得させ」(注16)ることが重要となる。

第6章 「読むこと」指導の基礎・基本——習得・活用・探究は，確かな習得から

第❸節 確かな学力観

1 体験・経験の重要性

　現在の日本の学力観は，「確かな学力観」である。これは，要録4観点（「関心・意欲・態度」「思考・判断」「技能・表現」「知識・理解」）で有名な「新しい学力観」に，「総合的な学習の時間」のねらい (注17) で取り上げられた能力（課題発見力，学び方，問題解決能力，学ぶ意欲）をつけ加えることで出来上がっている。つまり

> 確かな学力観＝新しい学力観＋総合的な学習の時間のねらい」(注18)

となる。
　文部科学省は，これを花びら型にしてパンフレットやホームページに掲載している (注19) が，大事なことは，これを階層別，立体的にとらえることである。そうすることで，子どもたちの学力獲得の道筋が見える。
　4観点と，「実感・納得・本音」，そして「体験・経験」の関係を明らかにしたのは梶田叡一である。梶田は，「『教育』——その歩む道——」（『ぶんけい教育ほっとにゅーす』文溪堂，2007.9）の中で，要録の4観点と「体験，経験」，「実感，納得，本音」との関係，その統合的な働きの重要性について明らかにしている。図2は，それを示したものである。
　図2は，「〈成果〉」と「〈機能・活動〉」との関係で8項目による学力の4つの層を表し，その相互関連について述べている (注20)。ここでは，おもに「〈成果〉」を軸に説明を展開するので，例えば「理解・記憶」と「探求・追求」の間の往復を示す矢印は，それらの成果である「知識・技能」と「思考力・問題解決力」間にも成り立つものとする。

第３節　確かな学力観

```
           判断力
    思考力         表現力
  課題発見能力  基礎・基本  問題解決能力
    学び方          学ぶ意欲
          知識・技能
```

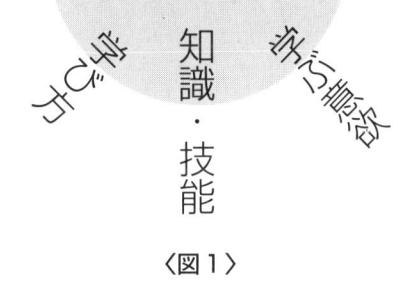

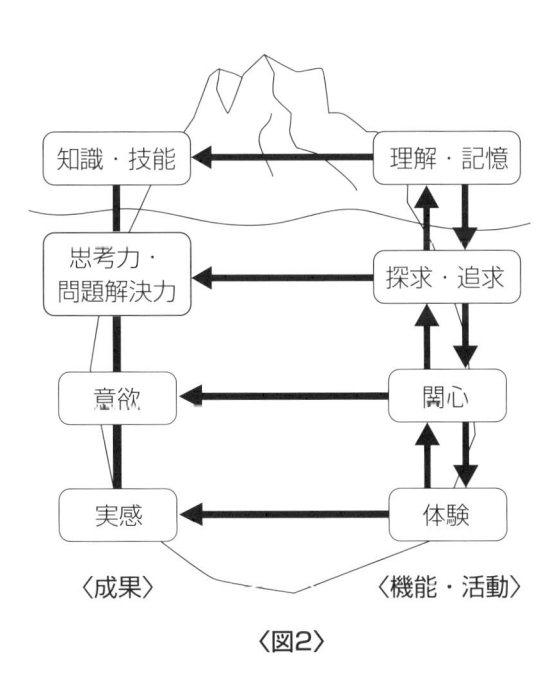

〈図１〉

```
知識・技能  ←  理解・記憶
                ↕
思考力・     ←  探求・追求
問題解決力      ↕
意欲        ←  関心
                ↕
実感        ←  体験
〈成果〉      〈機能・活動〉
```

〈図２〉

子どもたちは，わからないことはできるようにはならない。「わかること」と「できること」は，表裏一体ともいえる相互関係にある。わかったことによって，できるようになる場合もあるし，わかりながらできるようになったり，できるようになったことで，わかったつもりのことがより実感に近づいたりする。

このように密接にかかわり合う，「わかること（知識・理解）」と「できること（技能・表現）」が，図2では，「知識・技能」と表現されている。十二分にわかり，できるようになれば，よく考え，判断することができる（図2の「思考力・問題解決力」）。そうなると，子どもたちはこれからももっとやっていこう（図2の「意欲」）とする。これは子どもたちの大切な学びの道筋である。

しかし，これだけが学びの道筋なのではない。学習内容によっては，その逆もあるし，観点間の往復運動もある。

例えば，

○おもしろそう（関心，図2の「意欲」）だからやってみた。
○やってみると不思議だな（「意欲」）と思い，考え（「思考力・問題解決力」）てみた。
→そうするとわかる（「知識・技能」）ようになった。

あるいは，

○おもしろそうだからやってみた。
→毎日やっているうちにできる（「知識・技能」）ようになった。
→しかし，なぜそうなるのか不思議で仕方なくて（「意欲」），考えてみた（「思考力・問題解決力」）。
→そうするとわかった（「知識・技能」）。

という具合である。

ここで，「わかる（「知識・技能」）」が，子どもたちの「実感」になるところ

にまで深まることの重要性を梶田は指摘する。「実感」や納得，本音にならなかった「知識・技能」は，そのときは獲得できたつもりでも，その後活用されることもなく，やがて時間とともに忘却の彼方へと忘れ去られ，剥離していく。いわゆる「剥離しやすい学力」である。反対に，納得できたこと，自分の本音になったことは，剥離しにくく，学習者が自分の価値観に組み込んだり，現実社会で活用していったりする。つまり，人は，「実感」や納得，本音になったことを，現実社会で活用しようとする（「意欲」）。

「生きる力」は本人の「意欲」と大きくかかわる。とくに，いまの子どもたちにとって，「意欲」は大きな働きをする。子どもたちは，いったん「嫌い」と思ったら，見向きもしなくなる傾向があるからである。公式の場ではわかったような顔を見せていても，本音は反対のところにあるという場合もある。学習した子ども本人が，ほんとうに「実感」したり，納得したり，本音になっていないことは，現実社会で使おうとはしない。それが，いまの子どもたちである。

この点で，「生きる力」と「意欲」と「実感」や納得，本音との間には，大きな関係がある。そして，この「意欲」が，いまの日本の子どもたちの大きな課題となっている。例えば，各種調査で，日本の子どもたちの学ぶ「意欲」の低下は大きな問題である。

子どもたちの「意欲」を高めるためのポイントは2つある。

① 子どもたちに「わかる・できる」実感と自信をつけていくこと

1つは，学校，教師が，子どもたちに「わかる・できる」実感と自信をつけていくことである。少なくとも，わからない，できないという理由で，子どもたちに何かを嫌いにさせてしまってはならない。

② 学んだことを「実感」，納得，本音の段階にまで深めること

「実感」の重要性は梶田が指摘しているが，2つ目は，学んだことを「実感」，納得，本音の段階にまで，深めることである。そのためには，子どもたちの体験不足を解消しなければならない。学んだことが，自分の「体験」や経験と一

致したときに,「実感」や納得は起きるからである。

　心と頭に記憶している「体験」と,それを言語化した経験の豊かな子どもは,学んだ「知識・技能」の中から「実感」できることが多くなる。「知識・技能」と自分が実際に体験したことが結びついたときに,人は「なるほど」と心から思え,納得できる。梶田が指摘しているこの点は,子どもたちの学びを考えるうえで,きわめて重要な指摘である。

　新しい学習指導要領で,「言語と体験」のかかわりの重要性や,「体験」の重要性が述べられることになったのは,この点からである。「体験」の少ない子どもは,その「体験」を言語化して自分の内面世界に記録している経験の数も少ない。「体験」と経験が少ないせいで,「実感」できること,納得できること,本音になることが少なくなる。だから,「体験」を増やすことが重要な課題になるし,「体験」したことを言葉にする作業と,言葉にできる力を育てていくことは,いまの子どもたちにとってはきわめて重要な学習となる。また,言葉の力は,「体験」を経験化するときに用いる力であるため,豊かな「体験」と経験によって,言葉の力が豊かに育つという重要な相互関連もある。

　「体験」不足のいまの子どもたちに,もっと「体験」をさせるということは,ほんとうに重要なことである。しかし,それを宿泊行事の増加で補うことには限界がある。

　第3章「第2節1　読書は『内面世界』を育てる」(P.103)で述べたように,内面世界を育てることができる読書に積極的に取り組むことで,子どもたちは重要な間接体験ができる。この点でも,読書力向上の取組が鍵となる。

　また,語彙指導も,その意味を辞書で調べさせたり,子どもたちに説明させたりするだけでは十分とはいえない。子どもたちが生活の中で体験したことや感じたこと,単元の学習を通して考えたり,学んだり感じたりしたことを,言葉や表現に置きかえることで初めて,子どもたちはその語彙を実感したことになる。「体験」,経験と結びついた語彙指導をしなければならない。

2 学力と心の関係

　学力は心と深く結びついている。

　世の中では「学力が大事か、心の育ちが大事か」といった二者択一的な議論が簡単に起きる。しかし、これはどちらかだけが大切なのではなく、どちらも大切なのである。

　学力の観点に「思考・判断」があるが、よく考えてその場にあった正しい判断をしようとすれば、それは、心の働きを抜きにしては考えられない。

　学校にいると、学力と心の結びつきを実感する例がたくさんある。

　「自分は勉強ができない」と思っている子どもは、あるところまで順調にわかっていても、突然わからなくなることがある。そして、いったんそうなってしまうと、それまでできていたことまでができなくなる。自分に自信がないために、パニックがその子の中で起きているのである。胸の内は自分への不安でいっぱいになり、わかっていたことも、「自分への不安」という心の働きに支配され、わからないと思ってしまう。

　また、いまの「キレやすく」「ムカツキやすい」子どもたちにとって、怒りという自分の激しい感情をどうコントロールするかは、大問題である。いまの子どもは、一時の感情に簡単に自分の魂を奪われてしまう。とくに、思春期には、その場の感情に翻弄されて事件を起こし、その子の一生が変わってしまうということも珍しくはない。

　ここでも、確かな判断力や、感情をコントロールできる我慢強さ、理性の大いなる力が求められている。そして、これは「確かな学力」の向上抜きには実現しない。子どもも大人も、学ばない者には確かな理性は育ちにくい。「賢く、優しく、仲よく」という表現で述べるなら、「仲よく」するためには、「優しさ」が必要であり、「仲よく、優しく」するためには、「賢さ」が必要である。「仲よく」と「優しさ」が欠けた「賢さ」は、決して本人の幸せにはつながらない。

　学力が伸びれば心も育つ、心が育てば学力が伸びるといった深い相互関係が学力と心にはある。片方が駄目だと、もう片方が伸びているように見えても実

は怪しい，ということである。ここでも，求める答えは，世の中に存在する二者択一的な議論を超えたところにある。学力と心は，その両方が大事なのである。

3 学力とテスト

　主要教科で単元終了後に行うテストは，その単元で育てようとしている「学力モデル」でもある。どのようなテストでも，その問題から出題者が求めている学力が何かを読むことができる。つまりテストは，単元目標よりも具体的な「学力モデル」といえる。

　そう考えると，これまでの小学校国語科市販テストの読解問題は，学校や教師が求めている「学力モデル」との乖離が見られた。授業では，登場人物の思いを想像したり，気持ちの移り変わりを想像したり，解釈をしたりしているのに，テストでは，問題文を右から左にコピーするように書き写せば正解になる類の問題が幅をきかせていた。テストだけを見比べれば，小学校の市販テストや読解テストの問題と，PISA調査問題とでは，その違いは明らかである。

　しかし，PISA型「読解力」が問題になる前から，日本の小学校国語科の授業は，電話での伝え合いやメモの使い方，招待状の書き方や手紙の書き方など，生きた世界を視野に入れて授業を組んできた。

　○書いてあることを読み取り……「情報の取り出し」
　○そこから想像したり解釈したりし……「解釈」
　○それでいいのかよく考え，友達に向けて発表し，相互に評価し合って，よい意見を明らかにし，そこから学ぶ……「熟考・評価」
ことを授業に仕組んできた。

　PISA2003調査結果が，読解力低下と学力低下を示していることは間違いない。しかし，そこから日本の授業が「読み取り」しかしていないかのように述べるのは誤りである。また，情報の「読み取り」を否定することも間違いである。情報の「読み取り」が正確にできないと，解釈に進むことはできない。それは，息継ぎのできない子どもに25mを泳げと言っているようなものである。

　しかし，日本のテストが，採点者（教師）の利便性を考慮してか，丸つけの

しやすい問題構成になりがちで，その結果，授業で求めている「学力モデル」とズレているところがあることは認めざるを得ない。ただこの点は，PISA調査問題や全国の6年生を対象にした学力定着調査B問題の好影響で，急速に変わりつつあることをつけ加えておく。

4 単元「名作に出会おう」

「道徳のような国語科の授業は駄目です」という意見を，よく耳にした時期があった。この批判には，教師が陥りやすい過ちを指摘している面がある。教師が国語の授業で子どもたちを道徳的な大事な価値にふれさせたいと考えると，その大事さゆえに価値に傾倒し，何かを練習させ，獲得させようという意識は薄らぐ。

その結果，教師が一方的に自分の意見を授業中に演説して終わるというものもある。子どもたちに大事な価値を指導しようとすると，言葉の力をつけるためのお稽古の発想が弱くなり，何を子どもたちにお稽古させるのかが曖昧になりやすい点は，常に注意しておかなければならない点である。

しかし，道徳のような国語科の授業のすべてが駄目とはいえない。ときには，内容や表現にそって価値観を前面に出した国語科指導も大切である。とくに，いまの子どもたちの現状を考えると，単元目標達成のために「教材で教える」というスタンダードな形だけでなく，名作を教えること自体を単元の目標にする必要を感じる。なぜなら，子どもたちは，こちらが期待するほど名作を読んでいないからである。低学年のころは絵本を楽しげに読んでいたのに，高学年になるにつれて，読む物語といえばオカルト物，後はクイズ，学習マンガ，あるいは漫然と図鑑を眺めるといった読書が増えてくる。

そこで提案したいのは，「名作に出会おう」という単元である。その教材としては，「ごんぎつね」や「やまなし」といった国語科教育で長く取り上げられてきた名作がよい。それから，いまの教科書には掲載されなくなった過去の名作，あるいは学年の発達段階相応の日本や世界の名作を取り上げて，その内容を中心にした授業を展開する。

その目的は，子どもたちを名作に誘（いざな）うことにある。つまり，子どもたちの読書の質を高めるために設定する単元である。その目的実現のために必要であれば，情景描写や細かな表現に立ち入る詳細な読みをするのもよい。

目的の2つ目は，子どもたちに，自分を確立させ，周りの人々と手を携えてよりよい生活をつくっていくために求められる値打ちのある価値観と出会わせるためである。そうしないと子どもたちの心は，日常生活に溢れている怪しい価値観に取り込まれてしまう。極端な個人主義は，自らを正当化するために「人権」を都合よく使う輩を生み出している。拝金主義は，勇気や献身，忍耐よりも，自己中心的で効率優先，どんな手を使っても，勝てばよいといった勝ち組志向の価値観を生み出している。

そういう価値観が，子どもたちに与える影響力は，マスコミ報道の影響もあって，かなり大きい。しかも，物質的に恵まれた日本での少子化は，子どもたちを，家の中という閉じられた空間の中の王様にしてしまっている側面がある。そのため，いまの子どもたちの価値観には，多分に独りよがりで幼児的な面が強い。その中で，感情をコントロールすることが苦手な子どもが増えている。

友情，親子愛，勇気，献身，忍耐，正義感，誇り，人間の強さと弱さ，哀しさ，優しさ，情け，こういう価値観や人間の強さ，気高さに名作を通してふれさせ，人間はこんなふうに考えられ，行動できるものなのかと子どもたちを感動させる必要がある。子どもたちの心に思わず迫ってくるような，心から感動する1冊の本との出会いを子どもたちにつくりたい。それは，将来の価値観を形成する体験として重要である。

新学習指導要領では，この点で適切な記述が今回からなされている。「第2章各教科　第1節国語」，「第3　指導計画の作成と内容の取扱い」の「1－(7)」における「第1章総則の第1の2及び第3章道徳の第1に示す道徳教育の目標に基づき，道徳の時間などとの関連を考慮しながら，第3章道徳の第2に示す内容について，国語科の特質に応じて適切な指導をすること」が，それである。(注21)

子どもたちの学力向上と心の成長のためには，子どもたちを，生涯を通した

読書好きに育てなければならない。そのためには，自分にとってかけがえのない1冊の本との出会い，名作との出会いが必要である。名作の世界に浸る読みを子どもたちに。そして，幼い日の自分の心に残るかけがえのない1冊の本との出会いを子どもたちに。それは，子どもたちをほんとうの本好き，生涯の本好きに育てるために，不可欠なことである。

　読書力向上のために，単元「名作に出会おう」に取り組む必要がある。

第4節 言語力と国語力

「言語力」を言語力育成協力者会議では，次のように定義している。

> 言語力は，知識と経験，論理的思考，感性・情緒等を基盤として，自らの考えを深め，他者とコミュニケーションを行うために言語を運用するのに必要な能力を意味する。(注22)

「言語力」のほかに「国語力」という言葉がある。「国語力」は，平成16年2月3日に出された文化審議会答申「これからの時代に求められる国語力について」で使われた言葉であり，ご存じの方も多いと思う。

基本的には「言語力」も「国語力」も，いまの子どもたちに不足している「言葉の力」を育てていこうというメッセージといえる。しかし，異なった2つの言葉がある以上，その違いを疑問に思う人がいて当然である。そこで，「言語力」と「国語力」をどうとらえればよいのかを，ここでは両者の定義を基に明らかにする。

文化審議会は，「国語力」について，「国語力一般の『全体像』を詳細に描くことではなく，飽くまでも『これからの時代に求められる国語力』として，何が必要な能力なのかを明確にすることである」として「模式的に」「国語力の構造」を以下のように示している。換言すれば，以下の「国語力の構造」が「国語力」を明確にしたものといえる。

① 考える力，感じる力，想像する力，表す力から成る，言語を中心とした情報を処理・操作する領域
② 考える力や，表す力などを支え，その基盤となる「国語の知識」や「教養・

「価値観・感性等」の領域

　上記の「国語力の構造」を見ると、「国語力」は、言語力育成協力者会議が示した「言語力」の定義と以下の点においてほぼ同じである。

(1)「言語力」は「知識と経験」、「感性・情緒等を基盤として」いるのに対して、「国語力」は「『国語の知識』や『教養・価値観・感性等』の領域」を「その基盤」としている。表現に多少の違いはあっても、「言語力」と「国語力」は、個人の内面世界、心や感性の問題をその土台にしている点で同じである。
(2)「言語力」は「論理的思考」、「自らの考えを深め」という表現で、「国語力」は「考える力」という表現で、どちらも思考力の重要性を指摘している。
(3)「言語力」は「他者とコミュニケーションを行うために言語を運用するのに必要な能力」という表現で、「国語力」は「感じる力、想像する力、表す力から成る、言語を中心とした情報を処理・操作する領域」という表現で、「言葉の力」がもつ他者とのかかわり合いをつくる「伝え合い」の能力としての面を重視している。

　このようにとらえたとき、「言語力」と「国語力」は、ほぼ同じことを示している似た意味の言葉であることがわかる。
　もちろん、「言語力」と「国語力」を異なるものとしてとらえる意見もある。「国語力」のほうが広く、「国語力の構造」の①が「言語力」に当たるという意見である。しかし、先に見た言語力育成協力者会議による「言語力」の定義には「言語力は、知識と経験、論理的思考、感性・情緒等を基盤として」とある。これに従えば、言語力を「国語力の構造」の②と切り離すことには無理がある。
　「言語力」と「国語力」については、言語力育成協力者会議でも議論があったことはHP上で公開もされている(注23)。そこでは、「国語力」を「日本語力」とする意見や、「言語力」よりも「国語力」のほうが広いとする意見、「言語力」が大きいのか「国語力」が大きいのかについては議論が分かれるということを指

摘する意見,「国語力」と対峙するものの中に言語の力があることを指摘する意見などがある。先行する学問が,国語教育学か言語学かによっても,意見は異なる。このような議論を踏まえて,言語力育成協力者会議は,「言語力」を前述のように定義したのである。

本書では,「言語力」,「国語力」を総称して「言葉の力」として表現している。「国語力」にしろ,「言語力」にしろ,大事なことは,呼び名ではなく,「言葉の力」を育てるということが,いまの日本の子どもたちの成長にとって揺るがせにできない重要な問題であるという点での深い認識である。この点をきちんと受け止めることが,いま最も大切である。

そして,「国語力」と「言語力」のどちらもが,「言葉の力」の基盤として,価値観や感性といった内面世界の大きな役割と,知識の大切さを指摘していることを見落としてはならない。さらには,「言葉の力」を育てる具体的な取組として,読書の重要性とその効果を指摘している点,国語科を中核にしながら,各教科,領域,総合的な学習の時間と,すべての教育活動を通して「言葉の力」を育成することを明確にしている点を,しっかりと受け止め,日ごろの実践や学校ぐるみの取組に生かしていくことである。

注 ▶▶▶▶

(注1)「第1章　総則」『小学校学習指導要領／平成20年3月告示』文部科学省, p.13
(注2)『平成19年度　全国学力・学習状況調査【小学校】報告書』文部科学省・国立教育政策研究所, 2007.1, p.94
(注3) 下村昇編著『下村式小学漢字学習辞典』偕成社, 1989.4
(注4) 岸本裕史『すべてのこどもに確かな学力を——小二年篇——』部落問題研究所出版部, 1982.6, pp.108-112
(注5)『こくご——(下)／ともだち』光村図書, 2004.2検定済, p.58
(注6) 岸本裕史『すべてのこどもに確かな学力を——小五年篇——』部落問題研究所出版部, 1985.3, pp.64-74
(注7) ウラジーミル・プロップ著, 北岡誠司・福田美智代訳『昔話の形態学』書肆風の薔薇, 1987.8
(注8) 物語を冒頭, 発端, 山場の始まり, 山場, クライマックス, 結末に分けて図にしている。(三森ゆりか『言葉のワークブック3』つくば言語技術教育研究所,

2008.5, p.10)
(注9) 物語の構造を4つの基本場面，6つの点によって説明する。4つの基本場面は，冒頭場面，展開場面，クライマックス場面，その後場面であり，6つの点は，冒頭，出来事の始まり，クライマックス場面の始まり，あることが最も大きく転換するところ，出来事の終了，結びである。(二瓶弘行『"夢"の国語教室創造記──クラスすべての子どもに確かな力を(小学校国語基礎学力向上シリーズ)』東洋館出版社，2006.8, p.80)
(注10) 『国語五年（上）銀河』光村図書，2004.2, p.33
(注11) 藤原正彦「国語教育絶対論」『祖国とは国語』新潮社，2006.1, pp.24-25
(注12) 上掲書，pp.25-26
(注13) 上掲書，p.21
(注14) 第5章（注2）で述べたように，「国語力」，「言語力」といった表現を総称して「言葉の力」と表現する。本章「第4節　言語力と国語力」を参照。
(注15) http://www.mext.go.jp/a_menu/shotou/gakuryoku/korekara_c.htm
(注16) 「第1章　総則」『小学校学習指導要領／平成20年3月告示』文部科学省, p.13
(注17)
　(1) <u>自ら課題を見付け</u>，自ら学び，自ら考え，主体的に判断し，よりよく<u>問題を解決する資質</u>や<u>能力</u>を育てること。
　(2) <u>学び方</u>やものの考え方を身に付け，問題の解決や探究活動に主体的，創造的に取り組む態度を育て，自己の生き方を考えることができるようにすること。
（文部省『小学校学習指導要領解説総則編』東京書籍，1999.5, pp.45-46。下線部は鎌田）
(注18) この点を初めて指摘したのは，管見では，加藤明である。
(注19) http://www.mext.go.jp/a_menu/shotou/gakuryoku/korekara.htm
(注20) 梶田叡一「5『確かな学力』とは何か」『新しい学習指導要領の理念と課題──確かな学力を基盤とした生きる力を』図書文化社，2008.6, pp.58-71
(注21)
　「第1章総則の第1の2」には，「2　学校における道徳教育は，道徳の時間を要として学校の教育活動全体を通じて行うものであり，道徳の時間はもとより，各教科，外国語活動，総合的な学習の時間及び特別活動のそれぞれの特質に応じて，児童の発達の段階を考慮して，適切な指導を行わなければならない。／道徳教育は，教育基本法及び学校教育法に定められた教育の根本精神に基づき，人間尊重の精神と生命に対する畏敬の念を家庭，学校，その他社会における具体的な生活の中に生かし，豊かな心をもち，伝統と文化を尊重し，それらをはぐくんできた我が国と郷土を愛し，個性豊かな文化の創造を図るとともに，公共の精神を尊び，民主的な社会及び国家の発展に努め，他国を尊重し，国際社会の平和と発展や環境の保全に貢献し未来を拓く主体性のある日本人を育成するため，その基盤としての道徳性を養

うことを目標とする。/道徳教育を進めるに当たっては，教師と児童及び児童相互の人間関係を深めるとともに，児童が自己の生き方についての考えを深め，家庭や地域社会との連携を図りながら，集団宿泊活動やボランティア活動，自然体験活動などの豊かな体験を通して児童の内面に根ざした道徳性の育成が図られるよう配慮しなければならない。その際，特に児童が基本的な生活習慣，社会生活上のきまりを身に付け，善悪を判断し，人間としてしてはならないことをしないようにすることなどに配慮しなければならない」とある。(「第１章　総則」『小学校学習指導要領／平成20年３月告示』文部科学省，p.13)

　　第３章道徳の第１に示す内容とは，「第１　目標／道徳教育の目標は，第１章総則の第１の２に示すところにより，学校の教育活動全体を通じて，道徳的な心情，判断力，実践意欲と態度などの道徳性を養うこととする。/道徳の時間においては，以上の道徳教育の目標に基づき，各教科，外国語活動，総合的な学習の時間及び特別活動における道徳教育と密接な関連を図りながら，計画的，発展的な指導によってこれを補充，深化，統合し，道徳的価値の自覚及び自己の生き方についての考えを深め，道徳的実践力を育成するものとする」(「第１章　総則」『小学校学習指導要領／平成20年３月告示』文部科学省，p.102)のことである。

(注22)「言語力の育成方策について（報告書案）【修正案・反映版】」「１．−(1)言語力について」(第８回配付資料５)
http://www.mext.go.jp/b_menu/shingi/chousa/shotou/036/shiryo/07081717/004.htm

(注23)「言語力育成協力者会議（第２回）議事要旨」
http://www.mext.go.jp/b_menu/shingi/chousa/shotou/036/gijiyoushi/07051012.htm

あとがき

　本書発刊のきっかけは，いまから4年前にさかのぼる。

　当時の私は，兵庫教育大学大学院に内地留学をしたばかりであった。その6月に岐阜で「授業実践フォーラム」が開かれたが，そこで梶田叡一先生は私に「卒業したら，研究の成果を現場の先生方へのわかりやすい説明を加えて，250ページぐらいの本にしなさい」と言ってくださった。

　望外の喜びを感じながら，これは本気で，性根を据えて学ばなければならないと心に強く決意した。それから4年，梶田先生は私を常に温かく励ましてくださり，そのお陰があればこそ，本書を完成することができた。岐阜のフォーラムでのお言葉と梶田先生の存在がなければ，本書は発刊されていない。

　完成した本書は，ページ数こそ250ページとなったが，その評価は読者のみなさまにお任せするしかない。ただ，拙い私の研究が，梶田先生をはじめとする多くの恩師のお陰で実現したことだけは述べておかなければならない。

　公私ともに常に私を温かく励まし，ご指導くださった京都ノートルダム女子大学教授，加藤明先生に，心よりの感謝とお礼を申し上げたい。また大学院で国語教育学をご指導くださった兵庫教育大学大学院前学長の中洌正堯先生，文学を指導してくださった兵庫教育大学大学院教授，前田貞昭先生，お二人の先生から学んだことがなければ，本書が完成することはなかった。心より深謝申し上げたい。

　そして，京都市の学校現場で私を育て，兵庫教育大学大学院に快く派遣してくださった京都市教育委員会，恩師といえる校長先生方をはじめとする多くの先生方にも，心よりの感謝とお礼を申し上げねばならない。本書の編集に腕を振るってくださった図書文化社の東則孝さんにも，ほんとうにお世話になった。

　多くの方々のお世話になった私は，そのご恩に報いるべく，ますますの精進を重ねていかなければならない。もちろん私一人だけの力で何かが実現するわけではない。日本の教育の前進のために，そして子どもの未来と社会の未来のために，全国の先生方，手を取り合って共にがんばりましょう。

　　2009年2月　京都左京の寓居にて　　　　　　　　　　　　鎌田首治朗

さくいん

◆◇あ◇◆

芦田恵之助　24, 36, 37
新しい学力観　40, 76
荒木繁　24, 37
あらすじ指導　214, 215
あらすじを読む能力　66, 83, 98, 101, 157, 194
W. イーザー　34, 43, 78, 91
生きる力　17, 18, 52, 53, 62, 63, 64, 65, 104, 193, 233, 234
意見と理由〔根拠〕　49, 185
石山脩平　35
井関義久　35
一貫した解釈　49, 52, 58, 94, 101
一貫した解釈を構成する能力　48, 51, 52, 84, 91, 98, 100, 101, 107, 109, 111, 112, 140, 162, 171
一貫性　50, 51, 89, 112
井上尚美　56, 99, 135
意欲　54, 56, 71, 239
ウラジーミル・プロップ　214
大河原忠蔵　24, 37
太田正夫　24, 37
大槻和夫　35
大村はま　24, 37
お気に入り表現集　226
お稽古　229, 234
音読能力　66, 70, 80, 82, 83, 98, 101, 157, 194, 230

◆◇か◇◆

解釈　42, 48, 87, 88, 89, 112
解釈と理由〔根拠〕　107
『解釈の研究』　37
学芸会読み　212
学習モデル　136, 161, 162
獲得すべき言葉の力　140, 158, 159, 160, 161, 162, 164
学力低下　19, 20, 29
かけがえのない1冊の本　69, 105, 228
梶田叡一　78, 86, 135, 236
語り手（narrator）　122, 123, 125, 127, 128, 129, 130
「語り手」のリード　90, 118, 120, 124, 125, 130, 131
価値観　103, 239, 244, 248
学級会　183
学校教育法第30条　63
活用　61, 239
川上不白　231
含意された作者　122
漢字能力　66, 70, 81, 83, 98, 101, 157, 194, 230
感性　247, 248
完璧読み　211, 212
キー・コンピテンシー　14
岸本裕史　199
基礎的・基本的な知識及び技能　61, 66, 69, 71, 157, 192, 193, 194
教育基本法第2条第1号　63
『教育的解釈学』　35
教育評価理論　78, 134
教育目標の分類学（Taxnomy）　99
教材観　169, 170
空所　57, 91, 92, 107, 108, 118, 119,

130, 131
組合せ 113, 185, 186
クリティカル・シンキング 11, 31
クリティカル・リーディング 31, 48, 49
経験 87, 240
原因と結果 58, 107
言語的文法的処理 79, 82
言語力 60, 62, 246, 247, 248
言語力育成協力者会議 60, 61, 246
現実生活の視点 193
語彙指導 82, 240
語彙能力 66, 70, 81, 98, 101, 157, 194, 230
語彙，話型・文型 207, 209
『行為としての読書』 34
高次の認知面や情意面 53, 54, 56
交流 50, 54, 90, 109, 111, 112, 183, 187
国語教育解釈学理論 34, 35, 39
国語力 246, 247, 248
言葉の力 68, 171, 234, 248
これからの時代に求められる国語力について 246

◆◇さ◇◆

作者 120, 122
作者論 42
作品と読者の相互作用 107
作品論 42
作家 120, 122
三森ゆりか 214
支援 40
思考力，判断力，表現力 18, 19, 49, 52, 54, 56, 66, 67, 192
実感，納得，本音 103, 236, 239
質的側面 105, 224

自動化 81, 82, 230
自動化できるほど育てたい能力 98, 101
指導観 169, 170
児童観 169
指導順路案 136, 137
自分の読みが〔一貫しているか〕どうかを評価する能力 107, 109
自分の読みの理由〔根拠〕を示す能力 107, 109, 111, 112
自分の読みを他者と交流する能力 98, 107, 109, 110, 111, 112
示し読み 210
下村式 199
習得 63, 193
習得，活用，探究 18, 65, 66, 192, 193, 194, 234
主観と客観 46, 47
授業，学校（教室），現実生活 193, 194
熟考・評価 101
主題 35, 39, 41, 42, 46, 47, 48, 49, 50, 52
主題指導 35, 39, 40, 41, 43, 44, 46, 77
主題の構成 48
主題の再生 49, 57
主題の妥当性 49
守破離 32, 231
情意面 100, 103
小学校国語科・読む能力目標分析試案 51, 84, 98, 99, 134
新学習指導要領 62, 65, 192
心内辞書 81
ストーリー 83, 128
ストラテジー（戦略） 92, 128
正解到達方式 24, 33, 34, 39, 42, 43, 44, 47, 49

正確に読む能力　83, 84, 98, 100, 101, 161
世界観　100, 103, 104
関口安義　24, 33
千利休　231
相互作用　100, 102, 120
想像して読む　160, 171
総則　62, 192

◆◇た◇◆

体験　87, 90, 105, 235, 240
体験，経験　88, 100, 103, 236, 240
体験目標　104, 105
タイラー（Tyler, R.W.）　135
確かな学力　17, 18, 64, 241
確かな学力観　236
田近洵一　99, 135
妥当な読み　49, 51
田中実　122
単元指導計画　137, 170
単元の出口　141, 158, 160, 161, 162, 163, 166, 169, 170, 171, 182, 231
単語再認　81
単語再認の自動化　81
中央教育審議会　60, 64
中核目標　135, 136, 142, 161, 178, 182, 183
『挑発としての文学史』　34
ち・り・く・と・よ　185, 223
伝え合う力　67
テクスト　86
テクスト論　42, 46
DeSeCo計画　13, 16
問いかけ読み　210, 211
読者の解釈　48, 221
読者の主題構成　47, 48

読者論　10, 33, 34, 40, 41, 42, 43, 44, 46, 78, 91
読書感想文　164, 166, 170, 171, 173, 182, 183
読書集会　226, 227
読書ポイント制　226
読書力　60, 98, 99, 100, 103, 105, 106, 162, 224, 226, 240
特別活動　183
読解力向上プログラム　53
読解力　76, 98, 99, 100

◆◇な◇◆

内包された作者（implied author）　122
内面性の心理学　78
内面世界　86, 87, 92, 100, 103, 104, 108, 142, 160, 229, 240, 247, 248
「内容」と「形式」　220
内容と役割（形式）　217, 218
中西一弘　35
中本環　35
なりきり読み　212
２次の言語活動　141, 158, 171
二瓶弘行　214
日本型読解力　11, 23, 24, 25
日本の読解力　23, 24
認知心理学　78, 79, 81, 114
野地潤家　35

◆◇は◇◆

はじめ，中，終わり　220, 221
浜本純逸　35, 108, 119
B規準　136, 162, 164, 167
微音読　210
PISA型「読解力」　10, 17, 18, 23, 52, 54,

さくいん

130, 131
組合せ　113, 185, 186
クリティカル・シンキング　11, 31
クリティカル・リーディング　31, 48, 49
経験　87, 240
原因と結果　58, 107
言語的文法的処理　79, 82
言語力　60, 62, 246, 247, 248
言語力育成協力者会議　60, 61, 246
現実生活の視点　193
語彙指導　82, 240
語彙能力　66, 70, 81, 98, 101, 157, 194, 230
語彙，話型・文型　207, 209
『行為としての読書』　34
高次の認知面や情意面　53, 54, 56
交流　50, 54, 90, 109, 111, 112, 183, 187
国語教育解釈学理論　34, 35, 39
国語力　246, 247, 248
言葉の力　68, 171, 234, 248
これからの時代に求められる国語力について　246

◆◇さ◇◆

作者　120, 122
作者論　42
作品と読者の相互作用　107
作品論　42
作家　120, 122
三森ゆりか　214
支援　40
思考力，判断力，表現力　18, 19, 49, 52, 54, 56, 66, 67, 192
実感，納得，本音　103, 236, 239
質的側面　105, 224

自動化　81, 82, 230
自動化できるほど育てたい能力　98, 101
指導観　169, 170
児童観　169
指導順路案　136, 137
自分の読みが〔一貫しているか〕どうかを評価する能力　107, 109
自分の読みの理由〔根拠〕を示す能力　107, 109, 111, 112
自分の読みを他者と交流する能力　98, 107, 109, 110, 111, 112
示し読み　210
下村式　199
習得　63, 193
習得，活用，探究　18, 65, 66, 192, 193, 194, 234
主観と客観　46, 47
授業，学校（教室），現実生活　193, 194
熟考・評価　101
主題　35, 39, 41, 42, 46, 47, 48, 49, 50, 52
主題指導　35, 39, 40, 41, 43, 44, 46, 77
主題の構成　48
主題の再生　49, 57
主題の妥当性　49
守破離　32, 231
情意面　100, 103
小学校国語科・読む能力目標分析試案　51, 84, 98, 99, 134
新学習指導要領　62, 65, 192
心内辞書　81
ストーリー　83, 128
ストラテジー（戦略）　92, 128
正解到達方式　24, 33, 34, 39, 42, 43, 44, 47, 49

253

正確に読む能力　83, 84, 98, 100, 101, 161
世界観　100, 103, 104
関口安義　24, 33
千利休　231
相互作用　100, 102, 120
想像して読む　160, 171
総則　62, 192

◆◇た◇◆

体験　87, 90, 105, 235, 240
体験，経験　88, 100, 103, 236, 240
体験目標　104, 105
タイラー（Tyler, R.W.）　135
確かな学力　17, 18, 64, 241
確かな学力観　236
田近洵一　99, 135
妥当な読み　49, 51
田中実　122
単元指導計画　137, 170
単元の出口　141, 158, 160, 161, 162, 163, 166, 169, 170, 171, 182, 231
単語再認　81
単語再認の自動化　81
中央教育審議会　60, 64
中核目標　135, 136, 142, 161, 178, 182, 183
『挑発としての文学史』　34
ち・り・く・と・よ　185, 223
伝え合う力　67
テクスト　86
テクスト論　42, 46
DeSeCo計画　13, 16
問いかけ読み　210, 211
読者の解釈　48, 221
読者の主題構成　47, 48

読者論　10, 33, 34, 40, 41, 42, 43, 44, 46, 78, 91
読書感想文　164, 166, 170, 171, 173, 182, 183
読書集会　226, 227
読書ポイント制　226
読書力　60, 98, 99, 100, 103, 105, 106, 162, 224, 226, 240
特別活動　183
読解力向上プログラム　53
読解力　76, 98, 99, 100

◆◇な◇◆

内包された作者（implied author）　122
内面性の心理学　78
内面世界　86, 87, 92, 100, 103, 104, 108, 142, 160, 229, 240, 247, 248
「内容」と「形式」　220
内容と役割（形式）　217, 218
中西一弘　35
中本環　35
なりきり読み　212
２次の言語活動　141, 158, 171
二瓶弘行　214
日本型読解力　11, 23, 24, 25
日本の読解力　23, 24
認知心理学　78, 79, 81, 114
野地潤家　35

◆◇は◇◆

はじめ，中，終わり　220, 221
浜本純逸　35, 108, 119
Ｂ規準　136, 162, 164, 167
微音読　210
PISA型「読解力」　10, 17, 18, 23, 52, 54,

56, 60, 67, 101, 242
PISA2000 16, 20, 21, 22
PISA2003 10, 16, 19, 20, 21, 22, 27, 47, 60, 242
PISA2006 16, 20
否定 57, 91, 92, 107, 108, 118, 119, 130, 131
人の読みが〔一貫しているか〕どうかを評価する能力 111, 112
人の読みと自分の読みとの違いを〔理由, 根拠とともに〕理解する能力 111, 112
一人ずれ 231
一人学び 174, 187, 189
批評 49, 52
批評的に読む 56
批評力 30, 57, 58, 101
評価 49, 111, 188
評価規準 59, 136, 169
W.ブース 122
府川源一郎 38, 76
藤原正彦 228
ブルーム（Bloom, B.S.） 135
プロット 83, 128, 130
文学批評理論 78
文化審議会 246
文脈 88, 89, 112, 142
本のプレゼント 70, 216, 224, 225, 226, 227

◆◇ま◇◆

みんな学び 174, 188, 189
名作 243, 244
メタ認知的技能 54, 110, 114
メタ認知的コントロール 114
メタ認知的知識 114

メタ認知的モニタリング 114
メタプロット 90, 118, 128, 129, 130
目標構造図 136, 137
目標分析（analysis of objectives） 59, 99, 102, 134, 136, 137, 139
目標分析表 137, 157, 158, 178
物語の基本構造 213, 214

◆◇や・ら・わ◇◆

H・R・ヤウス 34
役割を読む 219, 220
ゆとり教育 41
要旨 217, 221
幼稚園, 小学校, 中学校, 高等学校及び特別支援学校の学習指導要領などの改善について（答申） 64
要点 217
要約 217, 221
『読み方教授』 37
読みの遠近法 127
読むこととは何か 34, 35, 40, 42, 43, 44, 45, 76, 77, 160
読む能力 76, 99
螺旋的反復的 230, 234
螺旋的反復的学習 168, 171
螺旋的反復的な言語活動 168, 171, 188
理解 87
り・く・と 186, 188
理由〔根拠〕 51, 52, 58, 98, 109, 110, 112, 113, 168, 183, 186, 187
量的側面 105, 106, 224
ロラン・バルト 46, 86
論理的思考力 50, 51, 52, 56, 57, 58, 107
論理的思考力, 判断力, 表現力 51, 52

■著　者■
鎌田　首治朗　かまだ　しゅうじろう

京都市立久世西小学校教頭。1958年大阪生まれ。神戸大学教育学部，兵庫教育大学大学院卒業。著作に「国語科の授業づくりと評価の実際」（梶田叡一・加藤明編著『実践教育評価事典』文溪堂），「いま求められる〈読解力〉と目標分析」（『教育フォーラム38／いま求められる〈読解力〉とは』金子書房）など。連絡は，ks-lab@maia.eonet.ne.jp まで。

■推薦者■
梶田　叡一（中央教育審議会副会長・教育課程部会長，兵庫教育大学学長）

真の読解力を育てる授業

2009年5月1日　初版第1刷発行　［検印省略］
2009年8月20日　初版第2刷発行

著　者	©鎌田首治朗
発行人	村主典英
発行所	株式会社　**図書文化社**
	〒112-0012　東京都文京区大塚3-2-1
	Tel. 03-3943-2511　Fax. 03-3943-2519
	振替　00160-7-67697
	http://www.toshobunka.co.jp/
印　刷	株式会社　厚徳社
製本所	合資会社　村上製本所
装　幀	本永惠子デザイン室

Ⓡ本書の全部または一部を無断で複写複製（コピー）することは，著作権法上での例外を除き，禁じられています。本書からの複写を希望の場合は日本複写権センター（03-3401-2382）にご連絡ください。
乱丁・落丁の場合は，お取りかえいたします。
定価はカバーに表示してあります。
ISBN 978-4-8100-9533-3　C3037